JORNALISMO CULTURAL
NO SÉCULO 21

CIP-BRASIL. CATALOGAÇÃO NA PUBLICAÇÃO
SINDICATO NACIONAL DOS EDITORES DE LIVROS, RJ

B155j
Ballerini, Franthiesco
    Jornalismo cultural no século 21: literatura, artes visuais, teatro, cinema e música: a história, as novas plataformas, o ensino e as tendências na prática / Franthiesco Ballerini. – São Paulo : Summus, 2015.
    : il.

    Inclui bibliografia
    ISBN 978-85-323-0960-0

    1. Jornalismo – Aspectos sociais. 2. Jornalismo – Estudo e ensino – Brasil. 3. Cultura. I. Título.

14-17391
CDD: 079.81
CDU: 070(81)

www.summus.com.br

Compre em lugar de fotocopiar.
Cada real que você dá por um livro recompensa seus autores
e os convida a produzir mais sobre o tema;
incentiva seus editores a encomendar, traduzir e publicar
outras obras sobre o assunto;
e paga aos livreiros por estocar e levar até você livros
para a sua informação e o seu entretenimento.
Cada real que você dá pela fotocópia não autorizada de um livro
financia o crime
e ajuda a matar a produção intelectual de seu país.

JORNALISMO CULTURAL NO SÉCULO 21

Literatura, artes visuais, teatro, cinema e música

A história, as novas plataformas, o ensino e as tendências na prática

Franthiesco Ballerini

summus editorial

JORNALISMO CULTURAL NO SÉCULO 21
Literatura, artes visuais, teatro, cinema e música
A história, as novas plataformas, o ensino e as tendências na prática
Copyright © 2015 by Franthiesco Ballerini
Direitos desta edição reservados por Summus Editorial

Editora executiva: **Soraia Bini Cury**
Assistente editorial: **Michelle Neris**
Capa: **Alberto Mateus**
Projeto gráfico: **Crayon Editorial**
Ilustrações: **MaLou Ballerini**
Diagramação: **Santana**
Impressão: **Sumago Gráfica Editorial**

Summus Editorial
Departamento editorial
Rua Itapicuru, 613 – 7º andar
05006-000 – São Paulo – SP
Fone: (11) 3872-3322
Fax: (11) 3872-7476
http://www.summus.com.br
e-mail: summus@summus.com.br

Atendimento ao consumidor
Summus Editorial
Fone: (11) 3865-9890

Vendas por atacado
Fone: (11) 3873-8638
Fax: (11) 3872-7476
e-mail: vendas@summus.com.br

Impresso no Brasil

A meus pais, Francisco e Lurdinha,
admiráveis companheiros e apoiadores
incondicionais da minha empreitada no jornalismo

AGRADECIMENTOS

Agradeço especialmente aos entrevistados
(em ordem alfabética)

Alcino Leite Neto
Ana Salles
Antonio Gonçalves Filho
Armando Antenore
Barbara Heliodora
Beth Néspoli
Bruno Wainer
Bruno Zeni
Celso Curi
Clóvis Garcia
Cristiane Costa
Daniel Castro
Daysi Bregantini
Deborah Bresser
Dib Carneiro Neto
Diego Assis
Edilamar Galvão
Fabio Gomes
Felipe Machado
Fernanda Meneguetti
Fernando Pereira Masini
Gabriel Priolli
Gianni de Paula
Ilda Santiago
Jorge Tarquini

José Salvador Faro
José Wilker (in memoriam)
Josimar Melo
Kleber Mendonça Filho
Lobão
Luiz Roberto Lopreto
Manoel Ricardo de Lima
Marcelo Carneiro da Cunha
Maria Amélia Rocha Lopes
Mario Queiroz
Mário Ramiro
Pablo Miyazawa
Paula Alzugaray
Paulo Pasta
Renato Cruz
Ricardo Viel
Rodrigo Fonseca
Rubens Ewald Filho
Saulo di Tarso
Sergio Niculitcheff
Sérgio Rizzo
Sérgio Roveri
Ubiratan Brasil
Veronica Stigger

Agradeço também:
À minha irmã Louise e ao meu cunhado Rodrigo, grandes parceiros de vida.

Aos docentes, alunos e funcionários da Academia Internacional de Cinema (AIC), da Universidade Mogi das Cruzes (UMC), da Fundação Armando Alvares Penteado (Faap) e das Faculdades Integradas Rio Branco, pelo convívio e pelo aprendizado.

À Summus Editorial, pela confiança nesta terceira empreitada editorial.

Aos assessores de imprensa dos entrevistados, pela importante ponte para as entrevistas.

Aos meus professores de graduação e mestrado, cujos ensinamentos nunca esquecerei.

Aos meus amigos de faculdade (os Gonzalitos), primeiros parceiros no jornalismo.

À minha filha, Luisa, minha eterna razão de viver.

Sumário

Prefácio   11

1. Breve histórico   13
    No mundo   16
    No Brasil Colônia   20
    No século 19   21
    O século 20   23
    Modernismo, Estado Novo e a origem dos suplementos   24
    Regime Militar   29
    O jornalismo cultural nos anos 1980 e 1990   30
    O que é cultura?   31

2. A prática do jornalismo cultural   41
    Um rápido histórico   43
    Só jornalismo ou jornalismo cultural? Algumas definições   44
    A cultura como reflexo da cidade   47
    A importância do crítico   48
    Cultura é mais   54
    Reflexão *versus* simplificação   55
    Passaralhos e falta de repertório   57
    Na rapidez de um átimo   58
    O furo pelo furo   59
    Sob o ataque do sistema   62
    Cultura ou glamour?   64
    Cultura de massa, jabá e muito mais   65
    Entrevistas   68

3. Literatura   75

4. Artes visuais   95

5. Teatro   113

6. Cinema   131

7. Música   147

8. Novos universos: TV, informática, games, gastronomia, moda   161
    Televisão   165
    Informática e games   168
    Gastronomia   169
    Moda   172

9. Novas plataformas: TV, guia, portal, rede social e celular   175

10. Ensino   189

Posfácio – Mediações entre arte e consumo   209

Referências   213

Prefácio

A história do jornalismo cultural é longa até mesmo no Brasil, onde a imprensa se desenvolveu a partir do século 19. Mas sua prática enfrenta desafios imensos, a começar pela questão geográfica. Somos um país continental, o que exige do jornalismo uma atenção aos regionalismos; ao mesmo tempo, é preciso dar visibilidade ao que se produz em nível nacional.

No dia a dia, porém, os grandes veículos de imprensa quase sempre reduzem sua cobertura cultural ao eixo São Paulo-Rio de Janeiro. E, quando notam a produção de outros estados, seu olhar é pautado pelo release. Assim, apenas quem pode pagar uma assessoria de imprensa consegue chegar às páginas da mídia nacional.

O jornalismo cultural também enfrenta outro grande desafio no Brasil: evitar que haja um nivelamento generalizado por baixo, dando mais espaço a manifestações sem qualidade, criadas pela indústria com o objetivo de fazer dinheiro. É evidente que a indústria do entretenimento não se preocupa com a arte, mas com o bolso, e essa tendência gera um repertório equivocado e pobre. Ou seja, é a redundância impiedosa: tem espaço porque vende e vende porque tem espaço.

A cultura, dessa forma, corre o sério risco de ser reduzida ao mero entretenimento. Iniciativas como a revista *Cult*, entre outras, que não se pautam por ele, têm dificuldade de sobreviver. Confesso ser um desafio diário produzir dossiês sobre pensadores num país onde cada vez mais as pessoas se rendem à facilidade da produção simplificada – um paradoxo, já que hoje obtemos informações com grande rapidez.

Outro desafio para o jornalismo cultural neste século 21 é resistir à deterioração do mundo do trabalho. Com o enxugamento das redações, as editorias de cultura míguam e são conduzidas por poucos profissionais; cultura não é prioridade para os grandes veículos. Além disso, as agências de publicidade não se lembram dos veículos e cadernos culturais na hora de anunciar. Certa vez, perguntaram a uma grande fábrica de bebidas por que ela não investia em cultura. O profissional de mídia da agência respondeu: "Como não? Investimos no carnaval e no futebol!" Pois bem: cultura não é só carnaval.

Nesse sentido, este livro de Franthiesco Ballerini vem preencher uma lacuna no mercado editorial brasileiro. Analisando a história do jornalismo cultural no Brasil e no mundo, o autor explica a consolidação da crítica em nosso país e em seguida aborda as grandes áreas que ela abarca: literatura, artes visuais, teatro, cinema e música. Antenado com a evolução da tecnologia e também do consumo, Franthiesco fala ainda dos novos universos que têm atraído a atenção do público – moda, gastronomia, games etc. – e das novas plataformas que veiculam esse tipo de conteúdo – portais, blogues, redes sociais etc.

Mas não só: o autor ainda dedica um capítulo especial ao ensino de jornalismo cultural – área de especialização que atrai cada vez mais estudantes – e finaliza com um contraponto entre cultura e consumo. Assim, esta constitui a mais completa obra sobre jornalismo cultural já produzida no Brasil. Recomendo a leitura com entusiasmo.

Daysi Bregantini
Jornalista e diretora da revista *Cult*

1. Breve histórico

Uma das maiores dificuldades de contar a história do jornalismo cultural no mundo é a documentação inconstante e, às vezes, escassa ou de difícil acesso. Assim, a trajetória dessa prática jornalística se parece com um quebra-cabeça incompleto. Além disso, talvez por questões de viabilidade comercial ou barreiras culturais e linguísticas – embora estas, hoje em dia, sejam facilmente superadas pela tecnologia –, faltam livros e trabalhos acadêmicos sobre o assunto em âmbito mundial. Assim, vastas regiões geográficas, especialmente o Oriente e a África, veem-se mal representadas.

Tal constatação é evidente quando se analisam estudos e obras que contam a história do jornalismo cultural no mundo. Na grande maioria deles, a narrativa é eurocêntrica, ou seja, enfoca o pioneirismo desse tipo de jornalismo em países europeus e, posteriormente, nos Estados Unidos – de modo que o discurso jornalístico pautado pelo Norte se repete nos registros mais permanentes da história, ou seja, em livros e trabalhos acadêmicos.

Obviamente, não se pretende aqui esgotar o tema da história do jornalismo cultural no Brasil e no mundo, muito menos considerar que este capítulo abarque tamanha amplitude geográfica. Trata-se apenas de um esboço, baseado em fontes acessíveis e confiáveis, de como o jornalismo cultural se manifestou em alguns pontos do globo e em determinados momentos-chave.

Assim, a ideia é, principalmente, fornecer as bases para entender a prática do jornalismo cultural no século 21, pois, ainda que a tecnologia a tenha revolucionado, é impossível compreender seus reais delineamentos sem um contexto histórico. Afinal, é conhecendo os hábitos, os erros e as estratégias de seus protagonistas ao longo do tempo que se pode propor um futuro mais próspero para o campo.

No mundo

Embora não seja uma data-chave para o jornalismo cultural, não há dúvida de que a invenção do tipo mecânico móvel para impressão por Johannes Gutenberg, por volta de 1450, é um marco indireto dessa área do jornalismo, uma vez que a publicação de livros, poemas e textos teatrais impressos também fez surgir a crítica a essas áreas. Estamo-nos referindo, portanto, ao período que a história denomina Renascença, marcado por transformações profundas nas artes, na filosofia e nas ciências.

É importante salientar que a impressão já era uma prática disseminada na China e no Japão por volta do século 8º, como lembram os pesquisadores Asa Briggs e Peter Burke (2002). Nesses países, produzia-se a chamada "impressão em bloco": bloco de madeira entalhada para imprimir uma única página de texto específico. Os coreanos também criaram um tipo móvel, no século 15, muito parecido com a invenção de Gutenberg, o que alimenta teorias de que a invenção da imprensa ocidental teria ocorrido graças às notícias que chegavam do Oriente. Foi no Ocidente, porém, que a invenção de Gutenberg ajudou a difundir rapidamente as artes, sobretudo a literatura, tornando o terreno fértil para o crescimento do jornalismo cultural. Briggs e Burke (2002) lembram que, por volta do ano 1500, havia cerca de 13 milhões de livros circulando numa Europa com 100 milhões de habitantes. O nascimento do texto crítico só foi possível graças às transformações sociais do século 17, período em que, de acordo com Mendonça (2001), a burguesia ganha força como poder político e constrói espaços de afirmação discursiva de seu poder (jornais, revistas etc.). A crítica nasceu, portanto, para legitimar a condição burguesa contra o Estado absolutista. Todavia, seu exercício só ganhou força no século 18, com a propagação de teatros e museus nas cidades europeias. A crítica tornou-se um prolongamento das conversas travadas entre aristocratas e intelectuais frequentadores desses ambientes. A literatura foi a "mãe" da crítica cultural impressa, mas textos críticos de música também foram publicados. Curiosamente – e ao contrário do que acontece hoje –, no século 18 a crítica cultural constituía a quase totalidade do que era publicado em jornais e revistas.

Definições de jornalismo cultural surgiram até mesmo antes de sua institucionalização prática. Anchieta (2007) lembra a frase "Que todos entendam e que os eruditos respeitem", dita em 1696 por um dos primeiros teóricos do jornalismo, o alemão Tobias Peucer, que "sentencia a vocação do jornalismo como obra cultural, ou seja, a de dizer coisas complexas por meio de formas muito simples".

Uma das datas mais emblemáticas do jornalismo cultural no Ocidente é o ano de 1711, quando os ingleses Joseph Addison e Richard Steele lançaram a revista *The Spectator*, cujo objetivo era levar a "filosofia dos gabinetes e bibliotecas, escolas e faculdades para clubes, assembleias, casas de chá e café" (Piza,

2003). Com um corpo de colaboradores que assinava sob pseudônimo, a publicação popularizou-se rapidamente em Londres, incentivando o hábito da leitura de produtos culturais em uma das maiores cidades do mundo. Isso não quer dizer que não houvesse manifestações igualmente claras de jornalismo cultural antes dessa data. Briggs e Burke (2002) mencionam os jornais semanais ou bissemanais acadêmicos do século 17, como *The Transactions of the Royal Society of London* (1665) e *News of the Republic of Letters* (1684), que difundiam tanto informações de novas descobertas quanto novos livros. Os pesquisadores ressaltam que resenhas de livros existiam desde o final do século 17, quando "uma forma de impresso anunciava e reforçava a outra". É também nesse período que começam a surgir os princípios de divisão do jornalismo, os chamados "gêneros jornalísticos". Como diz José Marques de Melo (1987), que propôs uma divisão de gêneros jornalísticos no Brasil,

> [...] quando o editor inglês Samuel Buckley decidiu pela separação entre *news* e *comments* no *Daily Courant*, ele iniciou a classificação dos gêneros jornalísticos, já no princípio do século 18. Desde então, a mensagem jornalística vem experimentando mutações significativas, em decorrência das transformações tecnológicas que determinam as suas formas de expressão, mas, sobretudo, em função das alterações culturais com que se defronta e às quais se adapta a informação jornalística em cada país [...].

No entanto, como a ideia de gêneros jornalísticos ainda não se consolidara nem mesmo na Europa, a revista abordava não só literatura, música e teatro como também política e economia, sempre com o tom irônico tipicamente inglês, tirando a cultura do pedestal e tornando-a mais acessível ao homem urbano. No século 18, na França, Denis Diderot já atuava como crítico de arte. Ele abriu caminho para poetas como Charles Baudelaire, no século seguinte, também crítico de artes visuais. Na Alemanha, nesse mesmo período, houve nomes atuantes no jornalismo cultural como Gotthold Ephraim Lessing, que escreveu sobre teatro, artes visuais e literatura para veículos como *Berlinische Privilegierte Zeitung*. Na Áustria, na passagem do século 19 para o 20, um nome fundamental da crítica foi Karl Kraus, cuja revista fundada por ele, *Die Fackel* (A Tocha), misturava ironia política e análise estética de obras de arte. Poeta e autor de obras como *Os últimos dias da humanidade*, viu sua publicação fechada pelos nazistas em 1936.

Outros nomes importantes começaram a se juntar a essa prática jornalística nesse mesmo período, como Samuel Johnson, um dos primeiros críticos literários europeus, atuante em publicações como *The Rambler*, o polemista político William Hazlitt (*The Examiner*) e Charles Lamb (*London Magazine*). Posteriormente, no século 19, entram em cena nomes como John Ruskin, amado e odiado em sua época por suas análises estéticas de tal modo que se tornou influência fundamental na literatura de franceses como Marcel Proust, ele também um crítico atuante em jornais como *Le Figaro*. Na França, outro nome importante do jornalismo cultural foi o crítico Charles Augustin Sainte-Beuve, detestado por Proust devido às suas críticas em jornais como *Le Globe* e *Le Constitutionnel*. Neste último jornal, Sainte-Beuve destacou-se por meio de uma coluna semanal intitulada "Causeries du Lundi" (Bate-papo de segunda), que, segundo Piza (2003), foi precursora dos rodapés literários e alçou o jornalismo cultural a *status* de profissão. Na Inglaterra, temos a presença do irlandês George Bernard Shaw, que escrevia como crítico de artes visuais, teatro, música e literatura para publicações como *The World* e *Saturday Review*. Contemporâneo de Shaw era o polêmico Oscar Wilde, que tumultuava a opinião pública e o conservadorismo britânico não só como dramaturgo e escritor, mas também como crítico cultural. Seu texto *O crítico como artista* (1891) defende que a crítica de arte era também uma forma de arte, autônoma em relação à obra criticada.

Alfred Nettemen (*apud* Ortiz, 1994) diz que o folhetim é a principal marca da instauração do jornalismo cultural na Europa no século 19. De origem francesa (*feuilleton*), significa "pequeno caderno". Segundo ele,

> [...] o *Journal des Débats* logo nas suas primeiras edições sairia com uma espécie de boletim de anúncios, um caderno contendo avisos e similares. Pouco antes de 1800, esse boletim viria acrescido de um espaço para crítica teatral e relatos de viagem, entre outros temas mais amenos. A partir daí, os leitores – e consequentemente os jornais – também passaram a se interessar por esse tipo de literatura, que migrou então para o corpo principal do jornal, dessa vez separado (ou demarcado) por um fio horizontal no rodapé de suas páginas. Apesar de o "pequeno caderno" ter dado lugar aos rodapés, estes continuaram com a rubrica que lhes deu popularidade: folhetim.

Nos Estados Unidos, um dos primeiros nomes que marcaram o jornalismo cultural foi Edgar Allan Poe. Embora conhecido como grande escritor de contos, ele foi um crítico atuante no meio intelectual norte-americano. A prática desse tipo de jornalismo difundiu-se pelos Estados Unidos, no entanto, especialmente no Norte industrializado, pelas mãos de romancistas como Henry James (*New York Tribune*). No século seguinte, foi a vez dos poetas Ezra Pound e Thomas Stearns Eliot, que também contribuíram para a crítica literária atuando como editores em publicações como *Poetry* e *Criterion*.

Com a passagem para o século 20, o jornalismo cultural praticado no Ocidente tornou-se menos opinativo, mais focado em reportagens e notícias, com uma clara divisão de gêneros jornalísticos e enfoque maior no entretenimento de consumo de bens culturais. Nos Estados Unidos, surgiram profissionais que se formavam e constituíam uma trajetória no jornalismo cultural – ou seja, não mais apenas dramaturgos, poetas e músicos que se aventuravam na escrita crítica. Entre esses profissionais destacamos Edmund Wilson, Henry Louis Mencken e George Jean Nathan, que colaboraram com revistas como *Smart Set*, *American Mercury*, *Vanity Fair*, *The New Republic* e a própria *The New Yorker*. Alguns, como Mencken, começaram como repórteres para depois migrar para o jornalismo cultural opinativo, caminho que se tornaria bastante corriqueiro no Ocidente a partir desse período. Piza (2003) ressalta a importância da revista *The New Yorker* como referência. Criada em 1925, revelou críticos como Dorothy Parker e Alexander Woollcott e articulistas como Elwyn Brooks White e Abbott Joseph Liebling. Na área cinematográfica, a revista lançou Pauline Kael, cujas críticas se tornaram referência para os próprios cineastas. A revista ajudou a popularizar escritores como Irwin Shaw, Jerome David Salinger, John Updike e John Cheever e impulsionou o chamado jornalismo literário – que se apropria de recursos da literatura (diálogos, descrições minuciosas) para prender a atenção do leitor, tal qual num livro de ficção. É também na *The New Yorker* que Truman Capote entra para a história com uma forma inovadora de jornalismo literário ao lançar, em 1959, a obra de não ficção moderna *A sangue frio* (1959), um relato envolvente sobre dois assassinos condenados à morte.

É importante esclarecer, porém, que nem Capote nem a *The New Yorker* são criadores do jornalismo literário, subgênero praticado anteriormente por romancistas ingleses como Charles Dickens, Daniel Defoe, Jack London, James Agee e Ernest Hemingway. Concorria com a *The New Yorker* a revista *Esquire*, também casa de grandes jornalistas culturais como Aldous Huxley (literatura), George Jean Nathan (teatro) e Scott Fitzgerald (literatura). Nos anos 1960, o jornalismo literário ganha reforço por meio da escrita envolvente de Norman Mailer e Gay Talese, que seduziam o leitor ao narrar temas que iam da marcha de protesto contra a Guerra do Vietnã (Mailer) a perfis de famosos jogadores de beisebol como Joe DiMaggio (Talese). Piza (2003) aponta que ambos são associados ao que se chamou de *new journalism* (novo jornalismo), estilo que mescla ao máximo "história verídica ao ritmo ficcional".

No século 20, o jornalismo cultural era sistematicamente influenciado por questões políticas, econômicas e sociais. Nos Estados Unidos dos anos 1930 e 1940, publicações do porte da *Partisan Review* reuniam críticos como Philip Rahv e Lionel Trilling (literatura), Dwight McDonald (cinema) e Harold Rosenberg e Clement Greenberg (artes visuais), cujos textos eram fortemente enviesados por grandes temas ideológicos do momento, como o embate capitalismo e comunismo.

Ainda que com uma virada maior para a informação e o entretenimento, o jornalismo cultural desse período manteve-se fortemente marcado pela crítica (gênero opinativo) em diversas regiões do mundo. Na França, publicações como *Le Monde de la Musique*, *Magazine Littéraire* e *Cahiers du Cinéma* eram referência. Esta última revista é considerada, até hoje, a mais importante do mundo na área de cinema, tendo lançado o movimento cinematográfico da *nouvelle vague* – encabeçado por André Bazin, François Truffaut e Éric Rohmer. Os críticos tornaram-se referência cultural em vários países, como Octavio Paz, no México, e Giulio Carlo Argan e Roberto Longhi, na Itália, além do australiano Robert Hughes, que escreveu durante décadas para a revista *Time*.

Na Europa, o século 20 contou com inúmeros intelectuais na imprensa cultural. Piza (2003) cita, por exemplo, André Malraux, Jean-Paul Sartre, Ortega y Gasset, Mario Paz, Walter Benjamin, Umberto Eco, Mario Vargas Llosa, Roberto Cotroneo, Robert Maggiori, James Wood, Frank Kermode, David Sylvester etc., atuantes em veículos como *Le Monde*, *La Repubblica*, *L'Espresso*, *Der Spiegel*, *The Observer*, *Sunday Times*, *London Review of Books* etc.

Ao final desse século, diversos pesquisadores começam a se debruçar sobre as especificidades do jornalismo cultural, a citar: os espanhóis Iván Tubau, Amparo Tuñón San Martín e José Martinez Albertos e o alemão Emil Dovifat. Para San Martín, por exemplo, o jornalismo cultural calcou-se em três paradigmas básicos: cultura/informação; cultura/conhecimento e cultura/acontecimento. Por cultura/informação, entendemos que o autor se refere aos cadernos diários de cultura e às notícias instantâneas na internet. Por cultura/conhecimento, ao perfil das revistas culturais e dos cadernos dominicais. E, por cultura/acontecimento, aos chamados roteiros, guias e serviços, publicados principalmente às sextas-feiras.

No Brasil Colônia

Se havia manifestações do jornalismo cultural no Brasil antes de 1808, ou seja, antes da chegada da Família Real portuguesa ao país, tais manifestações foram pouco preservadas e registradas, o que nos obriga a dizer que sua história é apenas um recorte bem incompleto do que provavelmente foi ao longo dos últimos cinco séculos.

A imprensa no Brasil tardou a se desenvolver. Os holandeses, que dominavam o Nordeste – área próspera da colônia no século 17 –, não se empenharam em implantar a imprensa, uma vez que esta não faria o menor sentido em um país essencialmente escravocrata. Iniciativas isoladas apareciam, mas não duravam muito tempo. Oficialmente, o primeiro jornal brasileiro foi publicado no exterior. O *Correio Braziliense*, impresso em Londres, surgiu em 1º de junho de 1808. Segundo Travancas (1993), o jornal era feito em Londres para driblar a censura prévia vigente no Brasil e chegava ao país clandestinamente. Com o fim da censura, outros periódicos apareceram, como o *Diario do Rio de Janeiro*, o *Reverbero Constitucional Fluminense* e a *Sentinella da Liberdade*, todos a favor da independência.

No século 19

O nascimento "oficial" do jornalismo cultural no país se deu no século 19. Silva (1997) destaca que a primeira seção com assuntos culturais nasceu no *Correio Braziliense*, na seção "Armazém Literário" – que trazia subdivisões como "Comércio e Artes", "Literatura & Ciência" e "Miscelânea", com assuntos variados.

Aqui, quem primeiro falou de cultura foi o jornal *As Variedades ou Ensaios de Literatura*, com apenas duas edições, em fevereiro e junho de 1812. Segundo Sodré (1966), o veículo propunha divulgar "extratos de história antiga e moderna, viagens, trechos de autores clássicos, anedotas etc.". Tinha poucas características de jornal, mas foi um ensaio – mesmo que frustrado – para a implantação do jornalismo de cultura no Brasil. Isso porque a imprensa como um todo ainda era frágil, pois até as vésperas da Independência circulavam por todo o país apenas a *Gazeta do Rio de Janeiro*, a *Idade d'Ouro do Brazil*, na Bahia, e *O Patriota* (1813), no Sudeste.

Em 1822, uma tentativa de implantar o jornalismo cultural surgiu com *Anais Fluminenses de Ciências, Artes e Literatura*, criado por José Vitorino dos Santos e Sousa, o qual ficou no primeiro número. Ainda segundo a valiosa pesquisa de Sodré, outros veículos – especialmente em formato revista – apareceram: *O Beija-Flor* (1830), *O Amigo das Letras* (1830), *Revista Brasiliense* (1836), *Minerva Brasiliense* (1843), *Ostentor Brasileiro* (1845), *O Americano* (1847), *A Marmota* (1849), *Guanabara* (1849), *Jornal das Senhoras* (1852), *Revista Bibliográfica do Correio Mercantil* (1854), *Revista Popular* (1859), *Revista Dramatica* (1860), *O Mequetrefe* (1875), *Mosquito* (1876), *A Semana* (1885), *Vida Moderna* (1886), *Revista Sul-Americana* (1889), *O Álbum* (1892), *A Cigarra* (1895), *Cenáculo* (1895) e *Galáxia* (1897).

Esse jornalismo cultural inicial era marcado, como lembra Silva (1997), por uma divisão evidente nas páginas dos jornais: um fio horizontal preto separava, em cima, política e economia – mais sisudas – do rodapé, que continha textos mais leves, comentários sobre livros e outras manifestações artísticas. Assim, durante anos, o jornalismo cultural limitou-se ao rodapé das páginas. Foi somente a partir da segunda metade do século 19 que ele ganhou mais fôlego no Brasil, especialmente na forma de periódicos literários, que se proliferaram rapidamente. Sodré (1966) cita alguns exemplos: a *Revista Brasileira* (1857-1861), *O Guaíba*

(1856-1858), *Arcádia* (1867-1870) e a *Revista Mensal* (1869-1879). As academias de direito também disseminaram periódicos literários. Em São Paulo, em 1860, surgiram o *Caleidoscópio*; *O Timbira*; *Revista Dramatica*; *Trabalhos Literários de Associação Amor à Ciência*; *O Livro*; *A Legenda*; *A Lei*; *Revista da Associação Recreio Instrutivo*; *O Futuro* e *A Razão*.

Nesse período, Machado de Assis fez a crítica literária de *Iracema*, de José de Alencar, que por sua vez lhe apresentou Castro Alves. Eles escreviam em seções de jornais cujo público era majoritariamente constituído por mulheres. Machado de Assis, inclusive, era assíduo colaborador do *Jornal das Famílias*, no qual publicava contos de literatura amena e fantasias. Era o início do Romantismo, fase de grande prosperidade do jornalismo literário no Brasil. Aos poucos, o público era conquistado pelos folhetins, De acordo com Sodré (1966),

> [...] o folhetim era, via de regra, o melhor atrativo do jornal, o prato mais suculento que podia oferecer, e por isso o mais procurado. Ler o folhetim chegou a ser hábito familiar, nos serões das províncias e mesmo da Corte, reunidos todos os da casa, permitida a presença de mulheres. A leitura em voz alta atingia os analfabetos, que eram a maioria.

Naquela época, configurava-se uma discussão ainda hoje amplamente debatida entre pesquisadores e críticos do jornalismo cultural: a presença massiva da cultura estrangeira nas páginas de jornais e revistas. Nossos veículos orgulhavam-se de publicar textos de Eugène Sue e Victor Hugo, levantando críticas de escritores como Machado de Assis, que dizia que os folhetins eram uma forma de alienação à cultura estrangeira. Porém, como lembra Sodré (1966), muitos escritores brasileiros não se apegaram ao estilo francês de fazer folhetim e escreveram textos com estilo próprio. Machado de Assis publicou, em *O Globo*, *A mão e a luva* (1874) e, em *O Cruzeiro*, *Iaiá Garcia* (1878); Raul Pompeia publicou *O ateneu* (1888) na *Gazeta de Noticias* e Aluísio Azevedo seguiu os passos deles mais adiante.

O legado dos folhetins no jornalismo cultural foi apresentar uma linguagem nova mediando jornalista e leitor, com temas amenos porém aprofundados, não só restritos às artes e às letras. O final do século 19 ainda era um momento instável para o jornalismo cultural no país. Diversas revistas literárias nasceram e morreram. *A Época*, produzida por Machado de Assis e Joaquim Nabuco, durou apenas quatro exemplares. Nesse período, o recém-nascido *O Estado de S. Paulo*, sob o nome de *A Província de São Paulo*, tomou uma atitude pioneira e mandou o correspondente Euclides da Cunha para cobrir a Guerra de Canudos, na Bahia. De lá, ele enviava telegramas e relatórios, material que serviria de rascunho para a obra-prima *Os sertões*. Vale lembrar que *A Provincia de São Paulo* mantinha, desde seu nascimento, em 1875, uma seção de variedades na qual havia a coluna "Livros e Publicações Diversas".

O século 20

A virada para o século 20 também levantou outra discussão que hoje parece ter sido retomada no jornalismo cultural: a baixa qualidade da produção. O crítico literário José Veríssimo dizia que a produção literária estava pobre sem figurões como Machado de Assis (apenas Euclides da Cunha se destacava). Ao mesmo tempo, toda uma geração de intelectuais buscava espaço para se consagrar. Costa (2005) lembra que os jornais e as revistas culturais serviam de "berçário, vitrine, pedestal e mesmo de trampolim para o homem das letras, encarregando-se do recrutamento, da visibilidade e dos mecanismos de consagração dos escritores". É nessa época que os jornais se modernizam, com máquinas capazes de imprimir milhares de exemplares por hora. Tiragem maior, público maior e a literatura como fonte de mão de obra qualificada para suprir a demanda.

O jornalismo brasileiro dividiu-se entre duas correntes práticas da profissão. De acordo com Medina (1982), os norte-americanos passaram a profissionalizar o jornalismo com treinamento em universidade. Enquanto isso, os europeus rejeitaram a técnica e defenderam o ideal humanista, opinativo, a arte de escrever por vocação. O Brasil, embora historicamente influenciado pela Europa, aos poucos inclinou-se para o estilo de profissionalização dos norte-americanos.

Nesse momento, o jornalismo cultural começava a se configurar como uma editoria distinta das demais seções do jornal, dando início a uma especialização do trabalho nessa área. De acordo com Werneck Sodré (1966),

> [...] as colaborações literárias, aliás, começam a ser separadas, na paginação dos jornais: constituem matéria à parte, pois o jornal não pretende mais ser, todo ele, literário. Aparecem seções de crítica em rodapé e o esboço do que, mais tarde, serão os famigerados suplementos literários. Divisão de matéria, sem dúvida, mas intimamente ligada à tardia divisão do trabalho, que começa a impor as suas inexoráveis normas.

Ao longo do século 20, inúmeros suplementos e revistas culturais surgem. Entre eles, merece destaque *O Cruzeiro*. Criada em 1928, a revista foi um grande sucesso. Para se ter ideia, uma semana após o suicídio de Getúlio Vargas, ocorrido em 24 de agosto de 1954, a revista publicou uma edição extra que se esgotou em poucas horas, forçando novas tiragens até atingir 1 milhão de exemplares vendidos. Num país com 54 milhões de habitantes, é como se uma revista cultural vendesse, hoje, mais de 4 milhões de exemplares, quase quatro vezes a tiragem da revista de maior circulação da América Latina, *Veja*. *O Cruzeiro* era uma porta-voz nacional influente por apresentar um visual arrojado, realizar grandes reportagens em série, fazer que os leitores colecionassem as edições e deixar um legado de fotojornalistas de renome por várias gerações.

As revistas literárias que começavam a surgir também ajudaram a separar de vez literatura de imprensa cultural, esta se diversificando em outros tipos de arte, como a caricatura. Em junho de 1917, foi lançada a revista cultural *Panoplia*, dirigida por Guilherme de Almeida, Cassiano Ricardo e Di Cavalcanti. Durou menos de um ano, assim como *Novela Semanal*, de 1921. Nesse início de vida republicana, como lembra Silva (1997), apareceram revistas de qualidade impressa superior, como *Tico-Tico*, *A Revista da Semana*, *Fon-Fon* e *Ilustração Brasileira*. O *Jornal do Brasil* publicava, desde 20 de maio de 1900, *A Revista da Semana*, suplemento de grande sucesso, premiado no exterior e embrião da atual revista *Domingo*.

Nessa mesma época, na *Gazeta de Noticias*, teve início a primeira seção que tratava de cinema: "Cinematógrafo", assinada por Paulo Barreto. Ainda de acordo com Silva, nessa época os periódicos ganharam maior estabilidade – inclusive com a fundação dos principais jornais do país – devido às inovações tecnológicas (aumento de linotipos e novos tipos de rotativas) que melhoraram as edições ilustradas. Os suplementos, como *Revista da Semana*, também se fortalecem, inspirados nos magazines franceses.

Modernismo, Estado Novo e a origem dos suplementos

Ao longo do século 20, o jornalismo cultural impresso deixa de ser apenas literário e passa a agregar matérias sobre essas novas mídias. Maria Rita Eliezer Galvão (1975) mostra que, já em 1909, *O Estado de S. Paulo* publicava a programação completa de sete cinemas, havendo, em 1911, um aumento para 31 salas. A *Folha da Manhã*, por sua vez, seguiria a tendência ao falar de cinema na seção "Ribaltas e Projeções". Nessa década, os jornais começaram a focar mais em prestação de serviço e matérias informativas de estreias de peças, filmes e exposições de arte.

Durante o Modernismo, as revistas literárias alcançaram o auge. A *Klaxon*, que começou a circular em maio de 1922, tinha nomes como Manuel Bandeira, Plínio Salgado, Mário de Andrade e Sérgio Buarque de Holanda. No Rio, havia a *Estética*; em São Paulo, a *Revista de Antropofagia*; em Belo Horizonte, *A Revista*; na Bahia, *Arco e Flecha*; e no Ceará, *Maracajá*. Dessas revistas saíram figuras destacadas do jornalismo cultural, como Antônio de Alcântara Machado. Popularizou-se também a presença dos fanzines, produções artesanais em que o autor escrevia, ilustrava, editava e criava uma matriz, distribuindo para seu público textos culturais de produtos – principalmente pequenas produções cinematográficas – que não conseguiam espaço na grande mídia.

À época, o jornalismo cultural ganhou força com a sonorização do cinema e a popularização do rádio, que impulsionou a indústria fonográfica e o nascimento da indústria cultural brasileira. Esta, ainda que inicialmente tímida, alimentaria uma sociedade de consumo que só cresceu nas décadas seguintes.

Porém, a partir da instauração do Estado Novo, em 1937, revistas culturais e jornais, como lembra Sodré (1966), foram censuradas. Já publicações como *Carioca* e *Vamos Ler* – pertencentes ao governo – falavam de forma superficial de música, cinema, rádio e literatura. A exceção era *Diretrizes*, de 1938, sob a direção de Azevedo Amaral e Samuel Wainer, que conseguia burlar a censura com muita malícia e fazer jornalismo cultural de qualidade. Fundada por intelectuais da Faculdade de Filosofia da Universidade de São Paulo e patrocinada pelo crítico e diretor de teatro Alfredo Mesquita, da família de *O Estado de S. Paulo*, a revista *Clima* também conseguiu sobreviver à censura e imprimir um produto de qualidade. Entre seus colaboradores, responsáveis por promover uma reflexão de alta qualidade, estavam Antonio Candido, Gilda Moraes Rocha e Paulo Emílio Sales Gomes.

Apesar do obscuro momento jornalístico provocado pelo Estado Novo, é nessa época que começa a disseminação dos cursos de jornalismo no país e, portanto, a tendência de especializar-se em determinada área, como o jornalismo cultural. De acordo com Medina (1982), no entanto, essa profissionalização levou mais de 20 anos para se assentar. Isso porque os donos de jornais temiam que a regulamentação forçasse um aumento de salário. Havia também jornalistas da velha guarda que receavam perder o emprego para os novos profissionais.

A partir dos anos 1950, o jornalismo cultural impresso no Brasil caracteriza-se, sobretudo, pelo aparecimento dos suplementos literários. Para Silvano Santiago (1993), os suplementos acrescentam algo ao todo, dando ao leitor um lazer inteligente no fim de semana, sem preocupação com o tempo. Suplementos são produzidos por jornalistas fixos das redações, mas também por um corpo de colaboradores e intelectuais (filósofos, escritores, acadêmicos e cientistas). Essa "mistura" de textos, escritos por profissionais diversos, já levantou inúmeros debates sobre a clareza e acessibilidade das informações e reflexões dos suplementos. O extinto caderno *Mais!* da *Folha de S.Paulo*, por exemplo, era criticado pela linguagem rebuscada, de difícil compreensão, escrita apenas para os pares e não para o público em geral. Trata-se de uma crítica feita não só pelo público leitor da *Folha* como pelos próprios jornalistas. Travancas (2001) lembra, no entanto, que os suplementos são até hoje um espaço de resistência à "pressão da linguagem jornalística", em que os textos podem ser mais longos, complexos e refinados e menos coloquiais:

> [...] os suplementos literários transmitem uma ideia de livro e de literatura e significam prestígio para os jornais e *status* para quem trabalha neles. São frequentes os casos de suplementos literários deficitários, cuja receita de publicidade não chega a cobrir o seu custo. Mas a relação custo-benefício para um jornal, assim como para uma sociedade, não se mede apenas pelo seu valor financeiro. É como se o jornal se valorizasse na valorização do leitor.

Em resumo, é como se os cadernos culturais diários focassem cada vez mais em textos curtos e fáceis de ler e reservassem textos mais complexos e longos para os cadernos semanais, quando supostamente o leitor tem mais tempo (e paciência) para lê-los. No entanto, tal divisão tem se tornado cada vez mais clara com o enfraquecimento do jornalismo impresso.

O principal suplemento literário dessa época foi o do jornal *O Estado de S. Paulo*. Projetado por Antonio Candido de Mello e Souza e dirigido durante dez anos por Décio de Almeida Prado (1956-1966), tornou-se um modelo para os cadernos culturais que depois surgiram. Segundo Lorenzotti (2002), o *Suplemento Literário* tinha como objetivo evitar dois extremos: o tom excessivamente jornalístico e o excessivamente erudito. O primeiro facilitava a leitura, mas não contribuía para criar hábitos intelectuais, e o segundo "abafa[va] o leitor com artigos longos", de leitura penosa. O suplemento exibia uma invejável lista de colaboradores, entre eles: Carlos Drummond de Andrade, Manuel Bandeira, Sérgio Buarque de Holanda, Lygia Fagundes Telles e João Cabral de Melo Neto. A pesquisadora destaca que nesse período o jornalismo cultural era uma atividade bem remunerada. O *Suplemento Literário* chegava a pagar dez vezes mais que os jornais concorrentes a seus colaboradores. Tudo para proporcionar textos inteligentes, capazes de estimular a reflexão sem cansar o leitor. O *Suplemento Literário* sobreviveu até 1º de junho de 1980. Seu declínio ocorreu sobretudo porque o tom dos textos, levemente mais acadêmico do que jornalístico, destoava de um momento de alta do jornalismo cada vez mais rápido e informativo.

O caderno foi então substituído pelo suplemento *Cultura*, o que ampliou o leque de assuntos culturais. Este, por sua vez, se aposentou no final dos anos 1980, quando já existia o *Caderno 2*, criado em 1986 e dedicado aos produtos da indústria cultural: lançamento de discos, filmes, peças etc.

A partir dos anos 1950, diversas revistas culturais foram criadas, quase todas com vida curta. Fábio Gomes (2009) cita como exemplos: *Crucial* (Porto Alegre, 1951), *Anhembi* (São Paulo, 1950), *Revista da Música Popular* (Rio de Janeiro,

1954), *Revista do Livro* (Rio de Janeiro, 1956), *Litoral* (Florianópolis, 1958), *Revista de Cinema* (Belo Horizonte, anos 1950) e *Macunaíma* (Rio de Janeiro, 1960). Houve também revistas alternativas, que publicavam o que a ditadura militar instaurada em 1964 considerava subversivo. Entre os exemplos estão *O Pasquim* e *Opinião* (Rio de Janeiro) e *Movimento* e *Bondinho* (São Paulo), que usavam humor e denúncia na cobertura cultural.

Principal concorrente de *O Estado de S. Paulo*, a *Folha de S.Paulo*, nascida em 1921 sob o nome *Folha da Manhã*, passou a dar mais atenção ao jornalismo cultural apenas a partir de 1958, com o nascimento da *Folha Ilustrada*. Além do caderno de cultura (*Ilustrada*), a *Folha* mantinha o tabloide *Folhetim*, que incluía resenhas de livros, publicação de contos, poesia e ensaios literários. Nos anos 1980, ele foi trocado por *Letras*, caderno que saía aos sábados e se restringia ao campo literário. Em 1992, este foi extinto com o surgimento do *Mais!*, dominical que agrupou material jornalístico de diversas manifestações culturais e foi depois substituído pelo *Ilustríssima*. A *Folha* lançou também, em 1995, o *Jornal de Resenhas*, feito em parceria com universidades. Mas a *Ilustrada* configura-se como o caderno de cultura mais importante do Grupo Folha e, atualmente, um dos mais lidos do país. Sua proposta, desde o início – segundo um documento interno redigido pela diretoria do jornal nos anos 1980, de acordo com Strecker (1989) –, foi dar prioridade à cultura de massa. Afinal, o jornal entende a cultura como um fato de mercado; por isso, o cinema, a televisão e a indústria editorial e discográfica têm espaço privilegiado, o que não quer dizer que o caderno não cubra eventualmente assuntos ligados à filosofia, semiologia, história etc. Esse perfil, segundo Silva (1997), foi copiado por outros cadernos culturais a partir dos anos 1950 e provocou, na década de 1990, uma homogeneização dos cadernos culturais.

Outro destaque do jornalismo cultural brasileiro foi o *Suplemento Dominical* do *Jornal do Brasil*, famoso por divulgar o movimento concretista brasileiro e cujo principal colaborador foi Ferreira Gullar. Surgido em 1956, o *SDJB* tinha inicialmente uma cara mais feminina, mas aos poucos abrigou temas mais masculinos, principalmente ligados ao cinema. Após o *SDJB*, surgiu o *Caderno B*, caderno diário que ampliava ainda mais o leque da cobertura cultural. Em suas páginas figuravam nomes fundamentais da intelectualidade, como Clarice Lispector, Ferreira Gullar, Barbara Heliodora e Décio Pignatari.

Seu principal concorrente, *O Globo*, só deu importância a esse tipo de produto em 1996, quando lançou o suplemento *Prosa & Verso*, distribuído nos fins de semana. Antes disso, nas décadas de 1950 a 1970, o jornal mantinha seções dominicais que falavam de cultura, como "*O Globo* nos Teatros", escrita por Gustavo Dória, "*O Globo* na Música", assinada por Otávio Bevilácqua, e resenhas literárias de Antônio Olinto.

Conforme Alzira Alves de Abreu (1996), os suplementos literários eram um meio de inserção de jovens talentos no mundo da literatura. Se o artista conhecesse algum colaborador de suplemento literário, conseguiria publicar seu texto, obter alguma paga e ainda abrir caminho para a vida de escritor. Além disso, os suplementos, mesmo que não faturassem muito com publicidade – motivo pelo qual alguns foram extintos –, eram um produto que "refinava" o jornal, atraindo anúncios para os outros cadernos. Alberto Dines (1986) acrescenta que

> [...] um suplemento de livros ou literário pode apresentar baixo faturamento, mas sua existência valoriza o veículo e certamente atrairá anúncios para o resto do jornal. O jornal é um conjunto harmônico e periódico de informações. Sua dissecação e desmembramento, ainda que por motivos contáveis, traz o risco de arrastar consigo a mutilação orgânica do produto. Ao contrário da veiculação eletrônica, jornal não tem partes "nobres", tudo é digno, igualmente elevado. [...] Não se pode medi-los pelos parâmetros de uma loja.

Ainda nos anos 1950, o jornalismo cultural ganhou forte contribuição do *Correio da Manhã*, com a criação do cultural dominical *O Quarto Caderno*. Por ele passaram grandes nomes, como os críticos de cinema Moniz Vianna e José Lino Grünewald, além de polemistas como Paulo Francis, editor do caderno durante seu auge, entre 1967 e 1968. Nesse período também ocorreu a introdução do lide no jornalismo como um todo. Para Costa (2005), a partir daí o nariz de cera (forma romanceada ou não objetiva de iniciar uma matéria) foi definitivamente abandonado e o jornalismo se separou de vez da arte literária.

Em 1959, surge a revista *Senhor*, que pretendia atender a um público masculino com alto poder aquisitivo, morador dos grandes centros urbanos, intelectualizado e sofisticado, indo ao encontro do projeto de modernização do Brasil naquela década. A revista publicava de textos sobre como escolher bons vinhos a resenhas de livros e produtos que simbolizavam *status*. Não era apenas uma revista cultural: falava também de política e economia. Nela se encontravam novidades da época, como o cinema francês, italiano, japonês; o teatro popular brasileiro; a bossa nova; a literatura de cordel; as novas tendências de arquitetura; o folclore nacional etc. Essa revista ajudou a disseminar nomes como Clarice Lispector e Ferreira Gullar e publicou textos de Graciliano Ramos, Carlos Drummond de Andrade, Nelson Rodrigues e Vinicius de Moraes, além de estrangeiros como Leon Tolstói, William Faulkner, Franz Kafka, Bertolt Brecht etc. Para Basso (2006), "*Senhor* não chegou a ser uma revista da revolução antiburguesa, mas uma tentativa de atualizar a burguesia dentro do processo cultural brasileiro e internacional".

Regime militar

A partir de 1964, cadernos culturais diários e suplementos passaram a imprimir uma produção com forte teor político. Cinema, teatro, literatura e poesia, como lembra Abreu (1996), eram formas de politizar o povo e levá-lo a refletir sobre os problemas sociais vividos num país ditatorial. Nessa época, houve também a colaboração de pesquisadores e professores universitários, especialmente da Universidade de São Paulo (USP), abordando temas que valorizavam a produção nacional e a problemática social e econômica por meio da cultura brasileira. Glauber Rocha, José Lino Grünewald e Ely Azeredo escreviam sobre o cinema norte-americano, francês e italiano e analisavam a nova linguagem cinematográfica brasileira. O mesmo se aplicava ao teatro, que, desde o início da década, tinha espaço privilegiado, principalmente no *Jornal do Brasil*. Barbara Heliodora, Léo Victor, Oskar Schlemmer e outros nomes discutiam o teatro moderno num momento em que grandes peças chegavam aos palcos, como *O casamento*, de Ariano Suassuna, *Eles não usam black-tie*, de Gianfrancesco Guarnieri, e *Vestido de noiva*, de Nelson Rodrigues.

Nesse período, o jornalismo cultural, especialmente em áreas como o cinema, começa a se beneficiar da possibilidade de maior acesso aos bens culturais. Jean-Claude Bernardet (2007) ajuda a esclarecer as condições da crítica produzida durante o Cinema Novo. Na época em que ele escrevia suas análises, os filmes não se comunicavam plenamente com o público e a crítica. Além disso, embora o cinema tivesse invadido as universidades, ainda não havia meios para quem quisesse graduar-se na área, faltava equipamento adequado, e por vezes não havia cópias dos filmes que se queria analisar. Tudo isso, segundo Bernardet, induzia obrigatoriamente a pesquisas superficiais, prejudicando o trabalho do crítico e do cineasta num momento tão fértil de ideias como foi o Cinema Novo.

A partir dos anos 1970, o momento efervescente da crítica vai cedendo espaço, lentamente, a críticas que Buitoni (2000) chama de "guia de consulta rápida", formadas por uma pequena resenha e classificações taxativas. Isso não chega a dominar totalmente os veículos impressos – até hoje há espaço para crítica em jornais como *O Globo*, *O Estado de S. Paulo* e *Folha de S.Paulo*, mas guias como *Veja São Paulo* rotulam diferentes filmes (drama, terror, aventura) com apreciações-relâmpago: "telepolicial fracotinho e sem novidades", "aventurinha mirabolante", "comédia adolescente" etc.

É principalmente a partir dessa década que a opinião começa a perder força para a notícia – especialmente com a implantação já generalizada do lide no jornalismo impresso –, o que transforma o perfil dos suplementos culturais. Segundo Abreu (1996), os suplementos deixaram de ser o espaço de veiculação da crítica literária, perderam a função de analistas da qualidade de um livro quanto à sua forma e ao seu conteúdo e se transformaram em meros divulgadores de novos lançamentos editoriais. Os intelectuais, escritores, poetas e artistas foram cedendo lugar ao jornalista profissional, especializado em resenhar obras recém-editadas.

Ainda nos anos 1970, Süssekind (1993) lembra que houve uma espécie de "revolta da crítica do rodapé", quando jornalistas diplomados reivindicavam um espaço jornalístico e atacavam a "linguagem hermética, lógica argumentativa e os jargões e excessos técnicos" do meio acadêmico. É o começo da necessidade de atender ao chamado público médio, consumidor diário de jornais. Tal perfil acentuou-se na década seguinte, com o tratamento ainda mais comercial das obras, ou seja, a redução da crítica reflexiva e a prevalência da leitura mais rápida e informativa.

O jornalismo cultural nos anos 1980 e 1990

Nos anos 1980, os maiores nomes do jornalismo cultural impresso (regionais no Sudeste, mas de influência nacional) eram a *Ilustrada*, da *Folha*, e o *Caderno 2*, do *Estadão*. A *Ilustrada* chegou ao final do século com um gosto pela controvérsia e mostrou uma galeria de articulistas e críticos polêmicos, como Paulo Francis, Tarso de Castro e Décio Pignatari, mas aos poucos o peso da opinião diminuiu e a agenda cultural passou a predominar.

O *Caderno 2* também teve seu auge, segundo Piza (2003), na década de 1980. Jornalistas como Wagner Carelli, Zuza Homem de Mello e Enio Squeff produziam pautas quentes e opinativas. Em seguida, veio a equipe de Ruy Castro. Enquanto o concorrente dava mais espaço ao cinema americano e à música pop, o *Caderno 2* dosava literatura, artes plásticas e teatro, distinção que parece não permanecer nos dias de hoje. Atualmente, o *Caderno 2* dedica muitas páginas ao cinema e à música, deixando literatura e artes plásticas para o caderno dominical ou matérias menores nos primeiros dias da semana.

Aos poucos, os cadernos diários de cultura e entretenimento passam a dedicar pelo menos metade de seu espaço a roteiros, guias e serviços – como programação de cinema, teatro, TV, colunas sociais, horóscopo, palavras cruzadas, quadrinhos etc. A outra metade abarca anúncios publicitários, reportagens, notas, notícias e críticas.

Não podemos deixar de mencionar o surgimento da revista *Bravo!*, publicada pela primeira vez em 1997 pela extinta Editora D'Ávila. Seu projeto editorial era claramente voltado para a agenda cultural, embora oferecesse abordagens mais aprofundadas sobre os temas. No entanto, levantava críticas no meio intelectual por ter se rendido ao entretenimento, o que nem sempre era justo. Com o fim da editora, a revista foi comprada pela Abril, que a publicou até 2013, quando a empresa extinguiu diversas revistas impressas e dirigiu seu modelo de negócios para as revistas rentáveis. Tal atitude levantou muitas críticas no meio, especialmente pelo fato de a Abril focar apenas no lucro, enfraquecendo assim seu portfólio jornalístico. Tal reação adversa parece-nos coerente, uma vez que o valor simbólico da Abril claramente perde força sem títulos culturais como a *Bravo!* Com isso, o mercado de revistas culturais impressas passa praticamente para as mãos da Editora Bregantini, que heroicamente publica, desde o final dos anos 1990, a Revista *Cult*, esta bem menos voltada para a agenda cultural e mais focada em reflexões sobre arte, sociedade, política e filosofia.

Na reta final do século 20, o jornalismo cultural impresso passou a sofrer influência de novos suportes, notadamente a TV paga e a internet, que inundam os cadernos culturais com sugestões de pautas. No caso da internet, muito se discute sobre sua eficácia e a consequente extinção dos veículos impressos. Mas, conforme Dines (1986), em quase 600 anos de imprensa – desde a Bíblia impressa por Gutenberg – não se registrou um só caso de desaparecimento de um suporte. Ao contrário, a história da imprensa mostra que as novidades agregam as formas existentes sem excluí-las.

O que é cultura?

Se as ideias até aqui expostas abordaram sobretudo apontamentos factuais históricos do jornalismo cultural, o capítulo seguinte tratará de sua prática do ponto de vista tanto histórico quanto contemporâneo. No entanto, não podemos ir adiante sem definir claramente o tipo de cultura com a qual o jornalismo se alinha. Para isso, refletiremos sobre suas contradições e apontaremos caminhos para entender a prática do jornalismo cultural. Ao longo deste livro, não faremos distinção entre cultura e entretenimento, pois nos parece claro que em uma obra voltada ao entretenimento há também traços culturais dos seus produtores. Afinal de contas, afirmar que *Rambo* está isento de traços da cultura bélica/individualista norte-americana seria um erro grotesco.

Primeiramente, não é fácil definir o termo "cultura", pois ele envolve conceitos, costumes, valores etc. Silva (1997) lembra que, na época de Voltaire e Kant, cultura era um conceito usado para designar civilização, processo de evolução moral e racional. Contrapunha o saber à ignorância, o culto ao inculto. Somente a partir do século 19 o conceito começa a migrar para o campo da antropologia: perde o caráter de enobrecimento do espírito por meio das academias de artes para se voltar aos costumes dos povos, independentemente do saber acadêmico e da fruição de obras de artes.

Já Arnold (*apud* O' Sullivan *et al.*, 2001) diz que a cultura é o modo de buscar a perfeição não material, mas espiritual, por meio da grande literatura, das belas-artes e da música séria. Trata-se, porém, de um recorte, já que conhecer a fundo a cultura popular local também pode ser um modo de refinamento espiritual. Quando o cinema faz isso – por exemplo, em *Deus e o diabo na terra do sol*, *Vidas secas* e *Cidade de Deus*, além de tantos outros filmes que buscaram a fundo compreender o Brasil popular –, ele pode ser tão ou mais reconhecido do que grandes obras da literatura, das belas-artes e da música erudita.

Outros autores, como T. S. Eliot, José Ortega y Gasset, Benedetto Croce, Vilfredo Pareto, F. R. Leavis etc., sintetizam a cultura como um recorte escolhido – destinado a uma minoria de conhecedores – das produções mais refinadas do espírito humano. Outra concepção, menos delimitadora, de autores como E. B. Taylor, afirmava que cultura "é o conjunto complexo que inclui conhecimento, crenças, até moral, lei, costumes e outras capacidades e hábitos adquiridos pelo homem como membro da sociedade".

Edgar Morin (1962) prefere uma definição mais ampla e menos concreta. Segundo ele, cultura constitui "um corpo complexo de normas, símbolos, mitos e imagens que penetram o indivíduo em sua intimidade, estruturam os instintos, orientam as emoções". Isso se dá por meio de trocas mentais de projeção e identificação polarizadas em símbolos, mitos e imagens da cultura, vindas dos ancestrais, heróis e deuses imaginários. Para Raymond Williams (1992), a cultura é um sistema de significações no qual a ordem social é vivida, reproduzida e apreciada. Mas seus estudos também indicam que toda produção cultural está comprometida com uma referência social do tempo de sua produção, ou seja, são inevitavelmente contextualizáveis, daí a importância do jornalismo cultural não só em "registrar o presente" como em contextualizar as obras analisadas em seus cadernos. Tais obras, porém, são atemporais em termos de apreciação e valor artístico-cultural. Ou seja, apreciar um quadro de Kandinsky ou um livro de Guimarães Rosa só é possível tendo consciência do contexto social e cultural no qual essas obras foram produzidas. Caso contrário, ficar-se-á apenas na apreciação de um borrão e de um livro de histórias de personagens. O mesmo se aplica a qualquer grande obra do cinema e até às críticas de intelectuais como Paulo Emílio Sales Gomes, Jean-Claude Bernardet, André Bazin, François Truffaut etc.

Raymond Williams também retoma a questão centro-periferia em seus estudos. Para ele, em toda sociedade, não importa o momento histórico, existe um "sistema central de práticas, significados e valores" dominantes, ou seja, hegemônico, transmitido para a periferia – por exemplo, por meio do jornalismo cultural. Vivemos, no Brasil como em toda a América Latina, as práticas e os valores dominantes, ou seja, europeus e norte-americanos, que chegam até nós por intermédio da influência político-econômica, mas também cultural – pela produção literária, cinematográfica, televisiva etc. Capitalismo, sociedade urbana branca e de classe média alta, consumismo, diálogos novelescos – sem sotaques, quase neutros –, trilha sonora americanizada e valorização do que vem de fora são características recorrentes em nossa produção atual. A crítica, no entanto, pode ser um contraponto saudável a essa dominação de padrões externos. Críticos sérios deixam de lado o peso mercadológico da bilheteria ou da repercussão de um filme nacional feito com padrões importados para dar maior destaque a produções que acenam para um jeito brasileiro de fazer cultura, de contar histórias nacionais.

Seja como for, a cultura tem importância vital na compreensão das atitudes humanas ao longo da história. Para McCracken (2003), "a cultura detém as 'lentes' através das quais todos os fenômenos são vistos". Ela é o "plano de ação" da humanidade, "determina as coordenadas da ação social e da atividade produtiva", define como o mundo é visto e moldado pelo esforço humano. Além disso, manifesta-se nas mais diferentes formas de expressão, das populares às eruditas, atingindo de um grupo pequeno e limitado de pessoas à grande massa da população.

Tal diversidade levou alguns autores a dividir a cultura em popular, erudita e de massa. Bosi (1992) é bem claro quanto a esse assunto:

> [...] a cultura erudita cresce principalmente nas classes altas e nos segmentos mais protegidos da classe média: ela cresce com o sistema escolar. A cultura de massa, ou indústria cultural, corta verticalmente todos os estratos da sociedade, crescendo mais significativamente no interior das classes médias. A cultura popular pertence, tradicionalmente, aos estratos mais pobres, o que não impede o fato de seu aproveitamento pela cultura de massa e pela cultura erudita, as quais podem assumir ares populares cos ou populistas em virtude da sua flexibilidade e da sua carência de raízes.

Vale lembrar que o termo "cultura de massa" – principal objeto sobre o qual o jornalismo cultural se debruça – se tornou popular nos anos 1930, quando filósofos da Escola de Frankfurt como Max Horkheimer, Theodor Adorno e Leo Lowenthal foram inspirados abertamente pelo marxismo, mesmo depois de exilados nos Estados Unidos durante e após a Segunda Guerra Mundial. Conforme McQuail (1983), o pensamento marxista que guiou tais estudiosos baseia-se na ideia de que os meios de comunicação são instrumentos de produção, que operam ideologicamente disseminando a visão de mundo das classes dominantes e negando formas alternativas que possam conduzir à conscientização da classe operária, impedindo sua mobilização. Trata-se, no entanto, de uma afirmação perigosa, pois nega, por exemplo, o papel de algumas mídias como conscientizadoras e esclarecedoras dos direitos dos cidadãos. Os criadores do Cinema Novo, por exemplo, usavam sua arte como meio de comunicação para disseminar novas ideias – luta pela igualdade, combate à dominação cultural norte-americana – às classes média e baixa. E a crítica de cinema reforçava tais pensamentos por intermédio de outros meios de comunicação – jornais e revistas –, reafirmando pensamentos vigentes entre os cineastas ao interpretar e esclarecer seus filmes ao público.

Mais tarde, nos anos 1940, Adorno e Horkheimer criariam o conceito de indústria cultural. Segundo Mattelart (2004),

> [...] [Adorno e Horkheimer] analisam a produção industrial dos bens culturais como movimento global de produção da cultura como mercadoria. Os produtos culturais, os filmes, os programas radiofônicos, as revistas ilustram a mesma racionalidade técnica, o mesmo esquema de organização e de planejamento administrativo que a fabricação de automóveis em série ou os projetos de urbanismo. A indústria cultural fornece por toda parte bens padronizados para satisfazer às numerosas demandas, identificadas como distinções às quais os padrões da produção devem responder [...]. Diz Adorno: "O terreno em que a técnica adquire seu poder sobre a sociedade é o terreno dos que a dominam economicamente. A racionalidade técnica é o caráter coercitivo da sociedade alienada".

No entanto, a visão de Adorno e Horkheimer não deixa de ser reducionista quanto ao funcionamento da indústria cultural. O cinema, por exemplo, obedece a toda essa racionalidade técnica que os pensadores apontam, mas nem por isso resulta num produto cuja função é necessariamente contribuir para a alienação social, mesmo que a maioria das produções hollywoodianas acabe por sugerir isso. Foi justamente essa racionalidade técnica que permitiu a produção de filmes cujas mensagens alimentaram cineclubes, intelectuais de imprensa e um forte debate cultural que batalhou por mudanças sociais em determinados momentos-chave, como a luta contra a ditadura militar, no caso específico do Brasil. O filme *Bye bye Brasil*, de Carlos Diegues (1979), por exemplo, obedece a critérios técnicos, inclusive com o uso de estrelas da Globo para cativar o público, mas não transmite uma mensagem alienante; ao contrário, foi importante para conscientizar a população dos problemas sociais, dos vícios políticos e das mazelas humanas do país nos anos 1970 e 1980.

Por isso, conforme Mattelart (2004) aponta, apesar da originalidade e da importância do pensamento de Adorno e Horkheimer, eles parecem ter percebido apenas um aspecto da conjunção arte e reprodução técnica, subestimando o poder da primeira na sociedade. É por isso que Umberto Eco cunha o termo – que dá nome ao seu livro – "apocalípticos e integrados", uma vez que parecia haver uma divisão extrema no âmbito da indústria cultural: aqueles que a viam como um meio alienante e os que a compreendiam como um meio democrático de acesso às informações.

Outro pensador da Escola de Frankfurt, Walter Benjamin (2014), tem uma visão não reducionista quanto ao tema. Benjamin relativiza a dominação da técnica sobre a arte e desponta como uma voz mais moderada em meio a essa discussão. Cita, inclusive, o cinema, arte que para ele não tem razão de existir se não for pela sua reprodução em série e, no entanto, ainda é vista como arte. O teórico critica Adorno e Horkheimer dizendo que suas observações estão ligadas a certa nostalgia da experiência cultural outrora independente da técnica. Nesse aspecto, é preciso refletir: a técnica de fato só passou a existir com o nascimento da indústria cultural: Afinal, a produção das grandes obras da literatura no século de Camões, Shakespeare e Machado de Assis era totalmente isenta de técnica?

Hoje, no entanto, sabe-se que a cultura não se mantém isolada. Suas manifestações entrecruzam-se, atraem-se, rejeitam-se e, por vezes, alimentam-se umas das outras. Dessa forma, o acadêmico é atraído por produtos da indústria cultural, como jornais, discos e livros, mas sua cultura é disseminada pela televisão, veículo que abastece a cultura de massa.

O cinema é a prova incontestável desse entrecruzamento. *Vidas secas* (1962) e *Deus e o diabo na terra do sol* (1964), respectivamente de Nelson Pereira dos Santos e Glauber Rocha, foram filmados no sertão nordestino e registraram as mais populares manifestações culturais daquela região e os problemas sociais do país. Mas, ao optar por uma fotografia sem filtros – para mostrar a intensidade do sol – e uma trilha sonora "seca", ganharam os mais calorosos aplausos dos membros da cultura erudita (no Festival de Cannes, composto, inclusive, de muitos críticos de cinema). Ambas as películas foram consideradas *cult* e obras de arte do maior refinamento. Por fim, não se pode esquecer que ambos são filmes – produtos reproduzíveis, nascidos com a indústria cultural.

Nesse sentido, ganha importância a noção de "hibridização" proposta por Canclini (1996), palavra que parece dar conta dessas mesclas entre o tradicional e o moderno, entre o culto, o popular e o massivo. Isso não quer dizer que essas culturas interajam sem entrar em conflito. Não se trata de uma coexistência pacífica, tanto que há quem defenda que o intercâmbio de culturas pode levar ao sufocamento da mais fraca. Dominic Strinati (1999) diz que a cultura *folk* (genuinamente popular) mudou com a industrialização e a chegada da cultura de massa. Porém, como outros estudos vêm apontando, a influência da cultura de massa não conseguiu destituir totalmente suas raízes. O maracatu, o bumba meu boi e tantas outras manifestações culturais sofreram alterações com a presença da cultura de massa, mas nem por isso deixaram de existir ou perderam sua autenticidade, esvaziando, de certa forma, o discurso apocalíptico dos críticos da indústria cultural. O próprio carnaval, festa de origem europeia, transformou-se num espaço para expressão da mais autêntica música negra, mulata e indígena nas várias capitais do Brasil.

Até mesmo um produto legítimo da cultura de massa, como o cinema, pode adquirir características de arte popular e erudita. MacDonald (1975) afirma que o cinema dos anos 1920 de Charles Chaplin encantava como arte *folk* e, na mesma época, D. W. Griffith manipulava novas formas de montagem e produzia um cinema de vanguarda, considerado arte erudita. No caso do cinema brasileiro da retomada, por exemplo, essa mútua influência tem se mostrado saudável para a sociedade. Ao abordar temas genuínos de nossa cultura – as danças indígenas, o samba de roda, o sertanejo, a malandragem carioca, o futebol de rua –, o cinema brasileiro consegue reproduzir e recriar a mais autêntica expressão popular, ganhando assim a admiração e o respeito da cultura erudita, ao participar de festivais como Cannes, Veneza, Berlim e Sundance.

E não se pode esquecer que a crítica veiculada em jornais e revistas faz parte do que alguns autores chamam de "cultura de massa", grande alvo de julgamentos e também de estudos acadêmicos. Mas, como vimos, é também a cultura mais aberta às influências de outras manifestações, capaz de produzir belos e autênticos produtos (Semana de Arte Moderna de 1922, Cinema Novo nos anos 1960 etc.), não deixando, no entanto, de ser cultura de massa. A chamada "indústria cultural" se desenvolve por intermédio de outros produtos industriais como o rádio, o cinema, a imprensa, a televisão, manifestando-se ao lado da cultura popular e da erudita. Edgar Morin (1962) afirma:

> [...] a cultura de massa, no universo capitalista, não é imposta pelas instituições sociais; ela depende da indústria e do comércio, ela é proposta. Ela se sujeita aos tabus (da religião, do Estado etc.), mas não os cria; ela propõe modelos, mas não ordena nada. Passa sempre pela mediação do produto vendável e por isso mesmo toma emprestadas certas características do produto vendável, como a de se dobrar à lei do mercado, da oferta e da procura. Sua lei fundamental é a do mercado.

Morin também é sábio ao detectar como a indústria cultural transformou os produtos culturais em algo de rápido descarte, especialmente pela "pressa por novidades" do jornalismo cultural:

> [...] a perpétua incitação a consumir e a mudar (publicidade, modas, vogas e ondas), o perpétuo fluxo dos flashes e do sensacional conjugam-se num ritmo acelerado em que tudo se usa muito depressa, tudo se substitui muito depressa, canções, filmes, geladeiras, amores, carros. Um incessante esvaziamento opera-se pela renovação das modas, vogas e ondas. Um filme, uma canção duram o tempo de uma estação, as

revistas esgotam-se numa semana, o jornal, na mesma hora. Ao tempo dito eterno da arte, sucede o tempo fulgurante dos sucessos e dos flashes, o fluxo torrencial das atualidades. Um presente sempre novo é irrigado pela cultura de massa. Presente estranho por ser, ao mesmo tempo, vivido e não vivido.

É necessário, no entanto, ponderar a afirmação de Morin em um aspecto. Por mais apressado que seja o consumo da indústria cultural, alguns produtos sobressaem nesse ciclo veloz e conquistam a perenidade, tornando-se grandes obras culturais ou até clássicos. *Cidade de Deus*, por exemplo, estreou em 2002, assim como outros filmes, para ficar no máximo três semanas em cartaz. Mas a aceitação do público e sobretudo a forte reação positiva dos jornalistas culturais deram vida longa ao filme nas telas e garantiram uma carreira internacional sólida. Hoje, encontrar um DVD do filme de Fernando Meirelles não é tarefa fácil, pois a demanda é alta e muitos querem tê-lo por seu *status* de obra de arte permanente do cinema nacional. Situação irônica (ou complexa), pois o mercado de DVDs nada mais é do que um mercado, que deveria atender à lei da oferta e da procura. Mas, quando se fala de cultura, nada é tão matemático assim. Críticos também podem escapar da rapidez da indústria cultural. Textos de Paulo Emílio Sales Gomes que deveriam alimentar a leitura do público do *Suplemento Literário* do *Estadão* em uma edição e cair no esquecimento viraram clássicos da crítica de cinema. O mesmo vale para as críticas de Glauber Rocha, Jean-Claude Bernardet, Moniz Vianna, Edmar Pereira, David Neves etc.

Isso porque o próprio conceito de cultura de massa, alvo do jornalismo cultural, é inadequado, pois transmite a ideia de que ela gera produtos e reações homogêneas. Segundo Strinati (1999),

> a teoria da cultura de massa tende a considerar o público uma massa passiva, inerte, enfraquecida, vulnerável, manipulável, explorável e sentimental, resistente aos desafios e estímulos intelectuais, uma presa fácil do consumismo, da propaganda e dos sonhos e fantasias que eles têm para vender, angustiada inconscientemente com o mau gosto e robotizada em sua devoção às fórmulas repetitivas da cultura de massa. Qual restrição pode ser feita a esse quadro? Em primeiro lugar, existe o público de massa? [...] Em segundo lugar, as pessoas, quando consomem cultura popular, podem ser caracterizadas como a teoria da cultura de massa sugere? [...] devemos admitir que o público pode ser mais inteligente, mais ativo e mais perspicaz no consumo do que tem sido reconhecido por grande parte dos teóricos da cultura popular.

Em outras palavras, é muito simplista qualificar o público de massa como homogêneo e indiferenciado. Por mais semelhante que seja determinada camada da população, as pessoas têm sentimentos, criações e desejos diferenciados e, portanto, reagirão de forma diversa aos produtos da indústria cultural. No estudo da cultura de massa e na análise da prática do jornalismo cultural, é imprescindível partir do pressuposto de que a recepção desses produtos se dá de forma hermenêutica, admitindo interpretações variadas dos receptores diante do mesmo estímulo.

Outros autores também relativizam esse poder de manipulação da cultura de massa. Hebdige (1988) diz que a americanização não resultou na uniformidade e na homogeneidade cultural e observa uma grande quantidade de opções culturais disponíveis hoje em dia. Ele também é adepto da corrente que diz que a americanização não ocorre de forma passiva: os jovens não consomem produtos dos Estados Unidos irrefletidamente; ao contrário, reinterpretam o material que chega, inserindo nele suas próprias características culturais.

Inúmeros estudiosos também analisaram como a mídia – especialmente o jornalismo cultural – é capaz de criar personalidades, colocando-as quase sempre em maior destaque do que suas contribuições culturais. Morin (1962) afirma:

> Esses olimpianos não são apenas os astros, mas também os campeões, príncipes, reis, *playboys*, exploradores, artistas célebres, Picasso, Cocteau, Dalí, Sagan. [...] Margaret e B. B., Soraya e Liz Taylor, a princesa e a estrela se encontram no Olimpo da notícia dos jornais dos coquetéis, recepções, Capri, Canárias e outras moradas encantadas. A informação transforma esses olimpos em vedetes da atualidade. Ela eleva à dignidade de acontecimentos históricos acontecimentos destituídos de qualquer significação política, como as ligações de Soraya e Margaret, os casamentos ou divórcios de Marilyn Monroe e Liz Taylor, os partos de Gina Lollobrigida, Brigitte Bardot, Farah Diba ou Elizabeth da Inglaterra.

Considerado um dos principais pensadores contemporâneos, Pierre Bourdieu tem uma visão de cultura que merece atenção à parte, por ser de fundamental importância para entender o funcionamento do jornalismo cultural no Brasil e no mundo. Suas teorias sobre cultura são construídas em torno do que ele denominou poder simbólico, um poder invisível, às vezes não notado, não econômico nem político, mas exercido subliminarmente. O poder simbólico é construído por diferentes variáveis, como o mito, a língua, a arte, a ciência, a religião etc., sendo exercido como instrumento de dominação. "A cultura que une (intermediário de comunicação) é também a cultura que separa (instrumento de distinção)." Isso nada mais é, na visão de Bourdieu, do que uma "violência simbólica", a dominação de uma classe sobre a outra, a domesticação dos dominados por instrumentos simbólicos que às vezes nem são percebidos.

O jornalismo cultural precisa estar sempre consciente de tal efeito, a fim de não acentuá-lo em suas coberturas. Pois esse poder mágico, usado em dramas, comédias e filmes de aventura, transforma populações inteiras de russos, vietnamitas e coreanos em terroristas em potencial, e latino-americanos em baderneiros subdesenvolvidos que vivem entre cobras e cipós. Há, claro, exceções, ou seja, produções mais atentas à realidade e menos à fantasia estereotipadora.

Portanto, o campo da produção cultural é permeado por um constante e eterno conflito entre duas partes, entre dois princípios de hierarquização, que Bourdieu (1989) chama de princípio heterônomo (favorável àqueles que dominam o campo econômico, por exemplo, a arte burguesa) e de princípio autônomo (a arte pela arte). Esses dois campos disputam espaço nos cadernos culturais e a atenção dos críticos, mas não se excluem em momento nenhum.

O jornalista e escritor Muniz Sodré levantou outro aspecto fundamental da cultura: sua "patrimonialização" e a perda de sua potência de negação. Diz Sodré (2013) que

> [...] essa cultura autorreferente afirma-se como imprescindível à formação do capital humano no movimento de financeirização do mundo, verifica-se uma atração entre ela e o poder de natureza patrimonial, que se organiza em função da transmissão por grupos específicos. Há, assim, uma tendência à patrimonialização do campo da cultura (por uma "pequena burguesia cultural" diversificada), caracterizada pela incorporação de um saber-fazer em grupos específicos (artistas, esportistas, produtores de eventos etc.), cujo capital é uma linguagem e uma competência técnica. Não mais uma grande e única burguesia cultural, portanto, mas uma diversidade de grupos patrimoniais (a democracia culturalista da mídia) que demarcam seus territórios pela especificidade de suas competências técnico-simbólicas, principalmente na órbita do espetáculo. Embora se vejam aí diferenças para com as regras do capitalismo industrial puro e simples, não se registram contradições no jogo das finanças e do mercado. A cultura perde a clássica potência de negatividade em benefício da integração pelo entretenimento ou pela informação banalizada.

Vale citar também algumas ideias de Eric Hobsbawm (2013) sobre o assunto. Para ele, o que caracteriza as artes no século 20 é sua dependência da revolução tecnológica e sua transformação por ela, pois "a segunda força que vem revolucionando a cultura, a sociedade de consumo de massa, é impensável sem a revolução tecnológica, por exemplo, sem filme, sem rádio, sem televisão, sem aparelhos de som portáteis no bolso da camisa". Hobsbawm acredita ainda, esperançosamente, que o livro impresso sobreviverá, pois o papel não sofre atualizações tecnológicas como sofrem filmes, fotocópias, slides, tablets etc. No entanto, alerta sobre uma ameaça à produção cultural no século 21:

A revolução tecnológica prossegue, mas o computador e a internet estão praticamente destruindo o direito autoral, assim como o monopólio de produção, e muito provavelmente terão efeito negativo nas vendas. Nada disso significa, de forma alguma, o fim da música clássica, mas com alguma dúvida significa uma mudança em seu papel na vida cultural, e com toda a certeza uma mudança em sua estrutura social.

E finaliza com outra importante reflexão: "O muro que separa cultura e vida, reverência e consumo, trabalho e lazer, corpo e espírito, está sendo derrubado. Em outras palavras, a 'cultura' no sentido burguês criticamente avaliativo do mundo cede a vez à 'cultura' no sentido antropológico puramente descritivo".

Como se pode perceber, a visão de cultura é algo tão subjetivo e sujeito a múltiplas interpretações que qualquer tentativa de rotular a prática do jornalismo cultural cairá necessariamente na superficialidade. Porém, é imprescindível ter em mente esses conceitos antes de colocá-los em prática – seja para evitar manipulações do mercado, seja para manter consciência constante de todas as implicações culturais e artísticas dos produtos que serão alvo da cobertura dos jornalistas. Termino este capítulo, portanto, com uma frase bastante lúcida da escritora Flora Süssekind (1993): "A falta de perspectiva histórica explica, em parte, a incapacidade do jornalismo cultural brasileiro de observar seu próprio presente".

2. A PRÁTICA DO JORNALISMO CULTURAL

Um rápido histórico

Desde a criação da prensa móvel por Gutenberg, no século 15, este parece ser o momento histórico que mais apresentou desafios à prática do jornalismo cultural. Durante centenas de anos, jornais, revistas e livros figuraram tranquilos como formas "controláveis" de circulação dos bens culturais, assegurando uma concentração não só do discurso como de fontes de renda (publicidade).

Nem mesmo o surgimento do rádio e do cinema, no final do século 19, e posteriormente da televisão, no século 20, estremeceu tanto o jornalismo cultural como agora – afinal, todas essas plataformas também são controladas pelos detentores do discurso. Durante cinco séculos, portanto, o jornalismo cultural pôde se desenvolver sob um mosaico midiático rentável, que garantia certa estabilidade financeira, uniformidade do fluxo de comunicação e, por que não dizer, uma previsibilidade da formação dos discursos acerca dos produtos culturais.

Mas eis que a internet vem para "bagunçar" a comunicação humana em escala global. Se antes eram identificáveis os pontos de concentração midiática, hoje há uma abrupta fragmentação de discursos. A prática do jornalismo cultural ainda se dá pelas plataformas tradicionais, mas também é feita aos milhões no mundo, a cada segundo, em sites, blogues, portais e redes sociais, acentuando a formação de nichos cada vez mais específicos de audiência. O resultado disso é uma tremenda dor de cabeça para qualquer dono de mídia tradicional que quer manter viável seu negócio e se vê diante de uma avalanche de mudanças súbitas que causam o fechamento de veículos e a erosão financeira de grupos de mídia. Com a internet, inclusive, rediscute-se o termo "pirataria", uma vez que a informação hoje é adquirida fácil e gratuitamente na rede. Em resumo, o século 21 colocou a comunicação em crise. E a prática do jornalismo cultural, em consequência, também mudou de forma radical.

Mas mesmo antes do *boom* da internet escritores, pesquisadores e jornalistas teorizaram sobre o jornalismo cultural em sua prática cotidiana. Sabe-se que nenhuma teoria, reflexão ou crítica é capaz de compreender toda a subjetividade que subjaz ao assunto, embora constitua contribuição importante para formar um painel da imprensa especializada no país. O jornalismo cultural é uma editoria pulsante, que muda sempre em consequência de transformações estruturais – como a conjuntura histórica de um país – e pontuais – como a simples troca de editor no caderno.

Só jornalismo ou jornalismo cultural? Algumas definições

Antes de mais nada, é preciso ressaltar o que lembra Medina (2001) sobre a adjetivação "cultural" após a palavra jornalismo, assim como em esportivo, político, econômico etc.:

> [...] provém do fenômeno da industrialização e da consequente divisão do trabalho. As ancestrais redações tinham como eixo uma secretaria geral, e os jornalistas no máximo se dividiam em setoristas, repórteres e redatores-editores. A prática de suplementos literários reunia artes, ciência e filosofia. As fronteiras temáticas mal se esboçavam e a estrutura das editorias veio para responder à complexidade empresarial e à não menos complicada expansão urbana.

A autora lembra ainda – como veremos adiante – que é relativo usar o termo cultural para o jornalismo, pois "qualquer pessoa que atribui novos significados às coisas, que interfere com um ato criativo no mundo material tem todo o direito de se considerar um agente cultural". Ou seja, jornalismo esportivo, econômico, político também é um ato cultural. Mas, por razões que aqui explicitaremos, houve a necessidade industrial e editorial de criar fronteiras entre essas áreas.

Tendo isso esclarecido, conceitos são o que não falta para definir jornalismo cultural. Para Faro (2009), trata-se do espaço ocupado por demandas de natureza mercantil e intelectual, um campo de abrangência que

> [...] ultrapassa o aspecto informativo ou construtor da realidade: ele estrutura a percepção dos leitores, orienta suas apreensões, conduz pragmaticamente a localização de sua recepção no complexo de sentidos presentes em cada pauta. [...] os próprios jornais trabalham com essa tripla operação, apresentam-se, deliberadamente, como polo intelectual, como polo comercial e como polo autônomo, na medida em que trabalham sua imagem pública como referências ideológicas, como empresas bem-sucedidas e como veículos independentes, três elementos que são constitutivos da própria história da imprensa.

Na mesma linha, Morin (2001) diz que "a função do jornalismo cultural é revelar de forma clara e acessível 'que, em toda grande obra, de literatura, de poesia, de música, de pintura, de escultura, há um pensamento profundo sobre a condição humana'". Já Jorge Rivera (2003) afirma que o jornalismo cultural é

> [...] uma zona muito complexa e heterogênea de meios, gêneros e produtos que abordam com propósitos criativos, críticos, reprodutivos ou divulgatórios os terrenos das "belas-artes", as "belas-letras", as correntes do pensamento, as ciências sociais e humanas, a chamada cultura popular e muitos outros aspectos que têm a ver com a produção, circulação e consumo de bens simbólicos, sem importar sua origem ou destinação.

O pesquisador Wellington Pereira (2006) faz outra boa definição sobre o campo ao dizer que o jornalismo cultural brasileiro tenta "sobreviver entre a repetição e a diferença. Sua síntese é a mercadoria cultural, cujo valor de uso aparece com o crédito de shows, filmes, livros e discos". O autor afirma que, no mundo ocidental, o jornalismo cultural tem duas características: "a) preocupação com a informação; b) preocupação acadêmica, sendo analítico com os fatos culturais". E acrescenta:

> [...] um jornalismo cultural puramente informativo faz da cultura um grande espetáculo. Organiza os eventos culturais para serem consumidos. Sendo assim, um concerto de música clássica ou uma peça de teatro são noticiados numa perspectiva do "novo", como se estivessem aparecendo socialmente pela primeira vez. [...] Na verdade, o jornalismo cultural não estabelece uma organização de sentidos (episteme), mas a ocultação destes, apenas revelada na compra das "mercadorias". Por isso, nos cadernos culturais, "mostrar produção de eventos" é mais importante do que interpretar as nuanças de cada forma artístico-cultural. Como exemplo, podemos dizer: a fabricação do evento é mais importante do que a sua essência.

Ao longo do século 20, surgiram várias definições sobre a prática do jornalismo cultural. Para Luiz Beltrão (1969), este tem como missão a prestação de serviço, a divulgação de peças, livros etc. Já segundo Luiz Amaral (1969), não existe cobertura jornalística na editoria de cultura, pois o jornalismo cultural se resume a críticas nas áreas de literatura, teatro, cinema, rádio e TV. De acordo com Juarez Bahia (1990), o jornalismo cultural extrapola os meros comunicados gerais de política, ciência, economia e esporte. Ele chama a atenção para a especialização da editoria de cultura, embora não use essa palavra, afirmando ser necessário que jornais e revistas tenham um espaço específico para a análise dos bens artísticos e simbólicos, uma vez que estes são cada vez mais numerosos.

A divulgação, porém, parece ainda ser uma das características mais importantes do jornalismo cultural. Divulgar uma obra de arte é algo obrigatório, visto que o artista não a produz apenas para si próprio. A arte deve ter contato com o público. Embora haja várias instituições capazes de tal aproximação – universidades, museus e eventos –, aparentemente o jornalismo cultural faz a melhor mediação entre arte e público no quesito "visibilidade da oferta". E ele deve sempre trabalhar diante da tensão permanente entre a divulgação da tradição e a sensibilidade para o novo, a vanguarda, tornando públicas ambas as frentes artísticas.

Porém, nas últimas décadas, nota-se uma estrutura jornalística pautada pela antecipação: de produtos culturais, como lançamentos de filmes e livros, estreias de peças, novelas, abertura de mostras; de um novo restaurante; do novo game recém-lançado; do próximo desfile de moda etc. Em outras palavras, a partir de 1990, é difícil encontrar nos cadernos diários textos culturais que fujam desse sistema de lançamentos. Mas também é fundamental lembrar que, antes de mais nada, o jornalismo cultural é jornalismo, sendo portanto marcado pela atualidade.

Isso não quer dizer que o jornalista que trabalha nessa área seja pautado exclusivamente pela agenda ou por pressões de assessorias de imprensa. Trata-se da editoria mais influenciada pelo gosto pessoal – ou formação cultural – do jornalista numa redação. Conforme Bigelli (1998), como há mais eventos culturais do que espaço para divulgá-los, deduz-se que o jornalista faça uma seleção do que levar para a reunião de pauta, onde pode expressar suas preferências.

> Um argumento que se contrapõe a esse raciocínio sustentaria que os jornalistas de cultura, assim como os das demais áreas do jornal, levariam em primeiro lugar o interesse público por algum tema no momento de definir as pautas. Assim, os produtos culturais sabidamente mais populares e de maior audiência ocupariam maiores parcelas do caderno. Tal argumento é bastante pertinente e extremamente lógico, mas, definitivamente, não condiz com a realidade. O sucesso do produto com o público pode ser até um dos fatores de seleção de pautas, mas está mais para critério de desempate do que para quesito de definição de cobertura.

Ainda de acordo com Bigelli, essa característica contribui inclusive para uma tendência maior de fundir os gêneros informativos e opinativos, dado que, se o jornalista escolhe a pauta por gosto pessoal, vai trabalhá-la segundo

> [...] um nível pessoal de angulação. Tal situação contribui, em se tratando de editoria de cultura, para a redação de um texto com um forte caráter opinativo, embora noticioso. Dessa maneira, é até possível supor que, em cultura, por vezes, se escreve a

respeito do que se quiser da maneira como se desejar. Inferimos que, nesses termos, o leitor-modelo não pode ser diferente daquele que escreve.

Já Couto (1996) avalia que tudo que estreia ou é lançado comercialmente precisa ser coberto pelo caderno cultural.

> O resultado mais imediato dessa opção pela extensão, em detrimento da profundidade, é a substituição da crítica propriamente dita pela resenha. Com poucas linhas à disposição para abordar uma determinada obra – seja filme, disco, livro ou peça de teatro –, o resenhista limita-se, no mais das vezes, a uma sinopse, seguida da emissão de uma opinião. Sacrifica-se, desse modo, a análise abalizada da obra, de como ela utiliza a linguagem que lhe é própria para atingir determinados fins estéticos, éticos ou sociais.

A cultura como reflexo da cidade

Antes de analisar algumas características do cotidiano do jornalismo cultural impresso, é preciso lembrar que ele ganhou muita importância nas últimas décadas no Brasil. Nas palavras de Strecker (1989), a modalidade tornou-se uma instituição, com espaços cada vez maiores, principalmente com o advento dos segundos cadernos. "Segundos" entre aspas, uma vez que pesquisas apontam que os cadernos de cultura são por vezes mais lidos que os primeiros cadernos, constituindo também chamarizes de anúncios publicitários para seus respectivos veículos. Além disso, conforme Faro (2004), a importância do jornalismo cultural é notada pela inumerável quantidade de títulos especializados nessa cobertura (embora muitos deles não sobrevivam na versão impressa com o advento da internet), sem citar cadernos culturais de jornais e seções de revistas.

Até periódicos voltados à área econômica – como a extinta *Gazeta Mercantil* e o *Valor Econômico* – investiam em um suplemento cultural às sextas-feiras. Nas palavras de Szantó (2007), diretor do National Arts Journalism Program da Universidade Columbia (EUA), existe mais cultura na mídia hoje porque as artes não são somente algo para desfrutar nos fins de semana; a cultura representa toda a vida de uma cidade. Vejamos as palavras de Matinas Suzuki Jr. (1986) ao apontar a importância dos cadernos culturais inclusive como forma ativa de interferência nos rumos da produção cultural:

> [...] no lançamento de um fato cultural novo, na crítica enfática de uma verdade estabelecida e oficializada, na promoção de um debate em torno de questões culturais do momento etc. O caderno de cultura deve inserir-se como um agente fecundador e não

apenas como um assimilador passivo da produção que noticia. Deve ser um espaço cotidiano de instauração de novas questões culturais.

A importância do crítico

A crítica de arte, em especial, tem ainda mais valor que as rápidas reportagens e notícias culturais. Em palestra dada em São Paulo, realizada na Fundação Cásper Líbero no dia 31 de agosto de 2006 sob o tema "Cinema e Jornalismo: o papel da crítica", Jean-Michel Frodon, diretor da francesa *Cahiers du Cinéma* – considerada a revista de cinema mais importante do mundo –, afirmou que é simplista determinar o peso da crítica apenas pelo fato de ela conseguir ou não determinar o sucesso de um filme. Ela não deve ser julgada pelo número de espectadores que leva ao cinema, atitude que constitui uma derrota do pensamento crítico:

> [...] os efeitos imediatos que a crítica de cinema pode ter no espectador são algo de muito pouco importante com relação aos desafios maiores que a crítica tem no domínio da arte em geral. Muitos distribuidores e produtores que trabalham no cinema consideram o crítico uma espécie de auxiliar de publicidade dos filmes e os diretores os consideram um utensílio de auxílio de consumo dos objetos de arte. A vida cotidiana dos críticos, concreta e impura, é ser um pouco disso, mas também ser um pouco de outra coisa muito importante. E os efeitos concretos da crítica, inclusive os efeitos financeiros da crítica, não estão contidos neste pequeno e curto ciclo de saída, lançamento, crítica e espectadores de um filme. A crítica de filme construiu a classe comercial e social dos filmes de Woody Allen para sempre. A crítica que o crítico faz não tem praticamente efeito nenhum sobre a venda, mas tem efeito sobre o futuro do jovem realizador na sua entrada em festivais e realização de novos filmes.

Pierre Bourdieu (1989) considera os críticos de vanguarda porta-vozes, quase empresários, dos artistas e de sua arte. São pessoas que conseguiram fazer um nome reconhecido, um "capital de consagração que implica um poder de consagrar objetos ou pessoas, portanto, de conferir valor, e de tirar os lucros dessa operação". Magno (1999) cita uma frase de Antonio Candido, fundador da revista *Clima* (1941), que justificava a importância do crítico em determinados momentos da história: ele seria o profissional que desvenda os estilos e as obscuridades que "jazem inerentes a uma época e nas obras produzidas". Ou seja, o crítico tem a função de desvendar não só a obra, mas sua época. Pelo mesmo pensamento trafega Anchieta (2007), para quem o jornalista cultural deve ser um "mediador", capaz de

[...] revelar de forma simples a complexidade de relações a que cada acontecimento está ligado. [...] um bom mediador é aquele que não se sente intimidado ante a complexidade do acontecimento ou a autoridade e celebridade da pessoa em foco. Tal postura se dá pois se sabe que sua posição nessa relação é a de um codificador. Nesse sentido, cabe a ele traduzir uma realidade complexa em formas simbólicas acessíveis, sem que isso empobreça a informação. Ser simples, sem ser simplório. O jornalista cultural deve explorar toda a riqueza do fato ou da pessoa em questão sem perder de vista a capacidade de dar comunicabilidade à representação simbólica dele ou dela.

A pesquisadora ainda lembra que uma das funções fundamentais do jornalismo cultural é dar visibilidade às obras; "dar a aparecer um fato social nesse espaço público é constituí-lo como real, como forma de poder, já que, ao ganhar visibilidade, pode-se reivindicar um espaço", mobilizando outros atores em prol de uma causa. No entanto, é importante lembrar que, além de mediador entre público e arte, o jornalismo cultural é um fortíssimo mediador entre público e indústria cultural, sendo, em graus variados, pautado pela indústria, como veremos adiante. Talvez essa mediação seja a mais significativa no campo de atuação prática do setor.

Jean-Claude Bernardet, crítico e professor da Escola de Comunicações e Artes da Universidade de São Paulo, roteirista de cinema e autor de diversos livros, sempre deixou claro que não pratica crítica para julgar a obra, mas para interpretar, compreender o latente, o que está aquém e além do dito. Bernardet (1978) tem uma definição certeira sobre o texto crítico e sua importância para o jornalismo cultural:

[...] o texto crítico é um discurso paralelo à obra e não se identifica com ela: entre os dois, um jogo de aproximações e distanciamentos se estabelece. É uma produção que vive da obra a que se refere, mas tem leis próprias. Frequentemente, o texto crítico nasce da obra que lhe sugere como quer ser compreendida e analisada. Frequentemente, o texto não nasce da obra: é ele que toma a iniciativa de procurar determinadas obras, ou, dentro delas, determinados elementos para se produzir. Um balançar constante entre a dependência da obra e a independência. O crítico se submete à obra e também persegue os seus próprios objetivos na multiplicidade das obras.

Ele acredita, portanto, que a crítica é um exercício de quase ficção, que explora as tensões da obra. Para fazer uma boa crítica, é crucial ter profunda intimidade com a obra, vê-la diversas vezes e observar como o tempo a transforma. Em outra de suas reflexões que ficaram memoráveis, Bernardet (1978) define o que é criticar:

Criticar é pôr a obra em crise. E pôr em crise a relação da obra com outras obras. A relação do autor com a obra. A relação do espectador com a obra. A relação do crítico com a obra. É criar em torno de uma obra uma rede de palavras incertas, inseguras, hipotéticas, sem a menor esperança nem o menor desejo de chegar ao certo ou a alguma verdade ou conclusão. Mas com a esperança e o desejo de que essa constelação possa detonar significações potenciais na obra e nas suas relações múltiplas. E sem o menor desejo de convencer, nem o diretor, nem o espectador. Mas problematizar. Pôr em crise é também pôr em crise o texto crítico. O texto colocando-se como uma hipótese, uma flutuação, uma problematização, um desvendamento. [...] Muitos leitores – ingênuos, inseguros de suas próprias reações diante de um filme, mistificando o saber do crítico – tomam os textos críticos neste sentido: o especialista falou, e como ele é especialista, necessariamente tem mais razão que os leigos. O texto crítico é uma voz, uma abordagem, uma possibilidade de compreensão, que de maneira nenhuma exclui outras vozes, também especializadas, ou leigas, sejam elas escritas ou orais. Há muitas maneiras de falar da Lua, não apenas a do astrônomo.

Em outras palavras, para Bernardet (1978), o texto crítico é uma aproximação entre o crítico e a obra realizada por seu criador, bem como a possibilidade de aproximar o leitor dela. De acordo com Garcia (2007), o texto crítico tem um pé na literatura e outro no jornalismo. Na literatura porque não visa informar o leitor, mas produzir textos que abusam "da função expressiva da linguagem com o objetivo de atrair o leitor para a obra artística". E jornalismo porque deve ser publicado em jornais e revistas e abordar produtos do agora, da atualidade. O autor diz ainda que a crítica

> usa e abusa das mais diversas estratégias discursivas para marcar sua existência. Depende exclusivamente do estilo e dos gostos pessoais de seu autor, não respeita regras editoriais, manuais de redação e estilo, "normas da casa". Suas normas são próprias e intransferíveis. Em vez de confundir-se com outros textos do jornal, para garantir seu quinhão, é rebelde, emprega recursos linguísticos que a destaquem, a individualizem, a separem do corpo do jornal, por mais que a ela esteja presa e queira continuar assim. Como o cronista, o crítico faz seu estilo, cria sua marca, numa tentativa de permanecer na memória do leitor, de ser lembrado, citado, toda vez que se menciona a obra por ele criticada.

Isso não significa que o crítico deva ter o mesmo gosto do leitor. Para Bernardet (1978) esse tipo de atitude eliminaria sua utilidade. Já ter o gosto afinado com o exibidor seria pior ainda, pois o crítico se torna "um prolongamento dos critérios de avaliação do comércio cinematográfico [...], não passa de uma extensão, mais sofisticada, da publicidade, e suas normas de avaliação serão os mecanismos do mercado de consumo".

Aqui é válida uma ótima reflexão feita por Geane Alzamora, co-organizadora de *7 propostas para o jornalismo cultural* (2009). Ela afirma que, embora muita gente acredite que a crítica não deva "falar mal", apenas deixar de escrever sobre determinada obra ou determinado artista, ao agir assim haveria um desestímulo ao consumo de produtos culturais.

> Mas é um erro não ver que uma das principais funções da crítica, ainda mais hoje em dia, é não aderir a modismos, é contestar o gosto da maioria; é não se deixar levar nem por fenômenos de mercado, que quase sempre são fugazes, nem por nomes consagrados, que muitas vezes são mais bajulados por suas piores obras. Isso não é "ser do contra". E exige uma resistência cada vez mais difícil de encontrar nestes tempos de populismo cultural.

Geane comenta sobre um programa de que participou, na TV Sesc, no qual um dos assuntos abordados foi a diferença entre gostar de ler e ter pensamento crítico.

> A mim, por exemplo, não me interessa o crítico que leu tudo e não leu a vida. Há grandes romances sobre a doença livresca, como *Auto de fé*, de Elias Canetti, e conheço muitas pessoas que leram bastante, inclusive os clássicos, e têm a sensibilidade de uma traça, pois não pensam com cabeça própria. O único modo de renovar a crítica e, quem sabe, deixá-la mais sedutora para um público tão dispersivo, tão submetido às propagandas e frivolidades, é mostrando que ideias e arte se entrelaçam como atos e fatos – que a tradição não é para seguir ou romper, mas uma rica e divertida história de discussões e sensações, um vibrante congresso de confrontos. É tolice achar que bibliotecas são silenciosas.

Dito isso, a importância do jornalismo cultural livre e frutífero numa sociedade vai além do cotidiano do próprio jornalismo. A relevância da crítica, por exemplo, é muito bem sintetizada no trecho extraído por Maria Hirszman (2007) da obra *A crítica de arte no México no século 19*, de Ida Rodriguez Prampolini:

> [...] um povo ou uma época sem crítica de arte é como se estivesse fora do mundo, como se ficasse para sempre perplexo diante das obras produzidas para si mesmo ou para os outros; seria um caso extremo de carência de verbo, de falta de sensibilidade, de reflexão e de imaginação. Na crítica de arte fica expresso o que se ama, o que se pensa e o que se imagina em relação às obras. E não apenas isso, mas também os ideais daquele tempo e aqueles que se projetam para o futuro.

O mesmo pensamento pode ser visto em Oscar Wilde (1986). O escritor aponta de maneira precisa a importância do crítico no seu tempo:

> [...] uma época sem crítica é uma época em que a arte não existe, ou então permanece imóvel, hierática e se limita à reprodução de tipos consagrados, ou uma época que não possui arte alguma. Há épocas de crítica que não foram criadoras, no sentido vulgar da palavra; o espírito humano não queria então pôr em ordem os tesouros de seu tesouro, separar o ouro da prata e a prata do chumbo, contar as joias e dar nomes às pérolas. Mas todas as épocas criadoras formam também épocas de crítica. Porque é a faculdade crítica que inventa formas novas. A criação tende a repetir-se. Ao instinto crítico deve-se toda nova escola que surge, cada novo molde que a arte encontra preparado e à mão. Não existe uma só forma empregada agora pela arte que não provenha do espírito crítico de Alexandria, onde essas formas foram estereotipadas, inventadas ou aperfeiçoadas. [...] é a forma mais pura de impressão pessoal, mais criadora que a criação, porque tem menos relação com um modelo qualquer exterior a ela mesma e é, na realidade, sua própria razão de existência e, como afirmavam os gregos, um fim em si mesma e para si mesma. [...] A crítica elevada é, na realidade, o relato da própria alma da gente. É mais fascinante que a história, porque só se ocupa de si mesma. Tem mais encantos que a filosofia, porque seu tema é concreto e não abstrato, real e não vago. É a única forma civilizada de autobiografia, porque se ocupa não com os acontecimentos, mas com os pensamentos da vida de uma criatura; não com as contingências da vida física, mas com as paixões imaginativas e com os estados superiores da inteligência.

Nesse sentido, a crítica de arte figura como central para um povo e um momento. É com base nisso que o teórico e talvez o maior crítico de cinema que o Brasil já teve, Paulo Emílio Sales Gomes, cunhou a famosa frase em 1974: "A pior pornochanchada é mais importante para a nossa cultura do que um filme de Bergman ou Fellini". Em várias ocasiões essa afirmação foi interpretada fora de contexto, o que deu margem para que cineastas e críticos apressados o tachassem de nacionalista. Isso, na verdade, mostrava o desconhecimento deles perante a tática de Paulo Emílio, nos anos 1970, de compreender o cinema brasileiro num momento em que ele prenunciava sua falência. Piza (2003) foi um dos que, numa dessas avaliações apressadas, usaram a afirmação de Paulo Emílio para dizer que todo filme nacional é saudado (pelos críticos) só por sua simples existência, e nenhum é considerado ruim.

A intenção de Paulo Emílio, no entanto, era dizer que o pior filme brasileiro, o pior livro nacional e a pior banda do país dizem muito mais sobre nossa produção cultural do que a melhor obra internacional poderia um dia fazê-lo. Ou seja, debruçar-se sobre as mazelas de nossa pior produção artística é mais importante para o futuro das artes no país do que glamorizar – e apontar como o caminho a seguir – uma obra de arte internacional, fora de nosso contexto social, político, econômico e cultural. Isso em nada significa ignorar as contribuições artísticas que outros povos e culturas têm a nos oferecer.

Apesar da evidente importância do jornalismo cultural, ele muitas vezes se torna a editoria menos privilegiada dos veículos. Silva (1997) lembra que isso ocorre em parte por causa das matérias frias, aquelas que não têm urgência de ser publicadas, como perfis, entrevistas etc.

> Essa tem sido uma das principais características que fazem com que o jornalismo cultural seja relegado a segundo plano ou até mesmo a ser desconsiderado nas pesquisas sobre jornalismo. Tem-se a ideia de que, por não contar com notícias que tenham urgência de publicação, como um fato de Cidades, por exemplo, trata-se de um jornalismo de menor importância. Os índices de leitura dos cadernos, contudo, têm mostrado o interesse dos leitores para as informações culturais, o que demonstra a necessidade de se investir ainda mais nesse tipo de jornalismo.

Assim, a diminuição da importância do jornalismo cultural é um erro que causa desequilíbrio de pesos entre a opinião expressa nos diferentes cadernos de um veículo. A opinião no jornalismo político é basicamente condenada, enquanto numa matéria informativa cultural sai quase ilesa de cortes. Por que a opinião em cultura é menos "editável" que a opinião em política ou economia? Segundo Bigelli (1998),

> [...] se no caderno de política a preferência por um determinado político ou ideologia é condenável por romper o apartidarismo, no caderno de cultura a empatia por algum estilo ou artista, em detrimento de outros, não traz as mesmas implicações. Fica claro, neste exemplo, o paralelo entre políticos e artistas e entre ideologias e correntes artísticas, cobertura política e expressão cultural. Se a preferência partidária dos artífices do noticiário político faz um grupo esquerdista ser com frequência noticiado, independentemente se criticado ou não, um certo modelo de leitor está sendo preparado. Da mesma forma, se o gosto dos jornalistas de cultura faz artistas considerados de vanguarda serem destacados, mais uma vez, um certo ideal de leitor está sendo construído pelo jornal. A diferença entre os casos é que, em política, segundo os manuais de redação dos jornais, a filiação ou preferência dos jornalistas não deve influenciar, em hipótese alguma, a orientação da cobertura.

Cultura é mais

Em primeiro lugar, é necessário lembrar que tudo isso fica mais complexo porque o leque de assuntos nos cadernos de cultura se ampliou muito. Hoje, eles englobam quadrinhos, fotografia, design, moda, video games, gastronomia e internet. Isso porque ler um jornal, revista e navegar na web significam ter um comportamento não linear, que oscila entre a informação e o lazer. Tais novidades no jornalismo cultural reforçam esse caráter duplo entre informação e entretenimento que ganhou força na editoria nos últimos anos. Para Martins (2001), no entanto, as artes consagradas (pintura, teatro, literatura e cinema) ainda são referência, pois as "regras" que regem a análise crítica de seus produtos estão mais estabelecidas, ao contrário dos produtos culturais novos.

A principal mudança notada na prática do jornalismo cultural impresso, desde o final do século 20, é a valorização da cultura de massa em suas pautas cotidianas. Conforme Silva (1997), a partir dos anos 1980, o jornalismo cultural impresso de reflexão e análise cede cada vez mais espaço para a cultura de consumo. A autora diz que se trata de uma dupla noção de cultura com a qual os jornais têm de aprender a lidar. Assim, a cobertura de quadrinhos, video games, gastronomia e um aumento significativo da cobertura de cinema e TV não deixam de ser sintomas disso. No entanto, a permanência de suplementos culturais e literários demonstra uma tentativa de equilibrar essas duas áreas da cultura no jornalismo.

Mas essa influência do mercado não deve ser vista como algo novo, ou mesmo advinda do final do século 20. Bourdieu (1996) afirma que até textos extraídos de escritores do século 19 atestavam uma influência da lógica do mercado sobre o campo de produção cultural. De qualquer forma, a presença cada vez maior da cultura de massa na pauta do jornalismo cultural impresso vem servindo de alerta para a valorização excessiva da notícia-agenda (ou notícia-acontecimento, notícia-lançamento) em detrimento da investigação jornalística, que no campo do jornalismo cultural se tornou rara, embora seja tão importante. Pois, como afirma Strecker (1989),

> [...] embora se atenham a fatos concretos, as investigações costumam revelar informações que nenhum produtor cultural tem interesse em divulgar, apesar do interesse que possam ter para o público. Uma investigação jornalística pode desnudar o funcionamento dos bastidores do show biz. Uma investigação jornalística pode mostrar e discutir a política de seleção de títulos de editoras, gravadoras e distribuidoras de filmes. [...] Os *features* e as investigações jornalísticas podem contribuir muito – muito mais que a divulgação de bens e eventos – para melhorar a qualidade da vida cultural do leitor, especialmente quando geram polêmicas.

Essas reflexões de Bourdieu e Strecker se completam com o que diz Sérgio Luiz Gadini (2009) ao investigar os processos de construção da notícia. Para ele,

> [...] mencionar universos fora da agenda é ficar fora de (e do) circuito. Torna-se mais fácil falar das mesmas coisas, das chamadas promoções dos gestores de cultura. É dífícil sair do quadrado. De um lado, a dependência da publicidade; de outro, a pressão do entretenimento e, como pano de fundo, uma cultura fundamentada nas grandes produções, concentrada no valor a ser pago pelo ingresso. O sucesso garantido pela audiência.

No que se refere ao trabalho da crítica de arte, por exemplo, tal predomínio da agenda é ainda mais problemático. Hoje, a maioria dos críticos esta à mercê da agenda cultural de seu país. Em outras palavras, o crítico não mais escreve sobre uma obra para refletir sobre um tema de relevância no momento, estando seus textos quase sempre ligados às estreias, conforme explica Enéas de Souza (1965). O autor refere-se mais especificamente à linguagem do cinema, mas seu pensamento é aplicável a qualquer forma de expressão artística, como podemos ver no seguinte trecho:

> [...] este ser do efêmero floresce na tribuna cotidiana de uma forma brutalmente selvagem, pois o que critica são filmes de ocasião, filmes que o mercado põe nas salas de espetáculo. Ou seja, ele não escolhe cineastas, a programação dos cinemas é que o escolhe. Sua lâmina, seu poder analítico, sua talhadeira, se fazem sobre o que é jogado pela circulação das mercadorias cinematográficas e pela distribuição das grandes empresas do negócio do cinema.

Reflexão *versus* simplificação

Isso nos faz refletir também sobre as inúmeras influências externas negativas que podem atingir o trabalho de um crítico. Tais pressões não são poucas – haja vista que o cinema, por exemplo, antes de ser arte é uma indústria poderosíssima – e podem tomar a forma de "atenções sociais" – almoços, coquetéis, brindes disfarçados de material informativo, presentes e até mesmo viagens ao exterior, com direito a hotel de luxo, para entrevistar diretores e atores. Tudo isso – exceto os presentes – parece fazer parte do componente informativo de um crítico, mas no âmbito da profissão sabe-se que isso influencia, e muito, na cessão do espaço jornalístico diário a distribuidores que fazem os maiores agrados. Desse modo, Del Pozo (1970) sugere inclusive que o crítico busque um afastamento não só das distribuidoras, mas dos produtores de obras de arte, "para evitar todo preconceito sobre uma obra baseado em antipatias ou simpatias pessoais".

Esse novo perfil do profissional de jornalismo cultural também alterou sua prática de forma significativa. Costa (2005) afirma que, a partir dos anos 1990, já não é mais o homem de Letras sem formação específica – ou que abandonou o curso de Direito por rebeldia – que trabalha na editoria cultural. Hoje, quase todos os jornalistas são egressos da faculdade de Comunicação, treinados (em tese) para atuar em redações. Isso sem falar nas especializações para trabalhar em editorias como o de cultura. Mas aqui há muitas problemáticas, como veremos no capítulo sobre ensino.

No entanto, a especialização ainda é um tema controverso entre os estudiosos. Apesar de levar em conta a importância da especialização no jornalismo contemporâneo – para ter "maior segurança quanto aos próprios instrumentos de trabalho" –, pesquisadores como Medina (1982) são críticos a ela. Uma das alegações da autora é que um repórter de área que domina uma linguagem específica cai num fechamento contraproducente, criando vícios linguísticos como o "economês", entendido apenas por poucos. Ela diz ainda que o jornalista que se isola em um universo limitado empobrece seu repertório e se transforma "em um *office boy* de determinado microssistema, sem nenhuma mobilidade social".

A autora, no entanto, não leva em conta que um jornalista especializado (tome-se o caso do cinema, por exemplo) é mais capacitado para entender a fundo a linguagem, as técnicas, a estética e as intenções de um diretor em determinado filme, pois tem conhecimento suficiente para emitir uma crítica que fuja do "achismo" superficial. Se a linguagem do texto que produz resulta em – no caso – "culturês", trata-se de uma deficiência do profissional, não do fato de ele ser especialista no assunto. A especialização oferece um jornalismo cultural aprofundado, reflexivo e não meramente informativo, à base do lide e do release. Afinal, jornalismo cultural de qualidade é, antes de tudo, reflexão.

É importante evitar uma simplificação ainda maior do texto no jornalismo cultural. Couto (1996) é defensor de complicar o óbvio (no sentido de problematizar, questionar e contextualizar as produções mais superficiais da indústria cultural) e simplificar o contexto, apresentando referências para ampliar o acesso a obras mais complexas que escapem da padronização da indústria. Nesse mesmo tom, Silva (2000) diz haver na atualidade uma tendência muito grande a facilitar pautas, uma espécie de aversão a qualquer texto complexo a fim de não assustar os leitores, o que acaba ressaltando o entretenimento rápido, que exige pouco raciocínio e tempo do leitor.

Nessa questão da linguagem, observa-se a manutenção de uma característica antiga do jornalismo cultural, a opinião, mesmo com o fortalecimento do jornalismo informativo de cultura de massa. Silva (1997) afirma que a opinião, a questão da autoria das matérias, ainda é crucial na editoria de cultura: "Pode-se informar que um CD do cantor X será lançado no sábado, mas o leitor certamente terá curiosidade de saber o que pensa o jornalista sobre esse produto". Em outras palavras, o que diferencia um caderno cultural de outro é também sua autoria, ou seja, a opinião do jornalista (especialista) diante do lançamento de um produto (ainda que, muitas vezes, a opinião da equipe do caderno deva ser coerente ou não conflitante com as do editor e/ou dono do jornal).

Mas, afinal, se a opinião prevalece em muitos textos, e partindo do pressuposto de que todo ser humano tem opinião, independentemente de ser jornalista ou não, qual é a diferença entre o jornalista cultural, sobretudo o crítico de arte, e o público em geral? Um esquema proposto por Vanoye e Goliot-Lété (1994) esclarece o assunto:

Leitor comum	Analista (crítico)
Passivo, ou melhor, menos ativo do que o analista – mais exatamente, ativo de maneira instintiva, irracional.	Ativo de maneira consciente, racional e estruturada.
Percebe, vê e ouve a obra de arte sem desígnio particular.	Observa, ouve e examina tecnicamente a obra de arte; espreita; procura indícios.
Está submetido à obra de arte, deixa-se guiar sensivelmente por ela.	Submete a obra de arte a seus instrumentos de análise, a suas hipóteses.
Identifica-se com ela.	Distancia-se dela.
Para ele, a obra de arte pertence ao universo do lazer.	Para ele, a obra de arte pertence ao campo da reflexão, da produção intelectual.
Âmbito do prazer.	Âmbito do trabalho.

Passaralhos e falta de repertório

O fator econômico também impactou as editorias de cultura nos últimos anos. Na virada do século 21, a imprensa brasileira sofreu uma de suas piores crises. A cada novo "passaralho" – termo utilizado nas redações que significa grande corte de mão de obra –, as editorias de cultura diminuíam e vagas eram congeladas ou extintas. Um cenário ainda mais drástico se deu com o fim de jornais e revistas inteiros, como o *Jornal da Tarde* e a revista *Bravo!* Isso fez que, hoje, inúmeros editores atuem também como revisores, redatores e pauteiros – funções essas muitas vezes repassadas a repórteres e até a estagiários sem grande experiência profissional.

Não raramente – como recorda Silva (1997) –, a editoria de cultura é a primeira a sofrer cortes de pessoal e por muitas vezes ser vista como "menos urgente". Para Humberto Werneck (2007), essa crise financeira criou algo maléfico: os jornalistas jovens não têm com quem aprender e, com menos de 30 anos, já são chamados para cargos de chefia na editoria: "Não se pode exigir que um jornalista de 20 e poucos anos tenha preparo para tocar uma editoria de cultura. Um jovem [...] ainda não tem repertório [...] – e é óbvio que na área de cultura é necessário ter conhecimentos sedimentados".

Além de começar na chefia muito jovem, o jornalista da atualidade é menos romântico, mais pragmático. Abreu (2002) afirma que, com o fim da bipolaridade capitalismo-socialismo e o acirramento das disputas de mercado, o jornalista tornou-se menos envolvido em ideologias e mais centrado no dia a dia de sua profissão.

A crise financeira e os cortes de colaboradores, colunistas e críticos – os primeiros a sair numa eventual crise da imprensa – também se refletiram na perda de espaço nas primeiras páginas dos jornais, conforme analisa Piza (2003): "Basta pensar em como a *Ilustrada* imprimia a marca da *Folha* nos anos 1980 – ou o *Caderno B* do *JB* nos anos 1960 ou as páginas culturais de *Veja* nos anos 1970, entre outros tantos exemplos – para sentir como a força das seções culturais foi reduzida".

Já a internet substituiu muito do esforço de reportagem na área cultural. Humberto Werneck (2007) comenta que, quando trabalhava na *Veja*, nos anos 1980, ninguém saía da redação antes do final do *Jornal Nacional*, porque "o que vinha ali era verdade indiscutível". Para ele, hoje quem faz papel semelhante é a internet: "Está na internet, é verdade. Nem é preciso sair à rua para investigar o assunto. [...] Se a gente for honesto mesmo, um dia desses o Prêmio Esso de Reportagem vai para o Google!", satiriza.

Na rapidez de um átimo

O espaço menor dedicado às reportagens também pode ter outra explicação que não a econômica. Conforme Erbolato (1984), a própria configuração da vida contemporânea exige reportagens menores, que possam ser lidas com rapidez, visto que muitos leitores passam a vista pelo jornal no caminho para casa ou para o trabalho, no ônibus, durante um café etc. Não é à toa que hoje, especialmente nos cadernos de variedades de jornais mais populares, como *Show!* (*Agora São Paulo*) e *Viver* (*Diário de São Paulo*), as matérias não passem de quatro parágrafos, com letras grandes e texto simples, para entendimento fácil e rápido de qualquer público. E talvez essa seja uma das principais razões que expliquem o fenômeno de faturamento e crescimento em número de leitores dos jornais impressos gratuitos nas grandes cidades, como *Metro* e *Destak*: textos curtíssimos, superficiais, para informação rápida.

No entanto, os próprios jornais grandes e tradicionais instigam – em sua proposta visual – uma leitura rápida, às vezes dando um tiro no próprio pé. Um bom exemplo é o texto de Cao Hamburger publicado em O *Estado de S. Paulo* de 12 de novembro de 2006:

> [...] considero os bons críticos fundamentais para o processo. Os bons críticos, que entendem de cinema, que são inteligentes e éticos, nos fazem pensar sobre os filmes. E aproveito para lançar uma campanha contra as notas, estrelas e bonequinhos que classificam os filmes. Esse sistema é a vitória da crítica picareta. Eu me deparei outro dia ignorando o texto de um crítico que gosto de ler e indo direto ver a nota que ele estava concedendo ao filme. Deixei de ler a crítica e me contentei com a nota; parece coisa de escola.

Em tempos de velocidade banda-larga, a notícia cultural torna-se obsoleta cada vez mais depressa. Um autor, uma fofoca, uma opinião, uma canção de hoje são atropelados e esquecidos por outro lançamento no dia seguinte. Como diz Gentilli (1993), o lançamento já está condenado a se tornar anacrônico em questão de dias. "Nada permanece, nada adquire perenidade. A tudo é incorporado o atributo da temporalidade, da provisoriedade, do descarte." Porém, como lembra Faro (2004), o jornalismo cultural ainda é abastecido por espaços em que a reflexão consistente permanece fértil – como as revistas (bravas sobreviventes) *Cult* e *Piauí* e os cadernos como *Ilustrada, Caderno 2, Ilustríssima* etc.

O furo pelo furo

Outra característica relativamente nova nos jornais populares, nos cadernos consagrados e até mesmo nos suplementos de fim de semana – característica outrora concentrada nos cadernos de política, economia e cidades – é a emergência do furo. O jornalismo cultural impresso busca a notícia quente. Para Silva (1997), isso tende a acirrar a competição entre os cadernos e pode se refletir na padronização de suas páginas culturais. Como bem disse Bourdieu (1996),

> [...] para ser o primeiro a ver e a fazer ver alguma coisa, está-se disposto a quase tudo, e como se copia mutuamente visando deixar os outros para trás, a fazer antes dos outros, ou a fazer diferente dos outros, acaba-se por fazerem todos a mesma coisa, e a busca da exclusividade, que em outros campos produz a originalidade, a singularidade, resulta aqui na uniformização e na banalização.

Outro grande problema da priorização do furo no jornalismo cultural foi muito bem definido por Sérgio Augusto (2001). Diz ele:

> [Os editores de cultura] preferem sair na frente com uma reportagem eventualmente feita nas coxas a esperar mais 24 horas para produzir uma matéria mais completa e bem escrita. Como se um novo livro de Rubem Fonseca ou um novo disco do Caetano fossem uma novidade tão importante para a vida da população quanto a notícia de mais um plano econômico do governo ou a descoberta de uma falcatrua do sistema bancário.

Sidney Garambone, em artigo no *Observatório da Imprensa* (s/d), complementa esse pensamento:

> Confunde-se diariamente nas redações o significado real do furo cultural. Dar na frente do concorrente, decididamente, não é furo. E pior, muitas vezes acontece por causa de uma negociação nefasta entre jornalista e assessoria de imprensa. Uma capa de suplemento cultural dedicada ao lançamento de um livro concorrido pode significar, por vil permuta, três matérias menores de livros fajutos. A ingenuidade dos editores é potencializada quando se trata de shows. Por exemplo: Marina estará no Canecão, no Rio, daqui a duas semanas. A estreia, hipotética, é numa sexta-feira. Entretanto, um jornal esperto decide dar a entrevista com a cantora na quinta-feira. E acha que foi um furo. O mesmo ocorre com exposições, festivais, livros, discos e outros acontecimentos que a torcida do Flamengo já conhece. Entretanto, o fato de dar antes deixa muito jornalista de ego duro, na vã ilusão de estar dando furo. [...] Ed Motta vai fazer lipoaspiração. Furo. Rubem Fonseca falará de formigas amarelas no próximo livro. Furo. Descoberto um Van Gogh na Rocinha. Furo. Chico Buarque fala do novo disco. Não é furo! A notícia de que ele está em estúdio finalizando o trabalho é velha. Entrevista dada antes é mera negociação com o divulgador.

Fabio Cypriano, jornalista de Artes Visuais da *Folha de S.Paulo*, dá um depoimento importante sobre o tema a Laura Ming Bordokan (2005), quando ela pergunta se o "furo" é esperado no jornalismo cultural:

> Esperam. E eu acho isso uma perversão porque o jornalismo cultural é diferente da política, onde o "furo" é uma característica. É claro, se o Guggenheim for abrir uma filial no Brasil, quem descobrir isso vai ter um "furo". Agora há uma série de matérias críticas sobre isso que, se você só se preocupar com o "furo", não vai conseguir. É complexo, mas o jornal cobra. Na *Folha* existe uma planilha com os "furos" do mês. Agora que sou terceirizado, tenho uma relação mais leve, não entro nessas avaliações.

Mas o editor tem seu caderno avaliado e para ser bem avaliado precisa de "furos". Não procuro dar "furos", mas às vezes eu dou.

Couto (1996) acrescenta ainda a perversa importância do furo nos cadernos culturais, deformando a cobertura de artes e entretenimento.

Se um jornal noticia primeiro determinado livro ou disco, ou a realização de determinado filme, os jornais furados tendem a desprezar o assunto, como se ele deixasse de ser importante. Tal procedimento, mais comum do que se imagina, tem um efeito perverso sobre a qualidade da informação e da crítica oferecidas aos leitores, além de revelar a concepção profundamente autoritária das direções dos jornais.

Diante dessa maior competitividade, determinados cadernos culturais criaram, a partir dos anos 1990, diferenciais de cobertura. Alguns passaram a cobrir não só um fato cultural como a criar um acontecimento cultural. É o caso de *O Estado de S. Paulo*, que lançou o Prêmio Multicultural Estadão. A iniciativa visava contemplar e incentivar os novos talentos de diversas áreas da cultura, dar prêmios em dinheiro e promover uma larga cobertura ao longo do ano, criando até um selo próprio para divulgar os novos talentos descobertos.

A competitividade também resultou na maior concentração do jornalismo cultural em pequenos circuitos urbanos. São Paulo reuniu a maior parte das empresas jornalísticas, principalmente após a falência de *O Cruzeiro, Manchete* e *Fatos e Fotos*, localizadas no Rio de Janeiro. Praticamente todas as editoras têm sede em São Paulo: Abril, Escala, Símbolo, Peixes, Três e Globo. No quesito jornais impressos, com o fim da versão impressa do *Jornal do Brasil*, a capital paulista manteve vivas respeitáveis produções culturais, principalmente na figura da *Ilustrada* e do *Caderno 2*, mas não se pode esquecer de publicações como o *Segundo Caderno* (*O Globo*), *Cultura* (*Estado de Minas*), *Segundo Caderno* (*Zero Hora*) e *Caderno C* (*Jornal do Commercio*), entre outras.

Não se trata, porém, de um painel definitivo do jornalismo cultural brasileiro. Ana Maria Bahiana (2003) lembra que a construção de uma marca nessa área se dá de forma lenta, homeopática, até chegar a formador de opinião. A concentração e a crise econômica também fizeram que o jornalismo cultural sofresse da necessidade de se vender para um público cada vez maior, diante das inúmeras ofertas de revistas e jornais de variedades. A notícia cultural é vista cada vez mais como mercadoria dentro do jornal, mas isso levado a fundo pode ser danoso para a qualidade do jornalismo cultural. Conforme Ciro Marcondes Filho (1986), os jornais criam manchetes e destaques de capa para chamar a atenção nas bancas. Corre-se o risco de cair no sensacionalismo da notícia cultural. "Sensacionalismo é apenas o grau mais radical de mercantilização da informação", diz ele, que afirma ainda que as chamadas sensacionalistas são carregadas de apelos às carências psíquicas das pessoas, explorando-as de forma ridicularizável. Atualmente, a notícia cultural vira, esporadicamente, outro assunto na chamada de capa, aquele que vende melhor nas bancas.

Sob o ataque do sistema

Nos últimos anos, outro fator vem influenciando cada vez mais a prática do jornalismo cultural impresso: o aumento do número de assessorias de imprensa para eventos culturais. Os críticos sofrem grande influência – às vezes até ataques – das assessorias de imprensa especializadas em vender um produto ou evento cultural. No entanto, Vargas (2004) afirma que não se trata de um corpo maligno ou estranho à produção jornalística, mas de um novo elemento no campo. O problema, assim, não está nas assessorias de imprensa, que muitas vezes são muito competentes no que fazem e divulgam. A questão é o jornalista cultural ficar refém ou se acomodar na produção de reportagens apenas nascidas de sugestões de pautas de assessorias, o que não é incomum: diversos cadernos culturais resignam-se a simplesmente divulgar, por exemplo, filmes que estão estreando, sem lançar um olhar próprio e independente sobre tal suporte.

Ainda com relação à atual presença maciça das assessorias de imprensa, Strecker (1989) aponta o que chama de "síndrome do press-release". Segundo ela, é muito comum ver hoje notícias culturais redigidas em estilo publicitário. Os jornalistas não aproveitam a liberdade que têm para tratar assuntos culturais, e muitas vezes o texto peca pela falta de profundidade e pelo excesso de previsibilidade.

É imprescindível dizer que a prática do jornalismo cultural impresso também mudou com o advento da internet. A nova ferramenta modificou os hábitos dos jornalistas de cultura, que agora ficam bem mais tempo nas redações atualizando as páginas de sites em busca da última notícia cultural. Embora peça um olhar mais desconfiado – tamanhas a oferta de produtos e a incerta procedência do material –, a internet virou um veículo também para vozes e opiniões que não têm espaço nos veículos tradicionais, apresentando um leque mais variado de análises e reflexões, inclusive de ex-jornalistas culturais da imprensa escrita que buscam mais liberdade nas páginas virtuais. Mas Szantó (2007) aponta para o fato de que blogues e páginas da internet oferecem, às vezes, apenas opiniões, ou seja, não se trata de um jornalismo ancorado em reportagem profissional, confiável. É importante, portanto, levar em conta que não são fontes totalmente confiáveis.

E talvez seja graças à internet que as críticas referentes à prática do jornalismo cultural aumentaram significativamente no século 21. Algumas foram escritas em tom nostálgico, outras descrevendo novos hábitos, novas tendências e mudanças com o advento da tecnologia. Apesar dos variados tons desses estudos ou ensaios jornalísticos, existe uma unanimidade entre aqueles que escrevem: o jornalismo cultural mudou, e muito, a partir dos anos 1990.

Couto (1996), por exemplo, acredita que o jornalismo cultural praticado hoje sofre de uma crise – ligada à acelerada transformação do mercado cultural e à modernização dos jornais brasileiros –, não tendo ainda encontrado seu espaço. Porém, ainda que muitos pesquisadores usem a palavra "crise", preferimos aqui chamar esse momento de "transição". Analisemos o assunto.

Para Abreu (2002), o atual espectro do jornalismo começou a tomar forma logo após o fim da ditadura militar, quando houve vultosos aportes em equipamentos, novas técnicas foram introduzidas, a gestão administrativa das empresas jornalísticas mudou e houve concentração de grandes veículos e maior diversificação de público: "Esse movimento de modernização se refletiu na própria atividade jornalística e no perfil do profissional de imprensa". Ao lado disso, Vargas (2004) lembra que o jornalismo cultural segue a lógica e as mudanças do próprio mercado, sendo reflexo da maior competitividade entre os jornais, que precisam instruir, entreter, ter baixo custo de produção etc. O autor diz ainda que, antes de criticar ou elogiar qualquer mudança nessa área – como as análises nostálgicas de que hoje não há mais reportagens longas, opinativas, literárias etc. –, há de se levar em conta que as condições de produção e até de recepção da notícia cultural já não são mais as mesmas. "Parece-nos muito simplória a mera negação da produção atual acusando--a de redundante, superficial e suscetível a modismos", diz ele.

Mas as mudanças econômicas e sociais que geraram esse novo jornalismo cultural não o redimiram de críticas. Pierre Bourdieu (1996), por exemplo, acredita haver uma atual uniformização dos cadernos culturais. Segundo ele, jornalistas e jornais estão sujeitos às mesmas restrições, pesquisas de opinião, aos mesmos anunciantes etc. Na área cultural, existe uma agravante ainda maior: as editorias estão sujeitas aos mesmos press-releases e frequentemente acessam os mesmos sites da internet para buscar "furos". Uma constatação da autora deve ser aqui ressaltada, a de que

> [...] ninguém lê tantos jornais quanto os jornalistas, que, de resto, tendem a pensar que todo mundo lê todos os jornais (Eles esquecem que, em primeiro lugar, muita gente não os lê e, em seguida, que aqueles que os leem, leem um só. Não é frequente que se leiam no mesmo dia *Le Monde, Le Figaro e Libération*, a menos que se trate de um profissional). Para os jornalistas, a leitura dos jornais é uma atividade indispensável e o clipping, um instrumento de trabalho: para saber o que se vai dizer é preciso saber

o que os outros disseram. Esse é um dos mecanismos pelos quais se gera a homogeneidade dos produtos propostos.

O autor, no entanto, relativiza tal reflexão ao lembrar a existência dos "pequenos" – jovens, subversivos e importunos que querem introduzir pequenas diferenças e não estão sujeitos às pressões comerciais. Embora Bourdieu não tenha feito referência à internet à época dessa reflexão, ela exprime perfeitamente a importância da nova plataforma como meio de diversificar o discurso do jornalismo cultural.

Cultura ou glamour?

Mas a homogeneização dos cadernos culturais se deve, também, a outro fator, fruto do crescimento dos veículos aos quais esses cadernos culturais pertencem. Bourdieu (1996) afirma que os grandes veículos tendem hoje a evitar temas ousados ou delicados, justamente porque os receptores são os mais variados. Ao publicar ideias polêmicas, que abalam as estruturas da sociedade, alguém se apressaria em detê-los. Afinal, antes de serem difusores da cultura, os veículos constituem empresas privadas que precisam do lucro (venda em massa) para sobreviver.

Hoje, os veículos culturais impressos costumam priorizar, na capa e na contracapa, best-sellers, vencedores do Oscar e programas de TV com médias acima dos 30 pontos de audiência. Isso dificulta que jovens autores de poucos exemplares, escritores e romancistas obtenham espaço na mídia ou cresçam na carreira e sejam reconhecidos.

Outra transição notável no jornalismo cultural contemporâneo refere-se às prioridades jornalísticas. Nota-se que os cadernos culturais de veículos mais populares (e, dependendo da notícia, até *Ilustrada* e *Caderno 2*) vêm dando cada vez mais espaço a fofocas sem nenhum conteúdo propriamente cultural. Capas culturais são dedicadas à separação de Ronaldo e Cicarelli, aos futricos e amassos no *Big Brother Brasil*, à orientação sexual de um artista etc.

Maurício Stycer (2007), ex-redator-chefe da *CartaCapital* e jornalista cultural, diz que a cobertura dita cultural tem privilegiado a vida em detrimento da obra, no que ele chama de jornalismo de celebridades. Frequentemente se encontram, em cadernos culturais brasileiros, capas com artistas consagrados cujo "gancho" da matéria veio de alguma novidade na vida pessoal – doença, casamento, filhos etc. O argumento para tal prática costuma ser o de que o público prefere esse tipo de tratamento à notícia cultural ou, falando mais diretamente, de que isso vende mais jornal. Nas palavras de Juremir Machado da Silva (2000), "a cultura precisa recorrer ao pitoresco para encontrar divulgação". Ou seja, existe hoje uma clara centralização na pessoa e não na obra, o que torna um "artista escandaloso" mais importante do que a arte em si, num evidente empobrecimento de perspectivas.

É como se o jornalista muitas vezes buscasse na vida pessoal do artista uma forma de "justificar" a publicação daquela matéria, visto que o jornalismo é pautado quase sempre pelo novo e atual. Um bom exemplo disso é o que Canclini (1996) diz sobre o escritor Jorge Luis Borges, que nos últimos anos de vida foi, mais do que sua obra, uma personalidade midiática. Suas declarações à imprensa eram parte de sua obra.

Mas a busca pelo enfoque da vida pessoal do artista também provoca o que Antônio Siúves (*apud* Cunha, 2002), então editor do *Magazine*, caderno cultural do jornal *O Tempo*, chama de "síndrome de quermesse": um provincianismo tão grande nas relações da imprensa com artistas que estimula "aqueles que se sentem lesados a ligar diretamente para os diretores de redação, querendo saber por que foram discriminados em determinadas pautas". Isso gera uma espécie de "lista dos intocáveis", personalidades que não são mais mencionadas negativamente no veículo por determinação da direção, por serem "unanimidades artísticas ou intelectuais", punindo o jornalista que ousar contestar tal "semideus". Um bom exemplo é dado por Juremir Machado Silva (2000):

> Jô Soares é desses homens abertos, pluralistas e simpáticos que detestam ser contrariados ou criticados. Uma repórter da *IstoÉ* que se atreveu a falar de uma época de monotonia das entrevistas da estrela teve de explicar-se com o dono da Editora Três. Jô pediu respeito e impôs a ordem. Ao publicar *O Xangô de Baker Street*, não teve de enfrentar o mesmo dissabor. O pessoal da *IstoÉ* foi avisado para não pisar na bola. Além do mais, a Companhia das Letras (editora do livro) publicou vários anúncios do livro na revista paulistana.

Para os venezuelanos Jaime Bello Leon, Ana Gondelles e Maria E. Quiáro (1996), o jornalismo cultural contemporâneo sofre de uma espécie de miopia: não conhece seu público com precisão e envia uma mesma mensagem para os mais diversos receptores. A questão "A quem isso interessa?" frequentemente assola pauteiros, editores e repórteres.

Cultura de massa, jabá e muito mais

Mas talvez o crescimento da cultura de massa nos veículos seja o fator que propicie o maior número de discussões entre os que pensam a área. A indústria cultural agigantou-se nos últimos anos e isso teve reflexos imediatos na cobertura jornalística. Ao mesmo tempo que se tornou complexa, grandes produtores culturais passaram a exercer uma pressão ainda maior sobre os jornalistas de cultura. Szantó (2007) cita o caso do cinema. Segundo ele, nos Estados Unidos, jornais de médio porte, ao pedirem uma foto ou entrevista com um astro de Hollywood, sofrem pressão para dar mais espaço e mais cobertura positiva das produções: "Os estúdios acham que, se gastam tanto dinheiro, devem receber cobertura positiva. Não compreendem que é bom para eles ter cobertura negativa de vez em quando [...], que os espectadores precisam de críticos com independência de julgamento".

No caso da cobertura de jornais brasileiros, a pressão é ainda menos disfarçada. Jornalistas cinematográficos de segundos cadernos sentem que a oferta, por meio da assessoria de uma grande distribuidora, de uma entrevista exclusiva ou de uma viagem aos Estados Unidos, para cobrir a estreia de um filme significa a "aquisição" de uma capa do caderno. Quando o espaço dedicado é pequeno, não sai próximo da data de estreia ou o texto traz muitas críticas negativas, os jornalistas podem ser banidos das listas dos distribuidores para eventos das próximas estreias, ficando "na geladeira".

Couto (1996) é radical no tocante a essa questão: afirma que esses departamentos de marketing estão praticamente comprando espaço nos jornais, sentindo-se os jornalistas na obrigação de dar destaque em suas páginas após uma viagem com muito luxo e entrevistados famosos. Uma consequência disso pode ser um sintoma apontado por Stycer (2007): a contaminação do jornalismo pela publicidade. Stycer cita uma capa da revista *Época*, sobre o primeiro filme *Harry Potter*, cujo título era "A magia vai começar": "Não tinha nenhuma informação, nenhuma ideia [...] e a função do jornalismo cultural é ir além disso".

Os convites para cobrir estreias ou lançamentos em hotéis luxuosos dos Estados Unidos e da Europa frequentemente dão ao jornalista a sensação de ser alguém importante, indispensável, um intelectual valorizado. Abramo (1993) recorda algo valioso sobre isso: "Jornalista é só o sujeito que trabalha em jornal, abriga a ilusão de que tem poder. Mas no jornal o poder é do dono [...] Se amanhã o dono resolver me colocar no olho da rua, tudo isso desaparece".

Ainda com relação às mudanças da cobertura cultural, nota-se uma inversão de valores nas pautas. Não é de hoje que as reportagens culturais mais profundas – que levam semanas ou meses para ser apuradas e se transformam em especiais nos seus cadernos – perderam espaço no jornalismo cultural. Na ânsia de suprir a falta de furos exclusivos, os cadernos culturais vêm adiantando lançamentos para "furar" o concorrente. Em outras palavras, a *Ilustrada* publica, na quarta-feira, uma capa sobre a estreia de *Star Wars* para "furar" o *Caderno 2*, que, como aponta Lorenzotti (2002), pode até, por causa disso, não falar sobre o filme ou dar um espaço bem menor a ele.

A cobertura de gastronomia, moda e games não é nova, mas outra tendência parece ter tomado conta do jornalismo cultural a partir dos anos 1990, intensificando-se na virada do século: o jornalismo cultural voltado para o serviço. Diz Szantó (2007):

> [...] a ideia é a de que nós, editores, não possuímos o conhecimento relevante. É o leitor que tem a especialização relevante [...]. Nossa tarefa enquanto jornal é proporcionar ao leitor toda a informação que possa necessitar para tomar uma decisão, sob a forma de enormes listas ou anúncios, sobre como usar seu tempo livre. O resultado desse jornalismo cultural orientado para serviço é o que se percebe atualmente na maioria dos jornais americanos. Mais da metade do espaço destinado ao jornalismo cultural consiste em listas, intermináveis colunas detalhando todas as exposições, todas as apresentações musicais [...]. O leitor tem menos resenhas críticas, porque se assume que a informação crítica, a inteligência crítica está com o leitor.

Abreu (2002) concorda com essa visão. Para ela, os jornalistas não são mais os porta-vozes da opinião pública, hoje pautada por pesquisas de opinião e de mercado. Ela chama isso de "ditadura do leitor" ou "subserviência ao leitor". É importante, no entanto, evitar radicalizações, uma vez que cadernos culturais de textos densos e opinativos (como os dominicais, por exemplo) ainda têm seu público fiel, que valoriza, admira e busca ouvir as opiniões, análises e informações de renomados jornalistas. Apesar disso, estudiosos como Lorenzotti (2002) afirmam que até mesmo esses suplementos já estão contaminados pelos chamados produtos da indústria cultural. Segundo a autora, os suplementos culturais tornaram-se guias de consumo, com poucos jornalistas com bagagem humanística e muitos com rapidez na execução das matérias. Além disso, como afirma Bigelli (1998), a "ditadura do leitor" é relativizada quando nos damos conta de que muitas pautas são escolhidas à revelia do gosto do público. Além disso, os jornalistas circulam por meios artísticos, pelo universo underground, de onde também extraem suas pautas, e que nem sempre condizem com o gosto do leitor.

Alguns editores e pauteiros parecem querer "abraçar o mundo", divulgar todos os produtos culturais que estão chegando ao mercado. Isso implica transformar o caderno cultural não mais em um espaço de reflexão, mas num grande roteiro de programação. Como bem lembram Cunha, Teixeira e Magalhães (2002),

> [...] o enfoque dos cadernos culturais se volta, exageradamente, para os produtos culturais, menosprezando os processos culturais [...]. Pode-se estabelecer uma analogia com o caderno de esportes. Se esse caderno se limitasse a noticiar as tabelas e resultados dos jogos e notícias relatando os momentos principais das partidas, certamente sua atuação seria considerada falha, pois estaria deixando de investigar e publicar questões relativas às políticas esportivas, às leis, aos jogos de interesse que envolvem

clubes, federações e emissoras de TV, às CPIs, ao milionário mercado de atletas. No entanto, é uma postura análoga à que prevalece nos cadernos diários de cultura: um jornalismo "de resultados".

Porém, apesar de ter pouco espaço, a reportagem cultural é feita num estilo de narrativa que se aproxima do novo jornalismo norte-americano, cujo principal nome foi Tom Wolf. Para Silva (1997),

> [...] esse novo tipo de narrativa americana alia a prática da boa reportagem com técnicas literárias, tais como a utilização de grandes diálogos, mudança de ponto de vista, realismo nas caracterizações de vestuários e cenários onde se ambientam as reportagens, além de caracterizações complexas. A teatralização de algumas cenas jornalísticas, a exemplo do novo jornalismo, em muito lembra o início das narrativas folhetinescas, com descrição inicial do ambiente, apresentação do "herói-protagonista" até a intercalação de diálogos.

O jornalismo cultural, portanto, parece ser pautado por uma eterna e saudável tensão entre dois vetores opostos: a indústria cultural hegemônica e os discursos críticos anti-hegemônicos, impedindo um domínio completo de um sobre o outro. E, por sorte, todas essas críticas são feitas por autores e jornalistas quase sempre ligados à área – que, assim, conseguem formar um nicho de resistência à uniformização e à superficialidade, o que garante a pluralidade e a diversidade desse campo.

Entrevistas

Como vimos, opiniões não faltam sobre a prática do jornalismo cultural: seus méritos, importância, problemas e rumos. Com vasta experiência na área, os três entrevistados a seguir forneceram visões interessantes a respeito do assunto. Alcino Leite Neto foi repórter, correspondente e editor de diversos cadernos culturais da *Folha de S.Paulo*, como *Ilustrada*, *Mais!* e *Domingo*. Já Armando Antenore chefiou a revista *Bravo!* e também passou pelas redações da *Folha* e Agência Folha. Maria Amélia Rocha Lopes comandou o *Metrópolis* e *Vitrine* (TV Cultura), editou o *Caderno de TV* (*Jornal da Tarde*), além de ter trabalhado com jornalismo cultural em revistas, como *Raça Brasil* e *Veja*, e em diversos programas televisivos.[1]

---

1. Por motivos de agenda, as entrevistas foram feitas separadamente, utilizando as mesmas perguntas, e reunidas em forma de pingue-pongue. Para facilitar a identificação dos entrevistados, utilizaremos **AL** para Alcino Leite Neto, **AA** para Armando Antenore e **MA** para Maria Amélia Rocha Lopes.

Com base no conhecimento prático adquirido no jornalismo cultural, acreditam que ele já tenha uma longa história ou é uma prática recente?
AL – É uma história já antiga e muito sólida, que remonta ao século 19 e se enriquece no século 20, com projetos de tipos variados (do jornalismo cultural convencional ao mais "vanguardista"), oferecendo aos futuros jornalistas culturais uma gama muito ampla e muito rica de experiências.
AA – Nunca o encarei como uma especificidade do jornalismo, nem me vi apenas como jornalista cultural. Notava na *Ilustrada* que até os jornalistas achavam que o jornalismo cultural não era jornalismo. Eu não encaro assim, não acho que seja literatura, ensaísmo. Por isso, acho que existe jornalismo cultural desde sempre.
MA – No final do século 19, Machado de Assis era crítico teatral e polemista literário. Então, como se vê, o tema circula entre nós há muito tempo. Com a introdução de reportagens e entrevistas, o jornalismo cultural foi se expandindo para além da mera crítica de arte.

Apontariam algum momento importante do jornalismo cultural na história longínqua ou recente?
AL – No pós-Segunda Guerra, eu ressaltaria a experiência do *Correio da Manhã*, nos anos 1950; do *Caderno B* do *Jornal do Brasil*, nos anos 1950/60; do *Suplemento Literário d'O Estado de S. Paulo*, nos anos 1950/60; das revistas *Revista da Civilização Brasileira* e *Argumento*, nos anos 1960; das publicações *O Pasquim*, *Grilo*, *Bondinho*, *Ex* e *Beijo*, nos anos 1970; da *Ilustrada* e do *Folhetim*, ambos da *Folha de S.Paulo*, nos anos 1980; do *Mais!*, também da *Folha*, entre os anos 1990-2010, e, no século 21, da *Ilustríssima*, da *Cult*, da *Bravo!* e da *Piauí*.
AA – O jornalismo cultural conseguiu captar bons movimentos da sociedade que não eram percebidos além do seu núcleo, como na época da contracultura, quando havia inclusive uma tentativa de mudar linguagens do jornalismo de acordo com os movimentos vigentes. Alguém como Milton Almeida Filho, o Hamiltinho, levou o Gilberto Gil para falar com o Luiz Gonzaga quando este estava no ostracismo, morando num sítio. Ao relatar aquele encontro, propunha uma nova forma de narrar no jornalismo cultural.
MA – Entrei no jornalismo nessa área e nela permaneci a minha vida profissional inteira. Não só por acreditar que, falando de cultura, falaria da essência do povo brasileiro, como por absoluta afinidade com o tema. Venho de uma família em que a música sempre foi fundamental. Cresci ouvindo minha mãe e meus tios cantarem, tocarem. Quando cheguei ao *Jornal da Tarde* para ser estagiária na editoria de variedades, conheci Maurício Kubrusly, então editor. Pelo meu perfil, fui sendo gradativamente encaminhada por ele para a área de cobertura musical. Acabei

entrando em um conservatório para aprender música – queria algo mais, além do meu conhecimento informal. Em pouco tempo estava na Associação Paulista de Críticos de Artes (APCA). Penso que a cultura é o que melhor nos representa. Assim, não destacaria um período importante, mas, sim, a atividade como um todo. Para ratificar a sua importância, basta lembrar o horror/temor que os militares brasileiros nos anos de chumbo da ditadura tinham dos nossos artistas, da capacidade de mobilização deles, das letras das canções, da literatura, do cinema. Todos tinham de se submeter à censura prévia na época. O jornalismo cultural foi importante aliado naquele momento.

É possível dizer que a prática do jornalismo cultural no Brasil é superior ou inferior à de países europeus, norte-americanos e asiáticos? Por quê?
AL – Não conheço o jornalismo praticado na Ásia, mas em relação aos principais países europeus e aos Estados Unidos penso que, historicamente, não ficamos nada a dever. Pelo contrário, em alguns tópicos, temos inclusive a contribuir, de igual para igual, na formação de uma história do jornalismo cultural no Ocidente. Na atualidade, entretanto, no Brasil, sinto que há muita condescendência com a chamada indústria cultural e certo descuido na abordagem da cultura mais sofisticada e pouco comercial. Penso também que é preciso reforçar a qualidade da crítica (das diferentes artes) e faltam abordagens boas e sólidas sobre a economia da cultura.
AA – O jornalismo cultural sempre foi o patinho feio sem investimentos no Brasil, sempre foi um sufoco. Fazer a *Bravo!* foi uma luta. O perfil do jornalista mais intelectualizado está desaparecendo e o jornalismo cultural sofre com isso. Ao contrário dos EUA, Inglaterra e França, onde esse perfil persiste. Até temos bons nomes no Brasil, mas são mais frutos de iniciativas particulares e não formação vinda da iniciativa de empresas jornalísticas. Parece-me que lá os suplementos culturais têm vida mais duradoura, enquanto aqui somem mais rápido. A *Bravo!* durou cerca de 15 anos com altos e baixos, redação reduzida ao mínimo, pois o mercado publicitário pouco se interessa por esse nicho.
MA – Não compararia porque não conheço profundamente, por exemplo, o jornalismo cultural da Ásia. Creio que as diferenças se situam muito mais no campo econômico. Somos um país de terceiro mundo, nossa imprensa não dispõe de verbas espetaculares para estar onde acontecem os maiores e melhores acontecimentos culturais. Hoje muitos jornalistas são convidados do patrocinador de um evento, da gravadora do cantor, da sala de concertos. Não que isso possa mudar a sua opinião, mas é inegável que é um fator limitador de sua liberdade de análise.

Qual é a maior virtude do jornalismo cultural em sua prática no século 21?
AL – A capacidade de mesclar, nas edições, a alta cultura (que interessa a poucos) com a cultura popular (ou, se preferir, a cultura de interesse massivo), ocupando-se igualmente e sem preconceito de ambas. Outra qualidade histórica é a receptividade que houve em vários suplementos culturais ao pensamento universitário, mais intelectual e de "vanguarda", propiciando inclusive a colaboração de acadêmicos e artistas nos jornais e um sistema de trocas destes com o mundo dos jornalistas.
AA – É o espírito guerreiro, a capacidade de se adaptar diante das dificuldades, embora reajamos muito bovinamente aos descalabros de que somos alvos. Diminui-se a redação e vamos nos virando. Diminuem-se as páginas e vamos nos virando. É bom, mas também é passivo demais em relação aos abusos.
MA – Dar visibilidade para o que acontece além do *mainstream*. Esse espaço está cada vez mais restrito nas grandes publicações e emissoras nacionais, mas é o que não está na mídia que pode provocar grandes transformações. Houve um tempo em que os artistas esperavam pela opinião de um crítico – fosse de música, teatro, cinema ou artes plásticas. A crítica era parte do processo cultural do país. Discutiam-se conceitos, ideias, conhecimento. Claro, formavam-se turmas, grupos, "eleitos", gente com espaço garantido. Mas havia também os críticos mais respeitados. Estes davam como que um norte para a produção cultural brasileira, abriam discussões, alimentavam a cena da cultura nacional, faziam-na efervescente, desafiadora. Hoje eu diria que são quase irrelevantes. Estão passando pelo mesmo processo de mudança do jornalismo de uma maneira geral. Com a chegada das redes sociais, com a simplificação do modo de produção – em sua própria casa, você pode gravar um CD, por exemplo –, todos escrevem, todos são críticos, todos podem ser artistas. Uns serão melhores do que outros, mas não dependem de uma opinião – mesmo que abalizada.

E qual seria o maior vício da prática do jornalismo cultural na contemporaneidade?
AL – Vícios sempre há, por parte da imprensa, em todo lugar. São quase inevitáveis numa atividade baseada na repetição e na velocidade de produção, como é o jornalismo. Eu ressaltaria, porém, três "vícios" atuais que me incomodam e estão inter-relacionados: o repetitivo e tedioso destaque que é dado a nomes consolidados da cultura brasileira e internacional; o apego acrítico a valores consagrados, padrões tradicionais e efemérides; e a dificuldade de impor novos valores e questionar consensos.
AA – Um "opinionismo" excessivo sem preocupações com um real aprofundamento do tema ou sua interpretação. Um jornalismo cultural como palanque de opiniões. Mas a opinião é só uma parte do processo, e acho que deveria ser a

menor. O jornalismo cultural deveria ampliar o significado dos produtos culturais, mas isso não ocorre por causa da má formação do jornalista.

MA – Estar atrelado ao que a indústria cultural determina. É comum você ver nos jornais e revistas num final de semana, por exemplo, a crítica de um mesmo livro, um mesmo disco, uma mesma peça, uma mesma exposição. Claro, há os eventos que não podem ser ignorados. Mas ninguém está à frente. Parece que estão nas suas redações à espera do release da assessoria de imprensa. Não é só culpa do jornalista. O modo de produção jornalística também mudou. Não há mais muito tempo para pesquisar, ir para a rua em busca de novidades, ter contato direto com a produção cultural, estar frente a frente com o artista. Quase tudo se resolve via e-mail, telefone, Skype. Nada contra as modernas tecnologias, mas jornalismo cultural – da forma como entendo – exige contato, sensibilidade, presença.

Como profissional da área, qual foi seu principal desafio até hoje na prática do jornalismo cultural?

AL – O meu maior desafio foi tentar compreender as grandes mudanças políticas, sociais e culturais que ocorreram a partir dos anos 1990 (o fim da Guerra Fria e do comunismo, a globalização, a emergência das novas tecnologias e expansão do campo das experiências artísticas etc.) e expressá-las no meu trabalho.

AA – Meu maior desafio? Não entendo como ainda estou nisso, como consigo sobreviver nessa área. Os jornalistas culturais com quem eu me formei eram bem diferentes de mim e mais bem preparados. Eram mais que jornalistas, eram intelectuais, tinham "cabeça enciclopédica" e boa capacidade de análise. Eu nunca fui assim, não tenho essa capacidade de análise, mas me sentia atraído por essa forma de jornalismo. Esse foi meu desafio. Às vezes percebo que não alcanço certas coisas que quem escrevia para mim na *Bravo!* consegue. Isso já me deprimiu, mas procurei aprofundar-me em entrevistas, reportagens. Eu brincava com quem ia trabalhar comigo que o jornalismo cultural mudou tanto que eu estou aqui e não os intelectuais, que estão mais raros no mercado.

MA – Num tempo em que quase nada passava por assessoria de imprensa, realizar o próprio trabalho, em tempo hábil, era um desafio. Podia ser, por exemplo, ver um show de Tom Jobim no 150 Night Club, do Hotel Maksoud Plaza, e ter meia hora para escrever a crítica e passar por telefone para alguém na redação. Ou entrevistar o jamaicano Peter Tosh nos bastidores de um festival de jazz enquanto ele tomava um café. Entrevistar Chico Buarque no meio de uma partida de futebol do seu time particular, o Politheama; ou fazer Milton Nascimento, tímido e quase sempre calado, falar o suficiente para produzir uma página de jornal do caderno especial de sábado. Fui a única jornalista recebida por Frank Sinatra em sua passagem por São Paulo, depois do show, na sala reservada para o seu jantar.

Ia todos os dias ao hotel onde Sinatra estava hospedado em São Paulo e produzia uma reportagem diária até o dia do show. Isso sem vê-lo nem, muito menos, falar com ele. Soube por sua equipe que ele acompanhava a cobertura dos jornais sobre a sua visita. Gostou do que fiz e "premiou-me" com o encontro. As duas páginas que escrevi sobre os 70 anos do divino Cartola, depois de passar uma semana no Morro da Mangueira, Rio de Janeiro, convivendo com o compositor, sua mulher, dona Zica, e seus parceiros Carlos Cachaça e Nelson Sargento, fizeram parte da exposição sobre os 20 anos do *Jornal da Tarde*, no Masp.

Pautas frias ou, ao contrário, excessivamente ligadas a uma agenda, cobertura em manada (todas sobre o mesmo tema), falta de reflexão ou de conhecimento sobre o tema. Acreditam que essas são questões a ser resolvidas na prática do jornalismo cultural no Brasil?
AL — Pessoalmente, acho que demonizamos demais a chamada "agenda", que, na verdade, é a base de trabalho do jornalismo cultural. Agenda é o que precisa ser abordado pelo jornalismo cultural: são os filmes que estão sendo lançados, os livros publicados, os shows realizados etc. Imagine o jornalismo político sem a agenda política! O problema, portanto, no meu entender, não é exatamente a agenda, mas o modo como tratamos os fatos culturais de cada dia. Não precisamos fugir dela, mas enriquecer o modo como investigamos os acontecimentos do dia a dia e como pensamos e abordamos os produtos culturais que aí estão.
AA — Ainda se prioriza demais a agenda e é um erro nos veículos impressos. Se estes continuarem existindo, não deveriam ficar presos a uma agenda, e sim aprofundar a análise dos temas. Agenda não é ruim, mas ficar só nela é restringir-se ao produto, como se isso legitimasse a pauta. A própria *Bravo!* limitou-se excessivamente ao produto. Além disso, outro problema é olhá-lo meramente como produto, tornando a cobertura superficial.
MA — Seriam questões não só a ser resolvidas. Elas nem sequer deveriam passar pela pauta do jornalismo cultural. Para que ele resista e sobreviva com ética e qualidade, é fundamental uma mudança nesse comportamento, que está se tornando quase padrão.

Gostaria que citassem casos de boa cobertura do jornalismo cultural, profissionais de destaque ou veículos fundamentais.
AL — São tantos que me exigiriam uma pesquisa mais aprofundada (para lembrar deles), o que infelizmente não posso fazer agora. A fim de não ser injusto com ninguém, prefiro pular esta pergunta.
MA — Diferentemente de *hard news*, o jornalismo cultural não vive de acontecimentos de momento, factuais. Lógico, tem de ter atualidade, mas é diferente.

O jornalismo cultural brasileiro – mesmo em fases mais ou menos brilhantes – sempre teve sua relevância. Os cadernos culturais dos jornalões (*Estadão, Folha, O Globo, JB*) marcaram época nos anos 1980 em tempos pós-ditadura militar. Os jornais e revistas alternativos como *Opinião, Pasquim, Movimento, Caros Amigos*, também. E ainda há nomes que são garantia de qualidade até hoje no jornalismo cultural, como Ruy Castro, Sérgio Augusto, Luiz Carlos Merten – quase estrelas solitárias. A crítica pode não ter mais relevância, mas quem fala sobre cultura com ética, propriedade, paixão ainda tem sua importância.

Em sua opinião, ainda haverá grandes mudanças na prática do jornalismo cultural neste século? Como você imagina o perfil dele nos próximos anos?
AL – Sim, as mudanças não cessam. O grande desafio do jornalismo cultural nos próximos anos, em minha opinião, é descobrir um modo de ampliar a participação dos próprios leitores na cobertura cultural, sem que isso implique perda de qualidade, tanto do ponto de vista jornalístico quanto do crítico; proliferação do "achismo" e banalização da atividade jornalística. O caderno que souber transformar a colaboração do leitor interessado em algo relevante e forte (não apenas na internet, mas também no suporte jornal) definirá o caminho do jornalismo cultural do futuro.
AA – Já estão acontecendo mudanças radicais no jornalismo como um todo. O modelo de sustentabilidade do impresso está ruindo. O tripé publicidade-banca--produto não se sustenta mais. O lucro das revistas tem sido baixíssimo nos últimos anos. Hoje, o público também se relaciona de maneira diferente com o jornalista e isso me angustia. Passei minha vida toda em jornalismo impresso. Será que isso não vai mais existir? Vai me sustentar? Quantos de nós sobreviveremos? Devo começar a narrar em audiovisual? Ninguém sabe. O que eu lamento é que o jornalismo está ruindo como modelo de negócio. O jornalismo não existe fora desse modelo de negócio? Se o modelo já não se sustenta, e a profissão de jornalista?
MA – Creio que o jornalismo de uma maneira geral terá de se reinventar. As práticas antigas estão sendo atropeladas pela velocidade da informação. Ainda assim, acredito que a reflexão nunca sairá de moda. É nesse espaço que, penso eu, ele sobreviverá.

3. LITERATURA

A literatura e as artes visuais talvez sejam as formas de produção cultural mais antigas em nosso campo. Antes mesmo de o próprio jornalismo ser delineado como conhecemos hoje, livros já eram objeto de análise crítica e reflexões nas mãos dos próprios escritores, de entidades religiosas, políticos, filósofos etc.

O século 21, no entanto, tem sido um enorme desafio para o jornalismo cultural literário. As razões são conhecidas por todos: com a diminuição da quantidade de suplementos literários de fim de semana dos jornais – e praticamente a inexistência de revistas dedicadas integralmente à literatura –, essa área disputa espaço com as demais e quase sempre sai em desvantagem, por três motivos principais. Primeiro porque estamos na era das imagens, ou melhor, da interação audiovisual. A palavra escrita, não imagética portanto, parece ser um atrativo cada vez menor para as novas gerações, a não ser que os livros sejam fruto de algum filme ou série de sucesso. Em segundo lugar, porque a literatura não disputa apenas o espaço editorial dos cadernos culturais, mas também a atenção cada vez mais rarefeita do leitor – especialmente de grandes cidades. Assim, a literatura quase sempre se torna um atrativo menor diante de informações sobre celebridades, *blockbusters* ou shows. O terceiro motivo é a própria produção do jornalismo cultural literário, cada vez mais difícil e um tremendo desafio para o jornalista. Ao contrário de um filme ou um disco, cuja apreciação analítica pode ser feita pelo jornalista em questão de horas, um livro leva dias para ser devidamente lido e analisado. Além disso, os profissionais dessa área recebem dezenas de lançamentos por semana. Cabe ao jornalista cultural literário, portanto, dois destinos: abraçar o mundo editorial, não ler nenhum livro e basear-se em releases para fazer notinhas de todos os lançamentos ou colocar em prática seu poder de filtro jornalístico e selecionar os pouquíssimos títulos que terão o privilégio de receber uma análise detalhada.

Essas e outras questões serão aqui analisadas. Tomaremos como base algumas lembranças históricas do jornalismo cultural literário, passando pela prática contemporânea e pelo que alguns de seus protagonistas – os jornalistas – e seus artistas em análise – os escritores – dizem a respeito dessa área, tão fundamental para o jornalismo cultural quanto os livros para a cultura humana.

Segundo o advogado e bibliófilo Plínio Doyle, o jornalismo literário no Brasil começou em 1836, com a circulação de *Nitheroy – Revista Brasiliense*, impressa em Paris e distribuída aqui. Mas é importante lembrar que, além de um início incerto no que se refere à data, a relação do jornalismo literário com a literatura nem sempre foi harmônica. Como bem lembra Manuel Ángel Vázquez Medel (2002),

> [...] parece que aquela [a literatura], sem abandonar a dimensão lúdica e fruitiva, deve encaminhar-se para o essencial humano, bem encarnado nas inevitáveis coordenadas espaçotemporais que nos constituem. A atividade informativa, ao contrário, aponta mais para o efêmero, passageiro, circunstancial, e sabemos até que ponto a vertigem informativa devora a estabilidade e permanência dos acontecimentos. Simplificando muito, parece que a literatura se orienta para o importante e a informação jornalística, para o urgente.

No entanto, conforme o próprio autor, se nem mesmo o jornalismo é pautado o tempo todo pela urgência, que dirá o jornalismo literário. Essa impregnação da "não urgência" literária no jornalismo em muito ocorreu nos anos 1960, com o novo jornalismo nos Estados Unidos e uma nova configuração de fronteiras entre os dois campos, como veremos adiante. Barreto (2006) lembra, ainda:

> Aqui, é importante lembrar que, para Carlos Drummond de Andrade, para citar um dos maiores nomes da literatura brasileira de todos os tempos, algumas páginas de jornais estavam entre as mais bem escritas de toda a língua. Todavia, dos anos 1960/70 até hoje, a situação mudou consideravelmente. Se antes os autores encaravam a oportunidade de escrever para a imprensa como uma forma de praticar uma literatura mais veloz, agora a realidade é outra. Se antes o jornalismo era um teste de fogo para os escritores (Gonçalves Dias, Machado de Assis, entre outros, passaram por redações), hoje a atividade dos jornalistas não está diretamente ligada ao sonho de ser ficcionista. E qual seria, então, a razão do pouco teor literário nos jornais atualmente?

Muitas são as razões e trataremos delas no decorrer deste capítulo.

Voltando o olhar para a história, Gomes (2009) afirma que o destaque da crítica literária variava de jornal para jornal no século 19. Como ainda havia poucas editoras no Brasil, a literatura ocupava o maior espaço cultural dos jornais, pois escritores que não conseguiam editoras em Lisboa ou Paris buscavam publicar seus textos na imprensa, inclusive como fonte de renda. Um exemplo é a revista *O Beija-Flor*, que em 1830 publicou toda uma novela brasileira, *Olaya e Julio, ou*

A Periquita, de Charles Auguste Taunay, embora o texto tenha saído anônimo, algo bastante comum na época. Manuel Antônio de Almeida publicou *Memórias de um sargento de milícias* em *A Pacotilha*, no Rio de Janeiro em 1852, veículo esse que pode ser considerado um dos precursores dos suplementos literários, embora tenha sido uma edição dominical do jornal *Correio Mercantil*, com duração de quatro anos. O *Jornal do Commercio* também publicava literatura e crítica literária nos anos 1830, trazendo romances em capítulos. Foi o responsável pela publicação do primeiro folhetim traduzido do francês, *Capitão Paulo*, de Alexandre Dumas, em 1838, potencializando a relação entre jornalismo e literatura, uma vez que essa publicação aumentava a leitura de outras colunas, como as de crônicas, críticas de livros, teatro etc. Eram comuns anúncios avisando a publicação dos primeiros volumes de um folhetim enquanto este ainda estava sendo seriado em jornais. É como se isso instigasse a formação de um público leitor de romances em série, influenciando positivamente nas vendas dos jornais, na edição de livros etc.

Ao ser demitido do *Correio Mercantil*, em 1855, José de Alencar adquiriu o *Diario do Rio de Janeiro*, no qual publicou *Cinco minutos* dois anos depois. O texto teve imensa procura. De acordo com Gomes (2009),

> a polêmica literária era comum na época. Nela, dois críticos de jornais diferentes argumentavam contra ou a favor de determinado autor. Ficou célebre em 1856 uma polêmica em que Alencar criticava no *Diario* a concessão de verba imperial para edição do poema *A Confederação dos Tamoios*, de Gonçalves de Magalhães, enquanto o patrocínio era defendido no *Jornal do Commercio* pelo próprio imperador d. Pedro II, a princípio oculto por pseudônimo. Outras vezes a polêmica saía do papel e chegava às vias de fato, como em Florianópolis, quando, após criticar em *O Conservador* um livro de Eduardo Nunes Pires, Virgílio Várzea foi forçado pelo escritor a engolir o papel em que escrevera a crítica.

A literatura, portanto, era a área cultural praticamente dominante no século 19, mas nem sempre as análises críticas saíam da superficialidade. Silva (1997) cita diversos exemplos, em seu trabalho, de seções de *A Província de São Paulo* (atual *O Estado de S. Paulo*), na coluna *Livros e Publicações Diversas*, em que os comentários e análises eram bem rasos. É importante citar esse fato para não nutrir uma visão apenas nostálgica do jornalismo cultural, ou seja, de que a cobertura no passado era maior e mais profunda.

Um dos grandes contribuidores da crítica literária no Brasil foi Machado de Assis. Embora ele tenha escrito artigos em um curto período (1858 a 1879), deixou marcas muito duradouras. Machado de Assis não só contribuiu com seu estilo literário, mas também com textos críticos como "Instinto de nacionalidade", "O ideal do crítico" e "O passado, o futuro e o presente da literatura brasileira". Foi um dos primeiros a lutar por uma literatura nacional menos ligada ao modelo europeu, nos anos 1870, instigando seus contemporâneos a repensar a respeito. Criticava, por exemplo, Basílio da Gama e Santa Rita Durão, que, segundo ele, não haviam se desligado da matriz árcade europeia. A crítica de Machado situa-se num período de forte transição política no Brasil, entre a crise do Segundo Reinado, a emergência da República e o fim da escravidão. E também de crise literária, com a confluência entre Naturalismo, Realismo e Romantismo. Nesse cenário, Machado tentou buscar um perfil do crítico e do espírito crítico. Para Ventura (2008),

> Machado foi severo ao diagnosticar a inexistência de atividade crítica em seu tempo, pelo menos daquela crítica capaz de exercer papel decisivo no sistema literário por meio de influência cotidiana e profunda. Quanto ao romance, acusou a ausência de caracteres e de análise profunda da sociedade. Neste ponto, cabe uma indagação a respeito de sua concepção de romance enquanto gênero e estilo, que será posta em prática a partir de *Memórias póstumas de Brás Cubas* (no plano do conto, seu equivalente será o volume *Várias histórias*).

Já no século 20, João do Rio fez, em 1905, uma enquete chamada "Momento Literário", na qual perguntava aos escritores se o jornalismo era bom ou ruim para a arte literária. Na época, a imprensa passava por fortes transformações empresariais e iniciava a tendência de voltar-se para lançamentos de mercado. Nas palavras de Golin e Cardoso (2009),

> [...] as revistas ilustradas do início do século 20 concretizaram uma fórmula para atrair novos leitores – mulheres em especial – combinando textos leves, variedades, literatura e muitas imagens (fotografias e ilustrações), elementos que persistem ainda hoje em graus distintos no jornalismo cultural. Nos moldes de *L'Illustration Française*, surgia a *Ilustração Brasileira* em 1901, buscando se firmar como meio de aproximação do Brasil com a Europa.

Dessa época são também as revistas *Fon-Fon* (1907), *Careta* (1908) e *Revista do Brasil* (1916), entre outras publicações que davam espaço para a literatura, em graus e constância variáveis.

Nesse período, a literatura internacional começa a ganhar destaque na imprensa brasileira. *Ivanhoé*, de Walter Scott, foi publicado no *Correio do Povo* (RS) em 1912. O maior salário da imprensa no Rio de Janeiro, nos anos 1930, era de um romancista, Benjamin Costallat, escritor de folhetins policiais. Segundo Gomes

(2009), ele recebia 500 mil-réis, o dobro do redator-chefe mais bem remunerado da época. Lima Barreto teve quase todos os seus livros publicados na imprensa antes de chegar às livrarias e bibliotecas.

Escritores que participaram da Semana de Arte Moderna de 1922 também tiveram espaço generoso nos jornais, como Mário de Andrade, Oswald de Andrade e Menotti Del Picchia, dando um salto de qualidade da crítica literária na época. Como bem lembra Süssekind (1986), a crítica moderna, especialmente a literária, nasce com as primeiras gerações de formandos das faculdades de Filosofia nos anos 1930, o que aumentou, nas duas décadas seguintes, a frequência de críticas de rodapé, como crônicas e noticiários, com um forte diálogo com a indústria cultural. Nesse cenário, escritores, filósofos e músicos ocuparam lugar cativo, com colunas assinadas por Sérgio Milliet, Otto Maria Carpeaux, Mário de Andrade, Antonio Candido, Sérgio Buarque de Holanda, Tristão de Athayde etc. – todos promovendo um debate cultural polêmico, dialógico e nem sempre harmônico.

A diferença entre o rodapé e a crítica é que o primeiro é um registro de livros quase no estilo de resenha, enquanto o segundo não pode ser desgarrado da filosofia, história e sociologia ao analisar os livros – do contrário, fará análises literárias pouco fundamentadas, com jeito de release ou dominadas por um sentido mercantilista. Nos anos 1940, com esses profissionais chegando às redações como colaboradores, a crítica literária chega próxima ao conceito de *new criticism* anglo-americano, em que o crítico não deixa de lado questões estéticas, artísticas, tampouco análises históricas, psicológicas e sociais. Um dos principais nomes da crítica literária da época era Silvio Romero, dotado de um alto poder de análise e contextualização interdisciplinar. Nessa fase, aumenta o prestígio do crítico literário universitário, cujo principal lar era a revista *Clima*, fundada em 1941 por estudantes de filosofia da Universidade de São Paulo (USP), e o rodapé é gradualmente trocado pela crítica literária de cunho acadêmico. Isso gerou um embate, especialmente nos anos 1960, quando havia quem defendia uma crítica não condicionada por influências extraliterárias, como Afrânio Coutinho, e críticos que defendiam o contexto social como referência, como Antonio Candido.

Silva (1997) aponta que as seções de variedades e literatura tinham uma dupla missão nos jornais: a de entretenimento (a busca de um novo tipo de leitor) e a de distinção de classe, objetivando a formação de um gosto estético.

> Com os romances-folhetins, no entanto, a cultura nos rodapés vai se aproximar mais do entretenimento, principalmente quando assume hegemonicamente aquele espaço. Os rodapés alcançaram, assim, função semelhante à dos fascículos e outras promoções do gênero nos jornais hoje. Muitos dos folhetins vinham até mesmo com um fio picotado, sugerindo que o leitor recortasse e fizesse coleções das histórias em série.

Conforme essa pesquisadora, os romances em folhetins despontaram no Brasil quase simultaneamente ao seu aparecimento na França, embora lá tenham tido índices bem maiores de popularidade, uma vez que mais da metade da população brasileira era analfabeta na época. Por isso o folhetim no Brasil foi absorvido por uma elite com forte influência francesa.

Um dos marcos do jornalismo cultural literário foi o *Suplemento Literário* de *O Estado de S. Paulo*, que surgiu em 1956 e influenciou toda a imprensa da época. Idealizado por Antonio Candido e com design gráfico do artista plástico Italo Bianchi, era tido como uma revista semanal de cultura, unindo matérias leves e curtas com textos maiores e de peso. Embora trouxesse poucos anúncios, dava grande prestígio ao jornal que o publicava, pois carregava textos de grandes intelectuais da época. No Rio de Janeiro, no mesmo ano, surge também o *Suplemento Dominical* do *Jornal do Brasil*, que, embora tenha nascido como suplemento feminino, foi dando espaço para a literatura nas mãos de Ferreira Gullar, Haroldo de Campos, José Lino Grünewald e Décio Pignatari, sob o design arrojado de Amílcar de Castro. Foi divulgador do movimento concretista e avaliador da poesia da época na página *Poesia-Experiência*, assinada por Mário Faustino. Ambos os suplementos deram prestígio intelectual aos jornais, atingindo circuitos importantes de leitores, com debate de ideias e formação cultural.

Por motivos políticos, a livre circulação literária e sua produção crítica foram comprometidas nos anos 1960 e 1970 devido à ditadura militar. Mas Süssekind (1993) diz que, além disso, houve um "autoconfinamento" da crítica literária no espaço universitário: "Se um primeiro duelo entre críticos-cronistas e críticos-professores apontara a vitória parcial destes últimos nas décadas de 1940 e 1950, em meados dos anos 1960 assiste-se a um fenômeno que bem se poderia considerar uma vingança do rodapé". Nos anos 1960 também surgiram suplementos culturais em outras regiões, como o *Suplemento Literário* do jornal *Minas Gerais* (1966) e o *Caderno de Sábado* do *Correio do Povo* (1967). No entanto, os suplementos já estavam focados em buscar um público mais amplo com a abordagem de bens culturais em suas pautas, utilizando uma linguagem mais simples.

Nos anos 1980 e 1990, há uma expressiva diminuição do espaço da literatura nos jornais. Conforme Costa (2005), no caso específico de escritores-jornalistas, o espaço ficou ainda menor, não sendo mais possível encontrar um emprego estável que subvencionasse sua literatura.

> Revistas e jornais estão redefinindo seu espaço editorial em torno de reportagens menores, mais rápidas e baratas. Em vez de pagar a uma estrela do jornalismo para se dedicar a uma matéria que pode levar semanas, ou meses, para ocupar algumas páginas, os órgãos de imprensa optam por contratar repórteres iniciantes, que se dis-

ponham a preparar várias matérias (e preencher muitas páginas) ao mesmo tempo, de preferência sem sair da redação. E usar o jornalista mais experiente para editar seus textos ou escrever uma coluna. [...] Uma série de reportagens, como a desenvolvida por Zuenir Ventura entre 1989 e 1990, em torno do caso Chico Mendes, hoje seria inviável financeiramente para um órgão de imprensa como o *Jornal do Brasil*. Mesmo que pudesse render prêmios, como o Esso de Jornalismo e o Vladimir Herzog de Reportagem.

A internet, a partir de 2000, acirrou ainda mais a crise da literatura no jornalismo, uma vez que ela tende a fomentar uma busca rápida de informação, com textos menores e mais claros (obviedade e superficialidade em prol da agilidade de leitura) e recursos audiovisuais nos textos. O jornalista Rinaldo Gama falou sobre isso em uma das edições do Congresso Cult de Jornalismo Cultural. Disse ele:

> No momento em que a gente vive, as pessoas buscam na internet informações mais rápidas, imediatas. Portanto, apesar de você não ter a limitação do papel (espaço), curiosamente, não existe uma preocupação ou investimento maior com o jornalismo literário. Eu acredito que até agora a internet tem sido procurada pelos usuários como um modo de informação rápida. É on-line, acabou de acontecer, "está acontecendo e eu estou acompanhando". Então o jornalismo literário (cultural) para sobreviver tem que buscar o caminho, que é aprimorar a estilística, o texto e a apresentação, para fazer frente à velocidade, ao jornalismo on-line [...].

Gama reflete ainda sobre a problemática de que no ambiente virtual todos são críticos, não havendo distinção entre conhecimento especializado e opinião não embasada. Além disso, se antes havia a figura do autor, do editor, distribuidor e crítico, a internet embaralhou tudo isso, suprimindo a necessidade de intermediários que unam o escritor e o leitor.

> Mas de uma coisa eu tenho certeza! Será impossível para uma pessoa, por melhor que ela seja, "consumir" tudo que está sendo feito. Alguém tem que escolher para você não ser obrigado a ler tudo, esse é o editor, ele é o veículo de comunicação. Sempre haverá a necessidade de alguém que faça o meio de campo. E o mais importante, a opinião do leitor é delegada ao que os meios de comunicação acham que é importante.

Também em um Congresso Cult, o jornalista José Geraldo Couto apontou o problema da ausência de revistas literárias no Brasil, o que força os suplementos semanais de cultura a informar sobre a ostensiva produção de intelectuais, estudiosos, acadêmicos e escritores, "que não têm onde expressar suas pesquisas e reflexões, a não ser no âmbito da universidade". Couto (1996) diz ainda que muitos deles não se dão conta de onde e para quem estão escrevendo,

> [...] e escrevem sem nenhuma preocupação com a inteligibilidade de seu texto e de suas ideias. Pelo contrário, como eu já disse, parecem defender com unhas e dentes sua seara contra os bárbaros da cultura de massa. Em síntese, temos, de um lado, uma cobertura jornalística cotidiana a reforçar de modo acrítico e redundante a produção da cultura de massa. De outro, uma reflexão erudita acessível a poucos, normalmente já convencidos – ou convertidos.

Gianni de Paula[2], uma das editoras da revista on-line *Continente*, publicação pernambucana com importantes reflexões na área cultural, diz que o que a preocupa é a tendência dos grandes veículos de cortar os melhores profissionais, os que têm os maiores salários: "Além disso, no Recife, os setoristas de literatura são frequentemente designados para cobrir eventos e escrever matérias que não dizem respeito à sua área, o que condena sua rotina de dedicação às resenhas". Gianni também acha que a crítica literária tem sido muito "cordial", cheia de "coleguismos": "Um dia o Paulo Scott tuitou: 'Toda oficina literária deveria começar com a frase: ninguém tem obrigação de gostar do que vocês escrevem'. Grande parte dos escritores se esquece disso depois da consagração; o jornalismo ajuda a criar esses pequenos monstros intocáveis", diz. Como editora de jornalismo cultural literário, Gianni passa a maior parte do tempo acompanhando a área pela internet, uma vez que acredita que a mídia, sobretudo a impressa, se voltou para a informação sem muita profundidade, o que acentua sua crise financeira.

Ubiratan Brasil, crítico literário e de cinema e editor do *Caderno 2 de O Estado de S. Paulo*, concorda que a grande imprensa tem sido superficial na cobertura cultural, o que é ainda mais grave com literatura, que tem um espaço menor do que as outras artes. Por sua vez, o jornalista Ricardo Viel, colaborador de veículos como *Folha de S.Paulo, Bravo!* e *Piauí*, acha que a cobertura atual está

> [...] preguiçosa, no sentido de estar muito atrelada às grandes editoras e dependente de ganchos fáceis (centenários, aniversários etc.). Não vejo espaço nos jornais e revistas para novos nomes (ou mesmo escritores de outros países de certa projeção internacional, mas desconhecidos no Brasil). Parece que o papel de sugerir nomes, de buscar novidades ficou na mão das editoras e que são elas que pautam a imprensa quando, a meu juízo, deveria ser o contrário.

---

2. As reflexões e opiniões sobre a prática do jornalismo cultural literário apresentadas aqui são fruto de entrevistas que realizei com os seguintes profissionais atuantes na área: Gianni de Paula, Ubiratan Brasil, Ricardo Viel, Manoel Ricardo Lima, Veronica Stigger, Bruno Zeni e Marcelo Carneiro da Cunha ao longo de 2012 e 2013.

A pesquisadora da Universidade Federal do Rio de Janeiro (UFRJ) Cristiane Costa, ex-editora do caderno literário *Ideias*, do *Jornal do Brasil*, e autora do livro *Pena de aluguel: escritores e jornalistas no Brasil* (2001), aponta o fim de veículos dedicados exclusivamente à literatura, bem como a diminuição do espaço para os intelectuais nos jornais e para os críticos militantes. Além disso, o volume de lançamentos de livros hoje é impraticável para qualquer cobertura literária: "Eu brincava com o pessoal de cinema porque eles precisam de muito menos tempo para fazer uma crítica. Hoje há livros de mais, e espaço de menos. Editoras como a Record publicam 40 livros novos por mês! O editor fica soterrado de livros. Como cobrir tudo isso?", questiona.

Segundo Cristiane (2005), não há leitores para tudo que é publicado; no entanto, ela acredita que este nem seja o maior problema do jornalismo cultural literário:

> O crítico literário é o menos importante neste ciclo. O grande gargalo é o número baixo de livrarias. O leitor não vai pegar referência no jornal. O best-seller em nada depende dos jornais. Já as livrarias fazem diferença. Com o sistema de reputação eletrônico da Amazon (algo como "se você gostou do livro tal, quatro leitores gostaram destes outros livros também"), o crítico é ainda menos relevante no ato da compra de livros, pois esse sistema eletrônico faz uma comparação assertiva de estilos e gostos.

Manoel Ricardo de Lima, poeta e professor de literatura da UniRio, lamenta o fato de a cobertura literária atual estar "absolutamente comprometida com as operações mais íntimas em torno do dinheiro". Segundo ele, trata-se de uma forma de as grandes editoras "imporem como novidade algo que não tem nenhum vínculo com o novo". E acrescenta:

> [...] basta ver o exemplo recente da edição da poesia de Leminski, que recebeu o estardalhaço de mesmices pelo simples fato de uma grande editora impor e se impor sobre um jornalismo frágil, que beira a bobagem, e que tende a repetir sempre os mesmos lugares-comuns sobre o que elas ditam. Quem não topar este acordo vil está fora do jogo.

Também do outro lado do "balcão", a pós-doutora e premiada escritora Veronica Stigger afirma sentir grande falta da imprensa que vai atrás de casas publicadoras que descobrem novos autores, ou seja, editoras pequenas, artesanais. "Algumas poucas editoras quase detêm uma espécie de monopólio dos espaços qualificados na imprensa, o que falsifica muito da visão que se pode ter da literatura contemporânea brasileira." É também o que pensa o doutor em Letras e colaborador de veículos como *Cult* e *Folha de S.Paulo*, o também escritor Bruno Zeni. Ele acrescenta que as pautas literárias hoje se concentram nas efemérides e em nomes da tradição literária, raramente em nomes menos conhecidos, uma vez que a grande imprensa está voltada para o mercado, mesmo com um número maior de veículos nas últimas décadas: "A internet tem se revelado um ambiente de renovação e de arejamento do cenário, mas estamos vivendo hoje um momento de transição – internet, livro digital, pulverização da atividade crítica – que ainda não me parece muito claro com relação aos seus desdobramentos".

Tanto na visão de jornalistas literários quanto na de escritores e acadêmicos, a literatura está em crise na imprensa. Mas seria uma visão nostálgica de outros tempos? Gianni de Paula acha que nenhum setor artístico se queixa tanto da diminuição do espaço na imprensa quanto a literatura hoje. A maior diferença que ela vê com o passado é a descentralização do poder do crítico:

> É improvável, na dinâmica atual, que alguém alcance a relevância de um Álvaro de Lins, coroando e condenando carreiras como outrora. No entanto, não deixamos de ter nossas referências no impresso, os críticos e colunistas cujo comentário ou análise seguimos consultando, por vezes, como guia. Parece-me claro, quando vejo intelectuais em geral defendendo o declínio do cenário literário ou da crítica, que é mais simples para essas pessoas desqualificar o novo que tentar se relacionar com ele, e esse é um comportamento histórico. Particularmente, tomo como guia um aforismo que diz: "Não melhor que teu tempo, mas teu tempo do melhor modo".

Ubiratan Brasil defende, no entanto, que, embora houvesse maior espaço para a literatura no passado, hoje o público quer saber das novidades e não necessariamente de conteúdo, daí a necessidade de os jornais cobrirem uma gama grande de lançamentos toda semana. "Antes, o texto importava, não a imagem. E quem escrevia eram os filósofos, pensadores, não jornalistas, que nem sempre conseguem se aprofundar num tema."

No campo dos escritores, Veronica Stigger acredita que a literatura já teve tempos bem mais ricos na imprensa, não só em questão de espaço, mas também na qualidade dos textos. Cita o time de colaboradores do final da década de 1960 do *Correio da Manhã*, como, por exemplo, Otto Maria Carpeaux, Antonio Callado, Luiz Costa Lima, Carlos Drummond de Andrade, José Lino Grünewald e Augusto de Campos.

> A imprensa, de modo geral, e não apenas no campo da cultura, já viveu tempos bem melhores. E isso não quer dizer que hoje não haja críticos comparáveis aos que citei acima. Quem conhece um pouco do trabalho que vem sendo desenvolvido nas universidades brasileiras sabe que eles existem, que estão ativos, que acompanham com atenção e inteligência o que está sendo publicado. No máximo, os jornais convidam-

-nos para publicar uma resenha ou outra, sempre breves, sobre um livro pontual, sem dar-lhes espaço para uma reflexão mais ampla. Não existe, a meu ver, uma crise da crítica, mas sim uma crise da imprensa. Que, no campo da literatura ou, mais amplamente, da cultura, são sempre "dispensáveis", "supérfluas", "artigos de luxo", é mais sensível.

Bruno Zeni concorda com Veronica sobre o espaço, mas lembra que a internet subverteu essa noção:

> Não se trata mais de questão de espaço, mas sim de uma questão de hierarquia e de seleção da informação, noções como prioridade, atenção, reincidência, permanência e "viralidade". A grande mídia ainda é referência, mas vem perdendo centralidade, pois há muitos escritores em atividade no mundo virtual (blogues, sites, redes sociais etc.), e já há muitos professores universitários e críticos literários que escrevem direta e diariamente na internet e detêm muita influência por meio da rede.

O premiado escritor Marcelo Carneiro da Cunha diz ainda que o maior desafio da literatura hoje é disputar espaço com outras formas de arte, como o cinema, uma vez que no passado ela competia somente com o teatro: "A literatura precisou disputar espaço e importância com uma forma altamente eficaz e de muito impacto junto a leitores e espectadores".

Mas além de espaço, profundidade e relevância, a literatura enfrenta outro desafio na cobertura jornalística: a literatura internacional. Para grande parte dos entrevistados, isso não é algo tão grave. Gianni de Paula acredita que a literatura brasileira também recebe destaque desde que provenha de uma grande editora. Já Ubiratan acha que literatura brasileira tem mais espaço, por exemplo, que cinema brasileiro, "mas a briga não é pequena". E Manoel Ricardo afirma que o problema está nas pautas, sempre semelhantes todos os dias:

> O problema passa pela expansão dos sintomas precários do mercado editorial para a manutenção desse lugar fabricado, meio insosso, que se costuma chamar de espaço para uma única e exclusiva "cena literária". Expressão que me parece, também, um contrassenso; ainda mais se entendemos que toda literatura não é senão "obs-cena", ou seja, "está fora da cena". [...] A crítica portuguesa Silvina Rodrigues Lopes diz melhor do que eu: "1) É preciso impedir que a banalidade que aparece hoje consensualmente como literatura não se arrogue em breve um direito de exclusividade e 2) Quando um escritor aceita o lugar de símbolo, dispondo-se a ser homenageado pelo poder político, aceita uma forma de cooperação com o inimigo, colocando-se a si próprio contra a obra que escreveu, se ela existir".

Marcelo Carneiro da Cunha não faz muita distinção entre o espaço da literatura nacional e internacional, pois para ele a busca está na universalidade, independentemente do tema ou do ambiente.

A literatura internacional tem a vantagem de ser produzida em países de vasta tradição literária, em mercados maduros e com sistema de divulgação que nos atingem. Eu acredito que por todos esses motivos existe um espaço naturalmente grande para a literatura internacional, o que em si é positivo. O problema é o espaço reduzido para a literatura brasileira.

Bruno Zeni concorda com Marcelo Cunha ao dizer que a literatura brasileira é frágil e isso se reflete no espaço da imprensa. Segundo ele, essa fragilidade ocorre porque o mercado editorial brasileiro depende da tradução de livros e autores internacionais, produzidos de modo competente e barato, o que torna as obras mais fáceis de comercializar. Por sua vez, o livro brasileiro torna-se um bom negócio, segundo ele, com raras exceções, quando é vendido para o governo federal, pois no mercado é um produto caro, devido ao "alto custo, distribuição e logística ruins, poucos leitores, dificuldade de promoção e de construção de imagem, relacionamento difícil do autor com editores, leitores, livreiros e demais atores do meio literário/editorial". Para Zeni, como as editoras investem pouco em publicidade de livros nacionais e a imprensa se rendeu à lógica do mercado, acaba dando espaço mais generoso aos best-sellers, estrangeiros de renome e celebridades do mundo literário. "Quanto às consequências, acho que são graves: desinformação, alienação, culto à fama e ao sucesso fácil, espaço excessivo a livros não literários, a falta de formação de leitores e a concentração de poder midiático."

A formação de repórteres e críticos literários é outro ponto delicado no jornalismo cultural contemporâneo. Gianni de Paula incomoda-se com o status de "autoridade no assunto" dado tão prematuramente a alguns jornalistas. "Vejo muitos colegas que só aparecem nos eventos literários, por exemplo, se for para mediar ou cobrir, mas nunca como meros ouvintes, porque são bons demais para isso. Acho que há um sincero descaso com a própria formação", diz a editora. No entanto, reconhece que às vezes o problema está no editor, que pede a um repórter recém-chegado que faça a crítica de livros complexos, sem levar em consideração sua formação. "Você não vai deixar de fazer, nem poderia, mas escreve com consciência de que não tem cacife, não tem referências suficientes para analisar e julgar aquela obra." Bruno Zeni pensa que em geral os jornalistas de cultura são bem-nascidos, bem formados e criativos, mas encontram um mercado jornalístico que paga mal e exige que eles se adaptem ao projeto editorial do veículo e à lógica comercial, entre outros fatores. Para ele, é saudável que o jornalista comece a se aperfeiçoar na redação para depois, talvez, migrar para a literatura ou trabalhar com ambos ao mesmo tempo.

> A passagem do jornalismo literário ou cultural para a crítica literária é natural e hoje em dia quase inevitável para quem gosta realmente de escrever sobre literatura, e não apenas sobre os últimos lançamentos do mercado. No meu caso, mais especificamente, o salto foi grande e ainda está em ato, passei de jornalista a doutor em Literatura. Há casos e casos, mas acho que são áreas afins e que a experiência como repórter tem algo a contribuir para com a de crítico, como a experiência de contato com escritores em entrevistas, por exemplo, a necessidade de ser claro nas formulações, a preocupação com os leitores, a atenção aos bastidores e aos processos de criação e produção literária, uma visão mais abrangente do meio editorial. A antiga situação de isolamento e isenção do crítico – se é que existiu em algum momento – permitia, digamos, juízos mais desinteressados e, justamente, críticos. Mas acho que é mais uma situação ideal (e, portanto, de princípio) do que histórica, de fato.

Ubiratan Brasil, por sua vez, percebe que ninguém chega pronto para começar como crítico na redação e conhece jornalistas que trabalham com literatura há mais de 40 anos e ainda tomam cuidado com o fazer crítico. "O que falta hoje é gente capaz de boas avaliações em espaços editoriais pequenos, uma certa dose de malabarismo do jornalista", diz ele. Ricardo Viel, por sua vez, é mais duro em sua análise sobre a formação de quem escreve sobre literatura:

> Certa vez, conversei com um escritor português que me disse que fica feliz quando é entrevistado por alguém que leu seu livro. Disse que isso é raro em Portugal, que é menos frequente na Espanha, e que no Brasil, quando esteve, também teve a sensação de que os repórteres não se deram ao trabalho de ler sua obra. Acho que é um problema também dos meios. A pressão que se impõe nos jornais, os baixos salários, tudo isso impede que se faça uma cobertura bem-feita. Seria ótimo se nos jornais houvesse mais espaço para quem é qualificado, para quem se interesse e tem tempo para ler e estudar sobre o assunto. Mas se você obriga o repórter a fazer três pautas em um dia, é impossível que ele tenha tempo para se preparar adequadamente. Os problemas nós sabemos: no final, todos os jornais se parecem, se baseiam nos releases, nas declarações, e não há profundidade.

Como escritora, Veronica Stigger sente que os repórteres não leem os livros antes de entrevistar os autores, gerando entrevistas fracas, com perguntas cujas respostas seriam óbvias se o profissional tivesse lido a obra. Para ela, porém, é pior quando o entrevistador distorce o que foi dito pelo autor, por despreparo ou maldade – embora ela acredite mais na primeira hipótese. Para ampliar o debate, Marcelo Carneiro da Cunha diz ainda que o gosto pessoal do jornalista quase sempre se impõe na crítica e na escolha das pautas, o que nem sempre é positivo para a cobertura literária.

O jornalismo cultural literário também apresenta uma característica muito frequente: a de escritores serem também críticos literários. Isso remonta ao século 19, como vimos, e permanece até hoje como prática. Gianni de Paula vê vantagens nessa intersecção, uma vez que os escritores estão muito envolvidos com o tema e podem contribuir de maneira positiva na cobertura, além de terem ótima formação profissional. Bruno Zeni, que é escritor e colaborador de jornais e revistas, diz que não existe mais essa linha divisória entre escritor e crítico:

> Mas para não fugir da questão, as vantagens e desvantagens são as mesmas, isto é, a situação é ao mesmo tempo favorável e prejudicial: estar permanentemente conectado com a produção contemporânea, ganhar visibilidade e voz no meio literário e midiático, receber livros de cortesia de gente que você não conhece, ser conhecido por muitos e desconhecido por outros tantos, ganhar convites para eventos, júris, concursos, prêmios, feiras e festivais literários, gostar dessa situação por se sentir integrado e reconhecido e detestá-la por não poder se desvencilhar dela.

Ubiratan alerta, entretanto, para que o exercício crítico por escritores não vire uma plataforma para desabafo ou crítica a desafetos. Ademais, acha plenamente satisfatório quando escritores exercem o pensamento crítico na mídia. Embora reconheça vantagens nessa prática, Manoel Ricardo levanta uma questão delicada:

> Grosso modo, alguns ditos escritores hoje fazem uso de uma prática corporativa (veja aí a recente premiação da Petrobras para a criação literária) e "vestem a camisa" de sua empresa, escrevem resenhas nos blogues das próprias editoras que os editam e só corroboram com a manutenção das coisas assim, como elas são, são sempre os mesmos, as mesmas coisas, as mesmas formas etc. E isso praticamente pauta também os jornais e as revistas.

Stigger ressalta outro ponto, mais positivo: o fato de escritores serem bons leitores e, por isso, grandes conhecedores de literatura, o que os torna qualificados para escrever sobre o assunto. "Sobre literatura, os escritores têm muito a dizer, desde a perspectiva de quem produz e lê de maneira orgânica", acrescenta Marcelo Carneiro da Cunha.

Mas, mesmo com a presença de escritores experientes, a crítica literária sofre uma espécie de excesso de multiplicidade. Fabio Akcelrud Durão (2013) – professor do Departamento de Teoria Literária da Unicamp –, em artigo para a edição 182 da revista *Cult*, diz que a multiplicidade se tornou lugar-comum na crítica literária, aquela que diz "esta obra presta-se a infinitas leituras" ou "cada um tem a sua interpretação". Entre os problemas dessa multiplicidade ele destaca, por exemplo, a ideia nem sempre positiva de que ela se adapta ao nosso tempo de "ares democráticos"; a recusa em

> [...] excluir quem e o que quer que seja, a crítica da multiplicidade reprime o confronto. Se qualquer texto argumentativo necessariamente projeta um antagonista (você sempre argumenta *contra* uma determinada posição), então a retórica da multiplicidade coloca o próprio antagonismo na posição de antagonista.

Do ponto de vista acadêmico, a multiplicidade tende a facilitar a produção, pois "como o texto já é múltiplo de antemão, como, por assim dizer, há um lastro de abundância já garantido, tudo o que se faz necessário na interpretação é mostrar alguma ambiguidade aqui e ali para que esteja pronta a comunicação, a monografia ou a tese". E acrescenta: "O pressuposto da multiplicidade é aquilo que faz com que todos os textos se assemelhem, com que todos se tornem iguais em sua suposta diferença". Por fim, o professor diz que a multiplicidade se encontra de forma mais apurada na aplicação de teorias, pois, como tudo é plural, qualquer texto pode ser lido segundo qualquer teoria.

> Como tudo é dialógico, não importa se você usa Badiou, Barthes, Bataille, Baudrillard, Bhabha, Bourdieu ou Butler (para ficar só no "B") para o drama renascentista, a épica do século 17 ou o verso livre do 20 [...]. Determinados autores, como Bakhtin e Benjamin, são tão explorados, são inseridos em debates tão absolutamente díspares que vale a pena perguntar se ainda faz algum sentido mencionar o nome deles.

O século 21 também trouxe outra mudança significativa para os meios de publicação de textos literários. Se a partir da segunda metade do século 20 a literatura tinha lugar cativo nos suplementos literários, hoje ela precisa encontrar seu espaço em guias, blogues e portais, uma vez que os cadernos culturais impressos estão dominados pelas artes cinematográficas, musicais e pop. Gianni de Paula não se incomoda com isso, pois acredita que não é o suporte que faz um bom texto, havendo um apego desnecessário a plataformas materiais (impresso) por "fetiche ou durabilidade". Bruno Zeni, no entanto, lamenta essa mudança, que, segundo ele, causou maior mercantilização dos veículos impressos e a fragmentação e dispersão da literatura no mundo virtual, embora reconheça haver ótimos escritores no universo digital.

Bons sites e bons blogues de literatura surgiram e vão continuar surgindo. A tendência é que substituam o antigo jornalismo cultural, que na minha visão pertence a um mundo em que os valores culturais eram mais estáveis e conservadores. Guias, novos suplementos, editorias culturais das grandes revistas e cadernos de jornais vão continuar jogando o jogo do poder econômico, político e social. Tomara que a internet mude isso (e acho que já vem mudando), em favor de um jornalismo cultural novo.

Ricardo Viel acha interessante o surgimento de blogues e sites, inclusive das próprias editoras, que deveriam investir mais nisso. Mas não crê que eles substituam as críticas de jornais e revistas. E Manoel Ricardo completa, seguindo a mesma linha de raciocínio:

Temos hoje cerca de 300 milhões de blogues no mundo. O que dizer sobre isso? Como ler isso? Qual a importância de ter tudo isso? Não sei, fico pensando do que nos adianta ter todos os lugares do mundo para ir se não podemos ir a nenhum deles. De quantas vidas precisamos para ler, acompanhar, saber sobre tudo isso? Quanto vale tudo isso? A frase do Cézanne sobre a vida moderna já seria uma ótima: "Uma vida só não dá tempo". Ou a do Leminski sobre a repetição do acúmulo: "Quem já era ignorante vai ficar mais ignorante ainda".

O futuro do jornalismo cultural literário é bastante incerto, mas já divide prognósticos entre os especialistas. Gianni de Paula questiona até o formato de internet que se conhece hoje, mas não tem dúvidas de que o debate sobre literatura continuará existindo, especialmente tendo em vista que o mercado editorial brasileiro – apesar de todas as dificuldades – vem crescendo nos últimos anos. "Acho que haverá cada vez mais pessoas interessadas pelo cenário literário. Agora, de que forma e em que suporte essa cobertura vai ser feita, nós não sabemos." Bruno Zeni não faz previsões, mas gostaria de ver uma cobertura mais autoral, mais ligada à experiência dos leitores, mais investigativa dos meios de produção e criação, menos orientada por valores midiáticos e econômicos. A crise da grande imprensa e do jornalismo cultural levará (e já está levando) a isso, segundo ele. Ubiratan Brasil, que trabalha há muitos anos em jornalismo impresso, não acredita que essa plataforma vá se extinguir como um todo, assim como há muitas plataformas que não sumiram com o tempo, como o rádio. "O futuro crítico e resenhador poderá contar em vídeo em vez de escrever, mas o importante é parar e pensar antes de fazê-lo", diz. Por sua vez, Ricardo Viel é otimista ao ver um aumento significativo de feiras literárias e prêmios, que tendem a expandir o número de pessoas interessadas em literatura, bem como, espera ele, mais espaço e meios dedicando-se ao assunto. Cristiane Costa, porém, é cética ao vislumbrar a literatura como uma indústria cada vez maior de entretenimento.

Vivemos a economia da atenção, quando a capacidade de atenção do público é cada vez mais limitada e pulverizada. Portanto, teremos que lidar com esse leitor, que terá cada vez menos tempo (atenção) para jornais e livros, uma vez que divide seu pouco tempo livre com várias outras plataformas, como redes sociais, jogos, filmes etc.

Marcelo Carneiro da Cunha divide esse ceticismo ao dizer que não vê a literatura crescer em espaço e importância.

Eu espero que ela preserve os seus espaços e se beneficie de uma maior compreensão de que ela é uma arte de construção e consumo individual, diferentemente das demais, e que isso possui lógica única. Vejo um espaço relativamente pequeno e, espero, qualificado pela importância que esse nicho da humanidade vai atribuir à experiência de escrita ou leitura.

Por fim, Veronica Stigger é a mais pessimista do grupo, pois vê uma tendência, em médio prazo, de extinção dos jornais no formato impresso e mantém suas esperanças na universidade.

Por mais que esta [a universidade] também esteja em crise, é nela que as obras literárias continuam a ser realmente lidas e interpretadas. É nela que estão as pessoas mais preparadas para tal tarefa. A imprensa tem assumido, muitas vezes, o papel de atravessador entre a crítica literária universitária e o grande público. Com todas as facilidades propiciadas pela informática, talvez tenha chegado a hora de dispensar o atravessador. E não estou me referindo apenas à internet, mas também às possibilidades atuais de editoração e publicação.

Não resta dúvida de que o jornalismo cultural literário precisa ser preservado, independentemente de plataformas, meios e conteúdos. Num mundo onde a pulverização de mensagens é cada vez maior, em que centenas de livros são lançadas a cada semana, corre-se o risco de viver certa "crise de abundância", na qual o público geral se sente perdido em meio a tantos sites sobre literatura e tantos livros sendo resenhados em guias. Diante desse excesso de informação, o público acaba "travado", sem saber por onde começar a ler ou o que consumir. É aqui que entra a importância do olhar bem formado do jornalista cultural literário, capaz de fazer uma pré-seleção crítica do que realmente vale ser objeto de reflexão – seja em reportagens, seja em críticas – de modo que guie o leitor num cenário em que a abundância de opções de produtos culturais pode ser sufocante e até paralisante.

4. Artes visuais

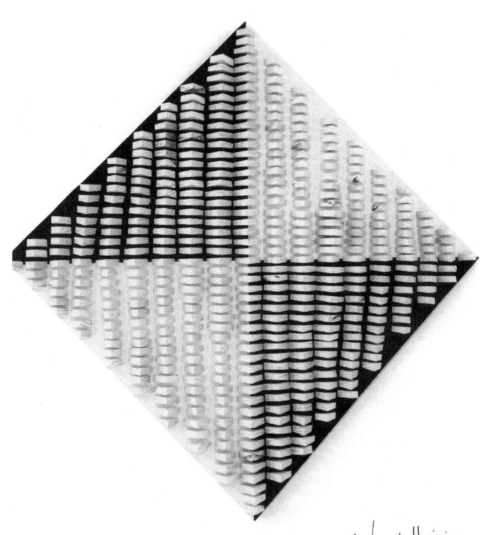

Primeiramente, é preciso deixar claro que não existe um termo ideal para definir a área artística objeto do jornalismo cultural analisado neste capítulo. Ou seja, está-se chamando aqui de artes visuais todo tipo de pintura (aquarelas, pintura a óleo, afrescos), desenhos, grafite, fotografia, gravura, escultura e dança. Serão esses os tipos de manifestações artísticas alvos de reflexão neste momento porque, tecnicamente, as artes visuais também abraçam teatro, cinema, TV etc. Mas, como esses campos são igualmente grandes no século 21, receberão tratamento individualizado nos capítulos seguintes, deixando aqui o foco para as manifestações visuais tanto tradicionais – pintura – quanto modernas – grafite e fotografia.

Se a literatura está em crise na cobertura da mídia cultural – como se viu nas reflexões de especialistas no capítulo anterior –, as artes visuais talvez estejam em situação ainda mais delicada. Trata-se de um paradoxo curioso: as artes visuais são talvez aquelas que mais necessitam de um "mediador" entre artista e público. Embora de fácil acesso nas grandes cidades e até mesmo nas pequenas, as históricas e culturais – com museus e exposições, muitos deles gratuitos –, tais objetos artísticos só são compreendidos de forma plena mediante o conhecimento dos códigos estéticos e técnicos utilizados pelo artista, o contexto social, político, econômico, cultural e até psicológico do momento de feitura da obra, a relação entre esta e outras formas de artes visuais ou até de sua oposição a tudo que tem sido feito até então. Para exemplificar: como é possível valorar a escultura de um artista? Apenas por sua perfeição de traços e cortes? Como distinguir um "borrão" de arte abstrata cheia de critérios – que no mercado artístico internacional vale milhões de dólares? É por essas razões que o mediador – seja ele o repórter cultural de artes visuais ou o crítico – é uma figura imprescindível para esse campo de manifestação artística. Do contrário, corre-se o risco de criar um fosso imenso entre público e artista, de modo que, para o primeiro, as artes visuais carecem de importância e significado e, para o segundo, perde-se a comunicação tão preciosa com seu povo, com a humanidade de seu tempo.

Assim, as artes visuais precisam demasiadamente de um mediador, mas em pleno século 21, mesmo com a abundância de ferramentas técnicas – sobretudo a internet –, tais mediadores são poucos, e os que existem quase sempre carecem de formação adequada, deixando para o mercado de museus e galerias de arte a mais consistente mediação.

Esse é apenas um dos aspectos que serão aqui discutidos a respeito de tão antigo universo artístico. A formação do jornalista cultural e como as plataformas tecnológicas estão sendo utilizadas para aproximar as artes visuais do público não resumem, porém, todo o cenário. O outro lado – artistas visuais e sua forma de comunicação – também precisa ser analisado, visto que hoje a comunicação se dá por duas vias e não só artista → mediador → público.

Mas antes de falar da contemporaneidade, é importante ter algumas referências históricas. Mesmo antes do surgimento da imprensa, as artes visuais eram objeto de análise crítica. Filósofos gregos como Xenócrates escreveram sobre questões estéticas e personalidades artísticas no século 4º a.C. Tais análises estéticas diminuem consideravelmente na Idade Média, uma vez que a arte se volta para o universo religioso e passa a ser vista como uma "estética mística", uma atividade humana a serviço de Deus.

Ricardo Cury Calil (s/d) lembra que é na Renascença que a arte retoma a preocupação de interpretar o mundo, baseada em estudos da natureza. O homem pratica arte e ciência ao mesmo tempo. Em seus escritos, Leonardo da Vinci diz que o artista não se separa de Deus, mas se torna ele próprio um deus. A arte agora quer ter status intelectual. Naquela época, um dos primeiros críticos de artes visuais foi Lorenzo Ghiberti (1378-1455), famoso escultor que levava em conta não apenas a naturalidade e a proporção das obras, mas seu efeito de plasticidade e movimento. Logo em seguida vem o juízo estético Barroco, com artistas como Rembrandt e Velázquez. A rudimentar crítica de arte da época defendia questões morais da obra, sob as diretrizes católicas do Concílio de Trento. Nas palavras de Calil (s/d), é como se o crítico assumisse "o papel de inspetor de consciência. A ideia de beleza física se contrapõe à necessidade de uma beleza moral. Como resultado, cai por terra o fundamento da beleza representada pela figura humana nua. Os métodos da arte se dissociam dos da ciência".

Mais perto do século 18, com o rápido desenvolvimento da imprensa, a crítica de arte também é impulsionada com bases teóricas e alicerces mais claros. Ela encontra aplicação prática em exposições e em jornais, cada vez mais comuns. Já no século 19, diante da contraposição entre Romantismo e Neoclassicismo, o sentimento religioso volta à tona. O crítico, por sua vez, atribui à arte a função de abrir a porta para o além, deixando para trás a experiência estético-artística, fascinado agora pelo mito da perfeição das formas.

No Brasil, até o advento da Semana de Arte Moderna de 1922, a crítica de arte variava entre o naturalismo histórico e o impressionismo personalista. O estudioso João Alexandre Barbosa (*apud* Calil, s/d) diz ainda:

> Os textos críticos da metade do século 19 ao início do século 20 estão configurados sob a perspectiva da paixão interpretativa. Desde o começo das reflexões críticas no Brasil, a partir do século 17, o debate centra-se na busca de uma diferença em relação à Europa e, portanto, pela identidade nacional.

Assim, as artes visuais sempre estiveram presentes na cobertura jornalística, mas talvez seu melhor momento – quando ainda não havia a forte concorrência com o cinema, a TV não existia e o circuito de teatro era pequeno – tenha sido durante a Semana de Arte Moderna de 1922. Nesse período, por exemplo, surgiram inúmeras revistas – *Klaxon* e *Revista de Antropofagia* (São Paulo), *A Revista* (Belo Horizonte) e *Verde* (Cataguases, Minas Gerais) – cujo objetivo era cobrir o momento cultural do país. Segundo Gomes (2009), não se tratava de publicações exclusivas de artes visuais, mas este era um de seus campos mais privilegiados. Elas foram lançadas em resposta à negação de apoio dos veículos de Assis Chateaubriand à causa da Semana de 1922, que, de acordo com Fernando Morais (1994), não queria "desagradar ao capitalismo". No entanto, alguns anos depois, em 1929, o próprio Chateaubriand, reconhecendo talvez o erro de ter ignorado o movimento no início daquela década, deu uma página dominical de seu *Diário de São Paulo* à *Revista de Antropofagia*, pois ela havia parado de circular. Tais revistas duravam muito pouco e, com o avançar do século 20, as artes visuais começaram a perder cada vez mais espaço na grande mídia. No decorrer desse século, houve ainda conflitos internos da cobertura de artes nos jornais. José Marques de Melo (2003) lembra que ocorreu

> [...] uma dupla recusa dos intelectuais e dos jornalistas em relação à crítica esteticamente embasada em um jornal. Dos intelectuais, porque não queriam fazer concessões à simplificação e à generalização pretendidas pela indústria cultural. Dos jornalistas, porque julgavam indispensável ampliar o raio de influência da crítica de arte, tornando-a utilitária em relação ao grande público e evitando o seu direcionamento para as elites universitárias.

Esse "descaso" da imprensa para com as artes visuais desagradou não só a artistas como aos próprios jornalistas. A Calil (s/d), Décio Pignatari lamentou esse movimento:

O jornalismo se aperfeiçoou do ponto de vista profissional e de marketing. Ele traça o perfil de um consumidor potencial. É por isso que nos últimos dez anos a *Ilustrada* apresentou mais caras e bocas de grupos de rock em texto e fotografia do que todos os artistas de cinema e teatro juntos. Porque visa a certo público e tem sucesso. O jornalismo hoje é muito sensível aos problemas do consumo. A arquitetura é um buraco no jornalismo cultural brasileiro. Não há também crítica real de artes plásticas. Por exemplo, em um *vernissage*, você muitas vezes troca a crítica pela entrevista. Depois, aberta a exposição, ninguém faz a crítica.

Pignatari também considerou decadente a própria qualidade da crítica, não só a de artes visuais:

> Meu primeiro livro foi criticado por Sérgio Buarque de Holanda, que analisou o ritmo dos poemas. Antes, a crítica literária não julgava apenas o conteúdo, mas também a forma e a estrutura do livro. Havia uma análise sintática muito forte. Na crítica de um filme, por exemplo, estudava-se determinada passagem, angulação, enquadramento, a composição, às vezes apenas um fotograma. Hoje, quando muito se aponta um plano sequência. Misturam-se filmes de qualidade com meros filmes de sucesso de mercado. Quase não se escreve sobre a interpretação dos atores.

Fabio Cypriano, jornalista que cobriu artes visuais por anos na *Folha de S.Paulo*, deu depoimentos interessantes à pesquisadora Laura Ming Bordokan (2005). Cypriano diz que o começo foi bastante difícil, pois ele não conhecia muito de arte nem das questões políticas da área, mas havia a vantagem de ser da *Folha*: "Isso te dá certo respaldo, não é como um estudante de jornalismo chegar e dizer que estava aprendendo". Quando Bordokan lhe perguntou como fazia crítica se ainda estava aprendendo, ele respondeu:

> É, talvez eu tenha tido fases; no começo minhas críticas eram mais em relação à montagem. Lembro que da primeira vez que vi a exposição do Redescobrimento, a minha crítica era a como as legendas eram difíceis de ser lidas, não eram discussões conceituais, eram mais fáceis de ser constatadas.

Ao adquirir experiência e conhecimento, o então crítico de artes visuais passou a perceber os problemas da área, como o fato de haver universos muito pequenos.

> Na área de dança, que é uma área menor, a crítica poupa as companhias porque sabe que se questionar demais isso vai ser ruim para elas, o que faria ter menos dança. Existe certa cumplicidade, de as pessoas se autoprotegerem, para proteger a cena,

para que ela cresça. Eu não tenho essa preocupação hoje em dia. Costumo ser bem crítico, mas acho que nas artes plásticas a maturidade é maior e acho ruim esse tipo de cumplicidade.

Em outro texto, Cypriano (2009) diz ainda que sente existir certa complacência grande da crítica na cobertura da área,

> [...] como se nesse campo só existissem pessoas de "boa vontade", o que faz com que as mazelas do mundo sejam alocadas nos cadernos de cidade e política, enquanto a cultura se configura como um espaço de armistício. Segundo essa fórmula, o "lado mau" se revela nos cadernos sérios (política, dinheiro ou cotidiano), enquanto o "lado bom", na cultura.

E tal complacência vem também de editores e donos de publicações. O jornalista conta[3] que um colega, que trabalhava numa publicação cultural brasileira grande, pediu-lhe que escrevesse uma crítica e fez a seguinte recomendação:

> [...] caso você tope, teria então que ser um texto "objetivo, direto e didático", para um leitor interessado em artes, mas que não é familiarizado com a arte contemporânea. Enfim, um modelo que você já teve que aplicar outras vezes. Outro pedido, que o texto não detone a exposição. Se for o caso, pode apontar fragilidades, mas não destruir.

Tratava-se de uma das poucas publicações especializadas em arte, justamente aquela que, em vez de tratar o leitor de forma ingênua, deveria preocupar-se com sua formação e elevação cultural, ampliando seus conhecimentos e sua capacidade crítica. Cypriano conclui:

> Nesse exemplo, observa-se o que o sociólogo francês Pierre Bourdieu denomina de "informação ônibus", ou seja, aquela que agrada a todo mundo, pois, no fim, quanto mais público se quer, menos se deve provocar o choque, a polêmica, portanto, o bom jornalismo.

No entanto, Cypriano deixa claro que nunca recebeu esse tipo de pressão na *Folha de S.Paulo*, onde exerceu a cobertura de artes visuais por dez anos. Mas nota que não é o veículo que evita polêmica, mas os próprios jornalistas, às vezes temerosos de não ser mais chamados para os eventos. Tornam-se "semipublicitários mal

---

3. Para compor este capítulo, entrevistei, em 2012 e 2013, as seguintes pessoas: Antonio, Gonçalves Filho, Fábio Cypriano, Luiz Roberto Lopreto, Mario Ramiro, Paula Alzugaray, Paulo Pasta, Saulo di Tarso e Sergio Niculitcheff.

pagos". Cypriano exemplificou o caso da 28ª Bienal de São Paulo, que, segundo ele, ficou conhecida no meio como "Bienal do Vazio" por ter sido extremamente questionada no circuito artístico nacional, mas acabou recebendo uma cobertura superficial da imprensa estrangeira.

O fato é que, por mais bem-intencionados que os curadores Ivo Mesquita e Ana Paula Cohen estivessem, eles desconsideraram a cobertura crítica, pois acreditaram que a boa vontade deles, e disso não duvido, fosse suficiente. Mas, e talvez aí esteja um grave engano, toda a cobertura da *Folha* não foi por desmerecer o trabalho da curadoria, mas para exercer jornalismo. Se, por exemplo, a prisão da pichadora teve tanta atenção por parte da mídia, é que isso é um fato jornalístico. Se funcionários e artistas não são pagos, isso também é um fato jornalístico. A Fundação Bienal de São Paulo é uma instituição pública e muitos dos escândalos que a envolveram são só conhecidos porque o jornalismo foi de fato exercido.

Essa relação com os curadores também é uma questão bastante delicada no universo das artes visuais. Cypriano diz que, com o tempo, acabou ficando mais próximo de alguns curadores específicos, porém afirma que "o objetivo do jornalismo é saber manter o distanciamento para ser crítico". Ele admite ainda que, como muitas mostras não estão totalmente prontas nem mesmo no dia de sua abertura,

[...] você escreve o que o curador disse e depois vai à mostra e não era exatamente assim. Hoje em dia eu tomo o cuidado de colocar o que não vi na boca do curador, não na minha. Mas isso não tem jeito, é assim no Brasil. O jornal privilegia que as matérias saiam no dia de abertura da mostra. Um artigo que fala antes sempre vai ser uma voz exagerada do curador. Já um publicado depois de ela estar aberta vai ser mais crítico.

Cypriano elogia a figura do curador, que, ao acompanhar o jornalista obra por obra na mostra, também contribui com parte de seu aprendizado e de sua formação. Mas ele ressalta que é preciso ter espírito crítico diante das assessorias de imprensa das exposições, que disparam os releases sem nenhum filtro.

Recebi de uma assessoria de imprensa um release no qual a exposição "Arte na França 1860-1960: o Realismo", que ficaria em cartaz no Museu de Arte de São Paulo, seria "a mais importante do ano da França no Brasil". Ora, fica um tanto ridícula essa valorização excessiva, já que é de desconfiar que o assessor de imprensa da exposição a apresenta com tal superlativo. Outro exemplo foi a exposição no Museu de Arte Moderna de São Paulo denominada "Olhar e fingir: fotografias da Coleção Auer". Segundo o release da assessoria de imprensa, aquela exposição inauguraria o calendário do ano francês no país, ignorando outra exposição na Pinacoteca do Estado, "Fernand Léger: relações brasileiras e amizades brasileiras", aberta quase 20 dias antes.

De fato, a figura do curador e sua amizade com os críticos são dos pontos mais controversos. Orlando Margarido, que cobriu artes visuais para *Veja São Paulo*, disse a Bordokan (2005) que, por trabalhar numa revista que não lhe permitia escrever apenas sobre artes visuais, às vezes ficava distante do trabalho do artista e acabava por entrevistar apenas especialistas da área.

Margarido também explicita seus critérios para publicar exposições num espaço sempre insuficiente para artes visuais:

> A crítica [...] ácida é cada vez mais rara porque a cobertura das plásticas é cada vez menor [...] O leitor abre o roteiro para escolher algo legal para ver. Mas não tem sentido eu dar uma exposição menor para falar mal se eu preciso de espaço para os bons. Acho mais interessante. Temos a obrigação de manter as grandes exposições sempre publicadas no roteiro, porque é a referência do leitor. Mesmo que a avaliação seja negativa.

Sobre esse tema, Cypriano faz uma bela reflexão:

> Ao invés de polêmica, propaganda. Essa, afinal, tem sido a tônica do jornalismo cultural. O ceticismo, marca do bom jornalismo por criar certo distanciamento e dúvida, foi trocado pelo engajamento, fazendo que repórteres se considerem colaboradores do circuito artístico, caracterizando-os mais como porta-vozes do que como jornalistas de fato.

Já Maria Hirzman, jornalista que cobriu artes visuais em *O Estado de S. Paulo*, diz a Bordokan (2005) que nunca estudou artes plásticas, tendo sua formação se dado por seu interesse em aprender, ler e pesquisar o assunto. Além disso, ela não tinha vergonha de fazer perguntas aos profissionais da área. Ao ser indagada sobre sua iniciação crítica, ela faz uma reflexão interessante:

> Eu comecei a crítica aos poucos. No começo, seguia as regras jornalísticas. Quando precisava de um comentário, colocava o do curador. [...] fui para o *Estadão* [...] como crítica. Não há crítica nas redações brasileiras por uma série de motivos. As redações estão muito novas, na *Folha* tinha repórter de 22, 23 anos. Eu tinha 35, isso me garantia maior maturidade. Aos poucos eu fui me soltando [...]. Mas até hoje me incomoda a palavra. Outro problema é que nem toda exposição te estimula uma reação. É muito complicado ser crítica que tem que produzir cinco matérias por semana porque às vezes você tem algo para contribuir, falar, indicar, uma nova leitura, mas às vezes você está narrando o que o leitor irá encontrar, mais objetivo. Eu tento variar entre os dois.

Maria diz ainda que usa uma linguagem mais simples, pois tenta "ser a repórter que faz essa tradução da exposição", temendo gerar textos herméticos. No entanto, ela admite que, com o passar dos anos e o acúmulo de conhecimento, esse hermetismo aumenta, "daí você entra nesse jogo do jornal como comunicação de massa e do espaço da crítica. Acho que tem que ter os dois. O ideal era ter uma matéria e depois a crítica para aprofundar o tema". Ela também reclama do espaço que teve para cobrir artes visuais, sempre muito pequeno, o que a forçou a deixar muita coisa boa de fora e dificultou a questão do "falar mal".

> Vou falar mal do Andy Warhol? Só para me autopromover? É besta, ele já tem seu espaço. Acho mais interessante a crítica construtiva. Posso usar meu espaço para detonar o Romero Britto, mas prefiro usar para duas matérias de exposições boas que merecem visitas.

Uma vez que a imprensa faz parte de uma indústria que objetiva crescimento e lucro, é de esperar que isso afete sua cobertura cultural. Ou seja, exposições que ultrapassam o habitual e pequeno público de artes visuais "naturalmente" ganham mais espaço nos veículos. É o caso da Bienal, visitada não só por quem é da área como por pessoas que às vezes só entram em contato direto com artes visuais comparecendo ao evento a cada dois anos. Assim, os veículos "aproveitam" a popularidade dessa manifestação de artes visuais garantindo-lhe espaço bem maior que das demais exposições, pois existe a possibilidade de expansão (ou pelo menos de manutenção) do número de leitores. O mesmo vale para os grandes portais de internet, rádio e TV.

Do outro lado do balcão – os artistas –, é preciso também certo cuidado na relação com os mediadores da arte e do público. Ferreira Gullar (1993) fala dos perigos para o artista visual no jogo da indústria cultural:

> Na época da comunicação de massa e da intensa comercialização da arte, o perigo é maior. E não apenas o perigo de não ser reconhecido o valor autêntico como o perigo de o artista autêntico se deixar levar pela ânsia de notoriedade, da propaganda: passa a trabalhar mais para a repercussão do que para a realização da própria obra. [...] autores de obras extravagantes tornam-se objeto de interesse para a televisão e a imprensa, e desse modo aparecem frequentemente neles [...] o que a obra significa importa pouco. [...] Mas sempre que se discutam na televisão ou na imprensa questões de arte, esse personagem será ouvido. Ele pode, a partir daí, dispensar-se de fazer qualquer coisa além de profecias, a até mesmo – num novo giro surpreendente – voltar a pintar quadros de cavalete, que agora terão compradores certos [...].

Paula Alzugaray faz uma boa análise da cobertura da imprensa em assuntos ligados a artes visuais, especialmente por sua formação de jornalista, crítica de arte e também curadora. Ela acha que trabalhar na área exige especialização, seja fazendo a cobertura jornalística desse tipo de evento durante muitos anos, seja por pesquisa acadêmica ou mesmo pela prática no campo da arte. Alzugaray diz ainda ser bastante reduzido o número de profissionais de imprensa que tenha essa formação, mas vê com otimismo o surgimento de novos cursos de profissionalização em arte. Já o artista e professor de direção de arte Luiz Roberto Lopreto não é tão otimista quanto a colega. Ele diz que, nos anos 1980, a cobertura da mídia era mais abrangente, mas hoje é mais esporádica, sobretudo na televisão, que só fala de artes visuais quando há exposições com aval do governo (apoios) ou viradas culturais e manifestações da periferia.

> Mas um gargalo que eu discuto é que as escolas de comunicação e artes formam profissionais com contextos artísticos de 70 anos atrás; elas não dão base sobre os artistas dos anos 1970 para cá. Portanto, a formação do profissional de mídia se torna trágica, limitada, defasada; falta olhar mais cuidadoso, atento.

O pintor e mestre em Artes Plásticas pela Universidade de São Paulo (USP) Paulo Pasta concorda que há cada vez menos espaço nos jornais para artes visuais e sente que esta é a última prioridade dos cadernos de cultura. E, como Lopreto, percebe um "sucateamento geral da educação, que se reflete nos jornalistas culturais, todos jovens, sem formação profunda".

> Muito da arrogância dos jovens é pensar que não precisam se esforçar porque o Google dá tudo. Mas é uma ilusão, aquilo que está lá não é conhecimento. Não sou otimista, acho que não vai melhorar muito com o tempo. Os textos sobre artes visuais em geral são mal escritos, banais; há dois ou três jornalistas culturais mais velhos que mantêm a profundidade, o resto é muito raso.

O artista multimídia e professor de Artes da USP Mario Ramiro analisa também a pouca densidade da cobertura no século 21 e a dependência extrema de jornalistas da divulgação com base em releases, mesmo nas poucas revistas de cultura. O doutor e artista plástico com experiência em exposições nacionais e internacionais Sergio Niculitcheff tem a visão totalmente artística, pois nunca atuou como jornalista ou crítico de arte. Para ele, mesmo os grandes veículos apoiam-se mais na "simples reportagem do que na análise mais crítica e profunda sobre o assunto", sendo o menor espaço na imprensa fruto do menor número de interessados nessa área atualmente. O artista e curador Saulo di Tarso vai na mesma linha, mas acha que a perda de espaço na mídia começa nos anos 1960. Para ele, uma das causas da cobertura pobre é a falta de tempo do jornalista de fazer matérias *in loco* (ir a exposições, por exemplo), o que torna as pautas burocráticas e rasas. Assim, o profissional fica preso a estereótipos da área definidos pelo mercado internacional de artes visuais.

> Um ou outro artista brasileiro que explode na mídia internacional é evidenciado por força de eventos de que participam fora e não pela força do que fazem exatamente, ou da maneira como se faz a notícia – o que deveria, me parece, ser o caminho de um jornalismo forte e autônomo sobre nossas pautas não só de artes visuais como de arte brasileira em geral.

Tarso ainda acrescenta outra dificuldade, agora por parte do jornalista: a de traduzir em poucas laudas o trabalho de um artista que pesquisou a vida toda para fazer aquela obra:

> Em geral, a falta de suplementos altera a qualidade de informação, especialmente porque, apesar de o mercado editorial ter crescido com publicações de artes visuais, ainda somos paupérrimos na relação conteúdo e quantidade *versus* a relevância da arte e da quantidade de artistas extraordinários que temos produzido. Agora, saindo desse cenário crítico, podemos fazer uma aposta pra lá de positiva com relação ao que a imprensa brasileira tem de acervo escrito, visual e audiovisual sobre vida e obra dos artistas. O problema é que hoje não se fazem tantos cadernos especiais sobre artes visuais, e quando se faz eles não têm um viés de jornalismo investigativo e sim representativo de *lobbies* e de eventos eventuais, pautados por jornalistas que saem pouco das redações.

Dentro das redações há décadas, o jornalista e crítico de artes visuais Antonio Gonçalves Filho reconhece que grande parte da cobertura está hoje voltada para o mercado e não para a arte:

> Antes, quando eu trabalhava na *Folha*, eu cobria a produção artística, não quanto algo custa, quanto vale. Hoje é preço, não necessariamente seu valor artístico. Nos anos 1980, tentávamos desvendar quem eram os artistas, suas missões, hoje ficamos reféns ou acomodados ao que está nas galerias. Já sobre espaço, ele se resume a ensaios, geralmente só para grandes artistas, que têm lugar consagrado. Antes, fenômenos novos tinham mais espaço. Mas acho que existe um equilíbrio entre matérias de artes visuais nacionais e internacionais. Existe respeito e espaço a artistas brasileiros, pelo menos àqueles que têm nome lá fora.

Ainda sobre espaço na imprensa, Saulo di Tarso levanta uma problemática histórica: o fato de que as artes visuais tenham perdido espaço não só pela falta de interesse, mas porque houve uma "exaustão das artes plásticas e da pintura até o final da primeira metade do século 20". Após a Semana de 22, diversos movimentos da pintura surgiram, o que,

> [...] ao mesmo tempo que difundiu as artes plásticas, negou a supremacia da pintura como manifestação de arte. Aliás, 30 anos depois da arte concreta, a ideia da morte da pintura, que não passou de uma ideia, impregnou o senso comum, abrindo totalmente o campo para o que chamamos de artes visuais.

A formação inadequada ou incompleta dos repórteres é um dos principais problemas apontados por artistas, críticos e até mesmo jornalistas da área. Paula Alzugaray considera a alta rotatividade em editorias – bastante comum – um empecilho, pois não permite um tempo de maturação e conhecimento de artes visuais. Saulo di Tarso, por sua vez, diz que o problema não é começar sabendo pouco, mas permanecer assim. Para ele, as matérias mais profundas estão no campo da música e literatura, raramente em artes visuais.

> Podemos nos perguntar: o que se espera de uma matéria sobre artes visuais? Dificilmente a matéria pauta algo realmente ligado à linguagem do artista. Fala do serviço, da exposição e da vida do artista, das muitas glórias pessoais e referências a ele, quase sempre indo parar em Kabakov, Beuys e o campeão de citação: Duchamp. Então, uma das armadilhas que mais vejo é jornalistas atenderem o mercado normalmente por indicação, falando muito pouco sobre o que importaria de fato falar a um público mais amplo. Claro que há muitas boas exceções, e às vezes alguém que não é especializado pode sintetizar melhor do que quem é. É preciso que uma pauta de artes visuais pare de se resumir ao evento de artes visuais e cubra a extensão do processo das artes visuais como um todo. Não é só quando tem Bienal, tem de ir lá pautar como vive de verdade o artista que ele noticia na moldura da abertura do evento do qual ele é informado por release e complementa por telefone, sentado na frente do *laptop*, correndo contra o tempo do fechamento da matéria.

Cabe a pergunta: a diminuição de espaço e de público em artes visuais não seria consequência da linguagem deveras rebuscada dos textos jornalísticos da área, o que ao invés de ampliar o público leitor acaba por reduzi-lo? Saulo di Tarso acha natural esse rebuscamento, uma vez que sair da narrativa descritiva da obra nem sempre é fácil por causa da ordenação confusa do discurso dos próprios artistas. Além disso, o público leitor nem sempre tem formação adequada na área, demonstrando poucos conhecimentos prévios.

Se esse leigo estudou Iberê Camargo na escola, não vai ter tanta dificuldade ao ler sobre a pintura do grupo Casa 7. A informação das artes visuais também caiu nesse mito da confusão porque tudo é muito glamorizado e pautado pelo universo conceitual. A mídia, por mais clara que seja, não resolve o problema da falta de cultura do leitor. Isso desde a banalização de um Volpi até a incompreensão de uma Ana Tavares. Prova disso é o tanto de bobagens que gente esclarecida e conhecida dos grandes meios ainda fala, por exemplo, sobre o Niemeyer como arquiteto. Para as artes visuais há um triplo desafio nesse aspecto: ter leitores alfabetizados literal e visualmente e ainda ter editores preocupados em facilitar acesso pelo estilo com que seu grupo de jornalistas escreve e seus fotógrafos fotografam.

Por sua vez, Paula Alzugaray considera natural que os textos referentes a artes visuais sejam mais difíceis para o público leigo, pois a crítica constitui uma linguagem especializada e rigorosa. No entanto, acredita que o restante do jornalismo cultural deva ser uma ponte entre a crítica, a arte e o público. "Ao jornalista cabe escrever de forma clara, o que não quer dizer leviana." Mario Ramiro acrescenta:

> Os jornalistas culturais escrevem em linguagem direta, mas quando críticos se colocam nessa tarefa a comunicação pode se tornar mais codificada. Parece ter se tornado um clichê o encontro de expressões idiomáticas e termos pouco coloquiais inseridos no corpo de um texto crítico, que, fora questões estilísticas, mais se parecem com malabarismo erudito.

Para quem produz os textos, como Antonio Gonçalves Filho, existe um espaço pequeno para fazer crítica, mas as reportagens da área estão mais claras, uma vez que usam a palavra do artista para elucidá-las. Para ele, portanto, não há essa "linguagem cifrada" e os textos são, de modo geral, acessíveis ao público leigo.

Apesar de tantas críticas, a internet parece ser uma invenção bastante animadora para as artes visuais. Como nem sempre toda exposição é acessível à população por questões geográficas, pela internet é possível visualizar todas as obras, ler textos explicativos sobre elas e os artistas e ainda enriquecer a pesquisa dos conteúdos com vídeos, depoimentos dos artistas, gráficos e links que remetam a outras obras, artistas, cenários e contextos anteriores. Saulo di Tarso acredita que o grande potencial da internet para as artes visuais seja, no entanto, seu caráter documental.

> Hoje você pode ver um filme de uma hora e meia sobre o Gerhard Richter pintando; nas mídias sociais, as pessoas opinam por escrito, discutem. Outra contribuição é viabilizar a circulação de textos que não circulariam de outra forma pela falta de espaço na mídia tradicional. Agora, da mesma forma, existe, pelo excesso de velocidade, o apagamento

constante, o esquecimento da informação, pois os conteúdos culturais ainda dependem de um fator ontológico da cultura para uma assimilação culta da informação: o tempo.

Já Paula Alzugaray avalia que o Brasil ainda não aproveitou todo o potencial da internet para as artes visuais.

Aqui vimos surgir sites relevantes como Trópico, que tinha a coluna "Em Obras", de Lisette Lagnado, ou o Dois Pontos, editado pela jovem crítica pernambucana Ana Maria Maia, que infelizmente não existem mais. Sobrevive a duras penas o Canal Contemporâneo, um híbrido de plataforma e rede social que aproxima várias pontas do nosso sistema.

Sergio Niculitcheff acredita que a grande mudança com a internet tenha sido a busca maior de informação rápida e gratuita, principalmente pelo público jovem, mais interativo com essas plataformas. Por sua vez, Antonio Gonçalves Filho aprecia a circulação mais rápida das artes visuais pela internet e seu caráter democrático, o que viabiliza maior descoberta de artistas: "Existe um mal necessário, a necessidade de filtrar as informações, os sites confiáveis, pesando na balança. Mas a internet é mais positiva do que negativa, desde que se faça uma seleção criteriosa daquilo em que confiar, pois acompanhar e ler tudo é impossível".

Lopreto concorda, mas aponta a falta de aprofundamento dos textos publicados na rede: "É uma plataforma que incentiva a dispersão, o consumismo, o imediatismo. Abrir o Google não é ter referência, é tudo solto, caótico".

Como vimos, a proximidade entre jornalistas culturais de artes visuais e curadores é uma realidade. Além disso, existe também certa proximidade desses jornalistas com os próprios artistas, embora ela tenha sido muito maior. Saulo di Tarso cita exemplos como James Lord e Giacometti, Jean Cocteau e Picasso, Nelson Rodrigues e Portinari, Mario Pedrosa e Calder, Blaise Cendrars e Tarsila do Amaral etc. Mario Ramiro diz ainda que tal prática foi mantida nos anos 1980 e 1990 por ele e seus colegas.

> Era comum o encontro com os jornalistas e editores nas redações, não só para entregar o material de divulgação do trabalho ou evento como para uma breve conversa sobre seu conteúdo. Daí a importância dessa proximidade, pois o jornalista precisa também sentir um grau mínimo de envolvimento com o conteúdo.

Para Niculitcheff, antigamente as relações eram mais profundas porque havia menos jornalistas, o que possibilitava maior interação. "Não acho que atualmente haja uma proximidade mais acentuada. Em muitas exposições de que participei os repórteres se pautavam em uma conversa muito rápida, seguindo um roteiro das informações fornecidas pelo release."

Parece ser unânime – tanto entre jornalistas quanto artistas – que essa proximidade é mais positiva do que negativa. Segundo Lopreto,

> Artista que não cria essa ponte não se atualiza e não forma novos públicos. Os artistas mais velhos não cuidam dos mais novos. Os anos 1950 foram bons e geraram os incríveis anos 1960. Hoje os artistas nem sempre estão disponíveis, embora estejam na mídia. Os artistas não dão aula, não formam novos públicos.

Antonio Gonçalves Filho acrescenta: "É supersaudável essa relação. Sou amigo de artistas e isso não interfere no que eu cubro, a relação só ajuda. É tão saudável hoje como foi nos séculos anteriores e ajuda críticos a virarem também curadores".

Para formar novos públicos, é preciso também que novos profissionais de comunicação estejam interessados em investir na formação na área e cobri-la, seja nas mídias tradicionais, seja na internet. Saulo di Tarso considera um dos principais desafios de quem vai cobrir artes visuais no século 21 não a capacidade de conseguir informações, mas de ir às ruas e cruzar dados antes de gerar as notícias. Para ele, o jornalista não pode apenas laurear o evento, devendo também investigar a situação.

> Hoje, talvez o maior obstáculo seja a atividade da imprensa deixar de ser uma anunciante luxuosa dos eventos de artes visuais e evolver o jornalismo de verdade para as pautas de artes visuais. Deixar de ser submissa ao que outrora nos impôs o modelo da Bienal de São Paulo e ao que agora forças ocultas do mercado internacional de arte fizeram para tirar a força da Bienal enquanto instituição por interesses que estão no ar nem são esclarecidos. Estamos falando da crise da maior instituição de artes visuais do continente americano.

Di Tarso também sugere que o jornalista de hoje seja menos regionalista e leve a arte local não só para o país inteiro como a projete em âmbito internacional, indo aonde for preciso para achar novos artistas que pensam a arte e o sistema de arte. "Pensar a pauta ibero-americana", diz.

Paula Alzugaray considera um problema a insegurança que os novos jornalistas enfrentam – trabalham sem saber se conseguirão permanecer nos jornais e revistas devido à atual crise econômica. Como a imprensa cultural tem sustentação financeira delicada, isso também gera desconforto em quem pensa em investir na área. Sergio Niculitcheff aponta o desafio de investir na formação cultural do novo jornalista e também em sua paga, "pois quando alguns deles adquirem um conhecimento mais profundo sobre o assunto acabam saindo para se dedicar a atividades mais interessantes em termos de remuneração". Lopreto, que é professor de artes, diz: "A formação anda muito ruim e vai comprometer a imprensa nos próximos anos. Alunos de oitavo semestre chegam ao final do curso com um grande buraco na formação. As escolas estão defasadas e com pouco conhecimento sobre a estrutura do mercado de artes visuais". O jornalista e crítico Antonio Gonçalves Filho dá dicas preciosas aos jovens jornalistas: frequentar museus e exposições, participar da vida dos artistas, conhecer *marchands*, tudo para ser notado e começar a se inserir na área.

Os desafios para a cobertura de artes visuais no século 21, portanto, não são poucos nem pequenos. Mas Saulo di Tarso é otimista quanto aos próximos anos na área, vislumbrando o surgimento de novas criações graças ao poder imagético das artes gráficas e da computação.

> Imagine tudo isso como meio de expressão da percepção imediata da coletividade e não somente como meio de veiculação da obra que o artista produz [...] Agora é do visual contemplativo para o visual dialógico, uma tendência de mídia participativa e sinérgica. O que a internet está fazendo é tornar a mídia mais cubista do que renascentista. E isso dilui a estrutura clássica de poder. As pessoas têm conquistado o direito à autoimagem com o uso das câmeras digitais e textos curtos. Hoje, qualquer um se autorretrata e retrata as pessoas; esse é um acréscimo das artes visuais no cotidiano, vai mudar a maneira de ver a imagem – e com isso a mídia vai ter que mudar o jeito de falar da imagem.

E Antonio Gonçalves Filho acrescenta ainda uma tendência que julga positiva do jornalismo cultural em artes visuais: a de se tornar cada vez mais didático, pedagógico com as novas mídias, possibilitando maior interação – ver e ler a obra na internet: "O potencial da internet para as artes visuais é imenso, mas elas ainda nem começaram a usá-lo".

De fato, enquanto os museus do mundo inteiro começam a catalogar seu acervo para disponibilizá-lo em alta resolução, existe ainda o potencial das redes sociais e dos blogues e um universo de informações de facílimo acesso sobre qualquer artista ou arte. Mas talvez a tecnologia não seja capaz de substituir o mediador da arte e do público, aquele capaz de decifrar, interpretar, criticar, selecionar e aproximar os artistas e suas obras de seres humanos de diferentes culturas. Se os meios tradicionais de imprensa estão em crise, a função do jornalista cultural de artes visuais nunca foi tão importante.

5. Teatro

De todas as manifestações artísticas aqui abordadas, o teatro talvez seja aquela que mais necessita de um jornalismo cultural eficiente, plural e constante. Não porque seja uma arte que precise de amadurecimento e desenvolvimento com o auxílio dialógico e reflexivo da crítica, mas porque o teatro é exibido ao vivo e, assim, mais difícil de ser registrado, eternizado e divulgado. Ainda que as tecnologias atuais permitam gravar uma peça de teatro e depois vendê-la em DVD, não se pode chamar de teatro o que está naquela caixinha plástica, assim como não se pode dizer que um garoto que assiste a um filme no celular no metrô tenha ido ao cinema. Ele apenas viu um filme.

Dessa forma, a natureza do teatro é um grande desafio para ele próprio. Ainda que seja uma das artes mais antigas da humanidade, muito dela foi esquecido – e nunca mais será lembrado nem recuperado – em vários rincões do mundo ao longo dos últimos milênios simplesmente porque a peça saiu de cartaz e ninguém a documentou. Se a história registrada do teatro é profícua, talvez não seja uma fração da sua existência, pois as artes cênicas surgiram há 2.500 anos e a imprensa existe há pouco mais de cinco séculos. Em outras palavras, é muito provável que manifestações teatrais das mais ricas e diversas – não só na Grécia antiga – deixaram de ser registradas e, portanto, nunca serão conhecidas.

O jornalismo cultural, portanto, é uma ferramenta imprescindível para a arte teatral, não só para fins de registro como para reflexão, crítica e diálogo com o seu tempo, seu entorno etc. A crise da imprensa tradicional impressa coloca em xeque essa capacidade de registro em nível nacional. Ao mesmo tempo, porém, a internet aparece como ferramenta excelente para promover o registro e a reflexão crítica não só das grandes peças das principais cidades do país, mas das manifestações teatrais regionais, que podem ser captadas em palavras por blogueiros locais, independentemente de a cidade ter jornais ou revistas.

Os desafios para o jornalismo cultural teatral, no entanto, não são pequenos. Além da preocupação de eternizar as boas contribuições artísticas, surgem outros obstáculos já notados nos capítulos anteriores. O primeiro deles é a formação dos próprios jornalistas, especialmente numa área que, como a literatura, tem uma história milenar. O segundo é o próprio caráter mercantilista que tomou conta das grandes empresas midiáticas, o que afunilou a cobertura ostensiva para peças com atores televisivos conhecidos ou, pior, musicais enlatados que chegam da Broadway, cujo público é imenso não só pelo poderio de marketing das companhias, mas também porque recebem generosos espaços de reportagens, críticas, entrevistas etc.

Essas e outras questões serão abordadas neste capítulo, com o auxílio precioso de críticos, repórteres e renomados dramaturgos. O objetivo é compreender o jornalismo cultural teatral no século 21 e os caminhos para seu desenvolvimento.[4]

Historicamente, no Brasil, o teatro faz parte da cobertura da imprensa há quase dois séculos. Gomes (2009) aponta *O Espelho Diamantino – Periodico de Politica, Litteratura, Bellas Artes, Theatro e Modas Dedicado às Senhoras Brasileiras* como a primeira revista feminina do país. Circulando entre 1827 e 1828, foi um dos primeiros periódicos na imprensa. O pesquisador cita também *O Amigo do Homem e da Pátria*, publicado em Porto Alegre (RS), em 1829, com a análise de uma peça em homenagem ao aniversário de d. Pedro I. No mesmo estado, havia ainda *O Noticiador*, em 1832, com apresentações teatrais da região. O jornalista Justiniano José da Rocha publicou críticas teatrais com regularidade entre 1836 e 1846 nos jornais cariocas *O Brasil* e *O Cronista*. Nessa época, ainda não havia uma sistematização em gêneros e cadernos do jornalismo; assim, os textos eram publicados tanto num espaço diminuto interno quanto na capa do veículo. Eram comuns também, entre outros, notas sobre os artistas e a atividade do meio. O celebrado ator João Caetano, por exemplo, foi alvo de diversos perfis em revistas como *O Brasil Ilustrado* (1856) e *Diario do Rio Grande* (1854). Outros veículos que cobriam teatro na época eram o panfletário jornal *O Coruja Teatral* (Rio de Janeiro, 1840), a *Revista Teatral* (Pernambuco, 1850) e a *Revista Dramatica* (Rio de Janeiro, 1860).

Garcia (2007) divide a produção de textos jornalísticos teatrais – quase todos críticas – no Brasil em quatro grandes períodos. O primeiro vai de meados do século 19 ao início do século 20. O segundo corresponde ao Modernismo, de 1900 a 1939. O terceiro compreende o período de 1940 a 1968 e o quarto vai dos anos 1970 até o final do século 20, quando então começa a contemporaneidade. Para a pesquisadora, o primeiro período é marcado por críticos que são poetas e romancistas. O teatro ganha mais espaço nos jornais, especialmente a partir de 1854,

---

4. Para compor este capítulo, realizei entrevistas, em 2012 e 2013, com as seguintes pessoas: Ana Salles, Barbara Heliodora, Beth Néspoli, Celso Curi, Dib Carneiro e Sérgio Roveri.

quando José de Alencar começa a escrever no jornal carioca *Correio Mercantil*. No entanto, não havia uma análise apurada da encenação, da atuação, do texto dramático etc. As críticas eram superficiais, indicavam menos caminhos, passavam apenas algumas impressões da peça. Isso era também reflexo da ausência de um número significativo de diretores teatrais e quase tudo ficava centrado na figura do ator. José de Alencar, por exemplo, direcionava quase todo o seu texto ao ator João Caetano. Além disso, havia poucos espaços teatrais adequados – e, nesse quesito, Alencar apelava para a intervenção do governo da época, culpando-o pela situação degradante dos teatros. Também recorria à imprensa, para que incentivasse peças em português, e não mais textos vindos do francês e italiano. No entanto, o teatro não era bem-visto pela Corte. Garcia (2007) lembra que qualquer peça precisava de autorização do Conservatório Dramático e um visto da polícia. Muitas eram proibidas, como foi o caso de *Asas de um anjo*, de José de Alencar, que estreou em 20 de junho de 1858 no Rio de Janeiro e foi proibida três dias depois, mesmo com a fama reconhecida do romancista.

Outro escritor-crítico teatral dessa primeira fase foi Machado de Assis (1938), que produziu textos bem militantes e definiu o que significava escrever para teatro:

> Escrever crítica e crítica de teatro não é só uma tarefa difícil, é também uma empresa arriscada. A razão é simples. No dia em que a pena, fiel ao preceito de censura, toca um ponto negro e olvida por momentos a estrofe laudatória, as inimizades levantam-se de envolva com as calúnias. Então, a crítica aplaudida ontem é hoje ludibriada, o crítico vendeu-se, ou por outra, não passa de um ignorante a quem por compaixão se deram algumas migalhas de aplauso. Esta perspectiva poderia fazer-me recuar ao tomar a pena do folhetim dramático, se eu não colocasse acima dessas misérias humanas a minha consciência e o meu dever.

Em seus textos sobre teatro, Machado enfocava apenas o texto dramático, deixando de lado a encenação, a música, a atuação etc.

O também escritor Álvares de Azevedo teve ativa participação no jornalismo cultural teatral do século 19. Atuou por pouco tempo – até porque morreu com apenas 21 anos –, mas suas críticas eram ácidas, agressivas e muito honestas com o pensamento do próprio escritor. Na mesma época, Artur Azevedo começa a comandar, em 1877, a *Revista do Rio de Janeiro* e funda, dois anos depois, a *Revista dos Teatros*, para a qual cobre a chegada ao Rio de Eleonora Duse e Sarah Bernhardt, esta última considerada a maior visita teatral do século. Garcia (2007) lembra que, nessa fase, o teatro ainda estava nos rodapés dos jornais, mas havia peças – como *O jesuíta*, de José de Alencar – que levantavam polêmicas enormes e diálogos textuais agressivos entre escritores, como ocorreu entre Alencar e Joaquim Nabuco. Ainda que retratassem brigas de ego, os textos fotografaram um momento histórico, um material fabuloso para a história do jornalismo cultural brasileiro.

A segunda fase da crítica teatral no Brasil foi marcada especialmente pelo Modernismo, nos anos 1920, e teve como expoentes, na primeira década, Machado de Assis e Álvares de Azevedo e, depois, Martins Pena e Artur Azevedo.

A terceira fase foi um dos pontos altos do jornalismo cultural teatral no Brasil: os anos 1940, conhecidos como época do moderno teatro nacional. Foi quando surgiu uma nova geração de críticos, todos ligados aos movimentos teatrais – autores, produtores, encenadores e cenógrafos –, além de pesquisadores e professores universitários. Destacam-se nomes como Alcântara Machado, Brício de Abreu, Oswald de Andrade, Alberto d'Avessa, Sábato Magaldi, Anatol Rosenfeld, Yan Michalski e, mais à frente, Barbara Heliodora. A crítica era militante, comprometida com o desenvolvimento do teatro, e atuou até os anos 1960 – quando outro perfil de jornalismo cultural teatral surge para falar de um teatro polêmico e contestador. Barbara Heliodora, por exemplo, diz em textos de seu site que era muito comum, nos anos 1960 e 1970, críticas feitas com avaliações calcadas em posições ideológicas de quem escrevia. Para ela, porém, era fundamental o crítico tentar se identificar com o que propôs o criador, "muito embora as convicções pessoais de cada crítico acabem sempre por colorir suas opiniões: isso é um fenômeno cultural inevitável".

Na década de 1970, começa a fase que Garcia (2007) considera valer até hoje, marcada por altos e baixos do teatro nos jornais, mas com críticos importantes, como Mariângela Alves de Lima e Alberto Guzik. Para a autora, nos anos 1980 a crítica teatral tornou-se mais ágil, acompanhando o ritmo acelerado das montagens. Em relação aos anos 1990, ela destaca a atuação do crítico Nelson de Sá, na *Folha de S.Paulo*. Os esquemas típicos da indústria cultural – que já haviam remodelado o cinema, a literatura e a música, por exemplo – agora davam nova cara ao teatro. Apesar da resistência, a agenda e o pensamento mercantilista começam a tomar conta das grandes produções teatrais e o público passa a ter peso cada vez maior de "juiz" do fracasso ou do êxito de uma peça. A pesquisadora lembra ainda que, historicamente, a crítica teatral sempre foi bastante ligada à literária. O maior exemplo disso foi Décio de Almeida Prado, que era jornalista, escritor e crítico literário e teatral. Ele começou a escrever sobre teatro na revista *Clima*, fundada em 1941 com Antonio Candido, Paulo Emílio Sales Gomes e Gilda de Mello e Souza, entre outros amigos da Universidade de São Paulo. Depois, foi ator e diretor amador, professor de teatro e editor do *Suplemento Literário* de *O Estado de S. Paulo*.

Quem cobre teatro precisa ter consciência de algumas peculiaridades dessa arte. Garcia (2007) lembra que o olhar crítico precisa estar conectado à fugacidade típica do espetáculo teatral, que é um acontecimento único, não repetível, sabendo que a apresentação do dia seguinte nunca será como a de hoje. Ao descrever as cenas, o diálogo, o texto, está-se tentando congelar o tempo, traduzir o espetáculo em palavras, estas, sim, eternas.

> Se a crônica não precisa do fotógrafo, como as notícias diárias, a crítica também não, porque o crítico empresta seus olhos ao leitor e tenta transformar as palavras em imagens, em instantâneos de uma fotografia. É desse tempo fugaz, dessas poucas horas que duram o acontecimento teatral que o crítico procura extrair sentido, para revelar ao leitor aquilo que sempre esteve diante de seus olhos. Ele reitera, compara, chama a atenção, faz o leitor refletir sobre aquilo que viu.

A pesquisadora ressalta ainda que, ao contrário da literatura, na qual o livro serve de suporte para que o leitor possa "comprovar" o que o crítico disse, o teatro é fugaz. Por isso, ela cita uma declaração de Décio de Almeida Prado (1987) sobre a importância e função do crítico teatral:

> O crítico, como qualquer profissional, vale por sua competência no assunto, por sua informação estética e histórica, por sua perspicácia e discernimento. A maior dificuldade que enfrenta sempre me pareceu ser esta: extrair da massa informe de impressões que vão acumulando em seu espírito durante o espetáculo, em camadas sucessivas e às vezes contraditórias, um relato coerente e dotado de um relativo enredo, no sentido aristotélico de conter princípio, meio e fim. Primeiro, saber o que realmente sentiu e pensou, num penoso esforço de escavação interior. Depois, passar as ideias para o papel em forma ordenada. Eu, pelo menos, nunca soube o que achava de um espetáculo antes de sua respectiva crítica, que significava para mim o balanço final, com saldo positivo ou negativo.

Para Prado, quem escreve sobre teatro também deve ser capaz de pensar rápido e decantar depressa as impressões da peça, para escrever logo em seguida. É o profissional capaz de separar o joio do trigo, "numa operação quase instantânea, sob pressão de modismos passageiros, de ondas de entusiasmo ou de descrédito, tanto suas, estritamente pessoais, quanto da comunidade teatral a que pertence". O texto teatral, portanto, para Prado, é o único testemunho permanente – embora não completo nem definitivo – do desempenho de atores, da montagem e de todo o restante que comove e decepciona e aos poucos vai deixando a memória.

Mas há quem considere o jornalista cultural teatral um ser menos subjetivo e até mesmo mais científico. Garcia (2007) lembra a definição dada pelo pesquisador russo Vidas Siliunas, que diz que a crítica teatral fica entre a arte e a ciência, na disciplina chamada "teatrologia". Para ele, a crítica teatral é um processo constante de diálogo entre sujeito e objeto em que ambos se constroem mutuamente. Seu objeto de investigação é o texto teatral e não o texto dramático, pois este é apenas parte do teatro, também composto de figurino, cenário, música etc. É um analista das interações entre esses elementos, uma construção que é, ao mesmo tempo, desmontagem e reconstrução de discursos. Se a crítica não fizer isso, na visão de Siliunas, ela não passará de algo vazio, apressado, um monólogo, que abafa a voz do outro (o teatro), então escondido e impedido de se mostrar pelo texto crítico.

O texto crítico teatral, portanto, não confirma nada, nem mesmo apenas expõe. Sua missão é interpretar, mas também interrogar, desconfiar, provocar crenças e concepções. Assim como todo texto crítico, coloca a obra em crise, mas é no teatro que ela atinge seu caráter mais dialógico. Afinal, estão em jogo não apenas o autor, mas diversos autores criativos – o dramaturgo, o figurinista, os atores, os cenógrafos etc. Clóvis Garcia, ex-crítico de teatro da revista *O Cruzeiro* e professor de História do Teatro na USP (*apud* Garcia, 2007), fala em "crítica *review*" – feita imediatamente após o espetáculo, quando os jornalistas saem do teatro e vão para a redação escrever – e a "crítica ensaística" – mais aprofundada, cujo maior exemplo seria o jornal espanhol *El País*, frequente publicador desse tipo de crítica em sua edição dominical. Nesse caso, o crítico muitas vezes revê o espetáculo, consulta livros etc. Era o que Décio de Almeida Prado fazia para *O Estado de S. Paulo* nos anos 1950. Clóvis Garcia considera, ainda, que a crítica teatral tem cinco funções: informar, dar um retorno aos criadores, teorizar sobre o teatro, tornar-se fonte histórica e, mais comum no Brasil, a "participação do crítico em órgãos de distribuição de verba, em planejamento, como a Comissão Estadual de Teatro, que foi criada pelos críticos". Clóvis cita ainda como desafios do crítico ser objetivo e não se tornar prolixo diante de uma peça que o encantou; respeitar o trabalho alheio, mesmo que ruim, pois aquilo levou meses de preparação e envolveu muita gente; e tomar cuidado com as relações pessoais com dramaturgos e atores, para isso não afetar sua crítica.

> Eu lembro bem de uma vez em que o Paulo Autran brigou comigo na porta do teatro porque eu havia criticado a peça dele e nós éramos muito amigos. Isso não quer dizer que você não deva ter contato com os artistas. Deve, sim, sobretudo, para conhecer a sua situação e estar presente nos movimentos reivindicatórios. A segunda questão é que o crítico tem de ser considerado um profissional como é o ator, o diretor, o cenógrafo, tem de ter respeito mútuo pelo trabalho de cada um. O que os une é o desejo que o teatro vá para a frente, seja bom, seja bem-feito.

Embora em menor número que o de lançamentos literários e cinematográficos, o teatro também sofre com o excesso de peças que estreiam todo fim de semana nas metrópoles – um paradoxo da concentração geográfica, uma vez que a esmagadora maioria das cidades brasileiras passa até anos sem ter uma peça de teatro oficialmente em cartaz. Evaldo Mocarzel (2001), ex-editor do *Caderno 2*, diz que hoje a agenda cultural é tão grande que o elenco de opções já preenche suas páginas diárias. Ele se lembra da São Paulo dos anos 1950, quando estreavam apenas 30 espetáculos por ano – hoje, o número ultrapassa as 400 peças anuais. Como cobrir tudo isso? Mocarzel diz que "os cadernos culturais têm a obrigação de ajudar o leitor a separar o joio do trigo no meio de toda essa overdose de livros mais vendidos, vídeos mais retirados, recordes de bilheteria de filmes etc.".

Outro problema da cobertura teatral é o receio que muitos críticos e repórteres têm de criticar os consagrados. É a opinião de Décio Pignatari (*apud* Calil, s/d): "No teatro, por exemplo, a crítica é breve demais ou badalativa. Há o elogio ou o ataque, mas não há crítica. Ninguém tem coragem de criticar os consagrados, como Fernanda Montenegro ou Zé Celso Martinez Corrêa", diz ele, que aponta como consequência da subordinação do jornalismo cultural ao consagrado o desaparecimento gradual das polêmicas, de discussões aprofundadas e da dialética de ideias.

Como se transformar em crítico teatral num país onde há pouquíssima formação para a área? Barbara Heliodora, no texto "O trabalho do crítico" (s/d), fornece pistas.

> Não vejo condições de ninguém dizer que em um rápido curso de dois ou três meses tudo esteja resolvido. Mas em primeiro lugar eu diria que (e é claro que falo em termos de teatro, porque esse é meu campo) o mais fundamental mesmo é gostar muito, eu antes diria adorar teatro, porque se anualmente eu vejo uma média de 90 a 100 espetáculos, um percentual altíssimo disso é de má ou péssima qualidade, e só um amor implacável ao teatro é que mantém o crítico ainda disposto a continuar a considerar o teatro uma arte e a frequentar, melhor dizendo, aturar, um número assustador de coisas indevidamente chamadas de espetáculos. É claro que é preciso estudar teatro e seus aspectos teóricos, e frequentar muito teatro (mesmo o que é horrível) para poder adquirir a intimidade com os processos cênicos que propiciam a criação dos parâmetros que necessariamente nos guiam quando assistimos a um espetáculo. Ao contrário do que imagina aquele retrato deformado do crítico que muitos fazem, o maior desejo do crítico é que todo espetáculo seja bom, tanto porque falar do bom é muito melhor do que falar do ruim quanto porque, para quem realmente ama o teatro, há poucos prazeres maiores do que curtir um grande espetáculo, uma grande atuação.

Esse pensamento remete à questão do peso que a cobertura teatral deve dar a jovens dramaturgos estreantes e a consagrados. Deveria haver dois pesos e duas medidas? Barbara Heliodora acredita que não, enquanto Paschoal Carlos Magno considerava que sim, o que resultou em grandes discussões entre ambos no século passado. Para ela, se a imprensa percebe erros e enganos numa peça e diz que é bom, está prejudicando os jovens realizadores, estimulando-os à falta de autocrítica, o que resulta na continuação do erro e prejudica o estabelecimento de uma carreira sólida.

> Não cabe ao crítico ser "bom" nem "mau", quero dizer, elogiar ou condenar à toa, sem justificativa, por compreensão ou pena; do mesmo modo, não é possível elogiar o espetáculo ruim apenas porque está dando emprego a um número xis de atores: ele pode efetivamente afastar do teatro uma quantidade de público suficiente para fazer com que um número ainda maior de atores fique desempregado pela impossibilidade de novas montagens.

Portanto, para Barbara Heliodora, a crítica teatral deve ser ponte entre o público e entre o novo e o não novo – formando espectadores mais preparados, conscientes e, assim, mais exigentes, conhecedores das regras do jogo.

> Deixando um momento o teatro de lado, pensem um pouco em termos de público de futebol; por um lado, é claro, saber as regras faz o bom jogo ter muito público e a pelada não. Será que para o teatro não seria também bom garantir o sucesso do bom jogo e o fracasso da pelada? A perspectiva de um bom público para um espetáculo de categoria é significativa até mesmo por proporcionar ao ator a oportunidade de um trabalho prazeroso em uma montagem de qualidade.

Muitos devem ter se perguntado se é conveniente ler uma crítica teatral antes de ver a peça, o que poderia "estragar a surpresa" do espetáculo. Barbara Heliodora faz uma reflexão interessante sobre o assunto:

> Se a reflexão e a leitura crítica fizeram o antigo entusiasta descobrir que houve qualquer engano inicial, e que a obra não era realmente boa, tanto melhor – ele se salva de montar um desastre; mas não há análise nem leitura crítica que não tornem ainda maior a admiração que sentimos por uma obra realmente boa: a apreciação aumenta com o conhecimento, que permite melhor fruição dos méritos dessa obra.

A crítica aponta ainda a importância do teatro diante de outras artes cênicas. Segundo ela, ao longo de toda a sua carreira ouviu que "o teatro está em crise". Mas ele continuou sobrevivendo e sua importância é fundamental. Afinal, ao contrário do cinema e da televisão, que pagam um preço alto por sua reprodutibilidade e, portanto, correm mais riscos e tendem a inovar menos, o teatro é mais viável financeiramente e, assim, mais aberto a experimentações estéticas, de linguagem e até técnicas. Barbara lembra o lema antigo dos estúdios MGM: "Se já fez sucesso uma vez, por que não há de fazer de novo?" Nesse ponto, o teatro é relevante no quesito experimental: tentar novas fórmulas, linguagens, apostar no novo. E a imprensa é importante para fazer a ponte entre espectador e criadores.

A cobertura teatral pela imprensa no século 21 está diante de alguns paradoxos. Beth Néspoli, crítica de teatro de O *Estado de S. Paulo*, diz que, ao mesmo tempo que se ampliou o número de plataformas – com redes sociais, blogues e sites –, também houve um estreitamento de foco de cobertura.

> No jornal, muitas vezes fui fazer entrevistas e cobrir eventos para os quais o meu gosto pessoal jamais me levaria. Algumas vezes fui surpreendida positivamente, outras só reforçaram o meu ponto de vista. Mas, se estivesse escrevendo para um blogue criado por mim, talvez não fosse fazer a cobertura de muitos desses eventos. Sempre se pode dizer que há uma variedade de blogues, mas aí volto à primeira observação, a limitação dos leitores; os blogues atraem quem já está interessado naquele ponto de vista. Já o leitor do jornal pode estar interessado em esportes, mas acabar atraído por um título ou uma foto e ler a matéria de teatro que ele jamais procuraria num blogue.

O premiado dramaturgo e crítico teatral Sérgio Roveri aponta uma cobertura tímida do teatro no século 21, restrita a estreias de peças e pecando pela falta de discussões sobre cidadania, rumos da arte e influências na sociedade contemporânea, ignorando assim as múltiplas potencialidades de um espetáculo. Barbara Heliodora também tem uma visão semelhante; para ela, a timidez da cobertura se dá porque o teatro movimenta muito menos dinheiro do que o cinema e a televisão, além de ter um público mais pulverizado e restrito. Por sua vez, Dib Carneiro Neto, outro premiado dramaturgo, crítico teatral e ex-editor do *Caderno 2*, diz que a TV só fala de teatro quando há atores famosos nas peças ou quando uma atração internacional vem ao Brasil. Segundo ele, a mídia eletrônica também costuma tratar o teatro como reduto de celebridades e não como fonte de criação artística. "Interessa mais a galeria de fotos dos famosos que foram às estreias do que reportagens aprofundadas e críticas sobre os espetáculos, salvo iniciativas pessoais de blogues e sites mantidos por jornalistas aficionados do teatro." Para Dib, a mídia impressa tem encarado o teatro com pouca criatividade e sem investigações, ficando refém das estreias – com o que concorda Roveri.

Com a avalanche de aplicativos, novas mídias, redes sociais, games e a ampliação do cinema em outras plataformas, é natural que o espaço dedicado ao teatro hoje tenha diminuído com relação ao século passado. Roveri não acredita que houve mudança significativa em como a imprensa vê o teatro, mas pensa que a era dos grandes críticos – como Sábato Magaldi, Décio de Almeida Prado, Yan Michalski e Alberto Guzik – acabou.

> Por uma questão de falta de espaço nas publicações ou até por uma deficiência na formação intelectual e acadêmica de alguns críticos atuais, o que se vê hoje é uma prática cruel de presentear os espetáculos com estrelinhas de mais e discussão de menos. Por outro lado, sinto que a crítica nos veículos impressos tem cada vez menos importância. As redes sociais, atualmente, parecem ser muito mais decisivas no sucesso e consagração de um espetáculo ou no seu eventual fracasso.

Dib também levanta a questão de blogues e sites, que para ele constituem veículos para quem gosta de teatro continuar escrevendo com profundidade. No entanto, acha que o século 21 está sendo duro porque a mídia vem encarando cada vez mais as artes cênicas com o olhar objetivo e raso de roteiros de programação. Quando se fala de teatro para crianças – uma de suas especialidades –, o quadro fica ainda pior. Por outro lado, Ana Salles Mariano, ex-superintendente do Teatro da Universidade Católica (Tuca), em São Paulo, avalia que, com o surgimento de novas companhias e peças, o espaço da mídia também aumentou consideravelmente neste século. Ou seja, dependendo de que lado se está do "balcão", a percepção sobre a cobertura da imprensa teatral muda consideravelmente.

A formação dos profissionais que cobrem teatro no Brasil é outro tema bastante delicado neste século. Segundo Beth Néspoli, esse é um dos pontos nevrálgicos da cobertura teatral, pois cada novo espetáculo exige pesquisa e investigação sobre os temas tratados, mas o jornalista nunca tem formação suficiente. De acordo com ela, é preciso ter curiosidade e a certeza de que nunca se sabe o bastante para levar um bom material ao leitor. Por sua experiência em redações, Roveri concorda que a formação nem sempre é suficiente; pior que isso, algumas pessoas cobrem teatro simplesmente porque gostam do assunto ou simplesmente porque ninguém mais faz isso na editoria.

> Gostar apenas não credencia ninguém a escrever com propriedade sobre teatro ou qualquer outro assunto. O teatro apresenta revoluções tão constantes em quesitos como encenação, dramaturgia e iluminação que qualquer pessoa que deseje escrever sobre a área deve manter-se atualizada por meio de leituras, palestras, workshops e constante participação em festivais. Mas esse seria o melhor dos mundos, pois qualquer pessoa que conheça os bastidores do jornalismo cultural, cada vez mais dilapidado, sabe que seria impossível exigir de críticos e repórteres tamanha atualização. Faz-se o que é possível, e nem sempre o que seria mais indicado.

Barbara Heliodora, por sua vez, conhece críticos com boa formação e também "improvisadores", para quem falta ver mais teatro para aumentar seu acervo de referências.

Nunca uma palavra fez tanto mal ao teatro quanto o aparecimento do termo "teatrão", que passou a englobar não só o mau teatro comercial como todo e qualquer autor, até os mais notáveis clássicos, que tenha uma estrutura de dramaturgia mais organizada.

Dib Carneiro Neto verifica uma formação mais precária não só em teatro, mas, como editor, em todas as áreas culturais.

Junte-se a isso uma visão totalmente equivocada dos dirigentes da mídia impressa, que acham que, para concorrer com a velocidade da internet, os jornais precisam trazer textos mais curtos, mais pragmáticos e menos analíticos – fazendo que os profissionais das redações nem precisem se preocupar tanto em entender sobre o que escrevem. Dando o serviço, fica tudo resolvido e pronto.

Além de concorrer pelo espaço com outras artes mais populares entre os leitores, como cinema e música, o teatro brasileiro também sofre de uma competição interna. Espetáculos nacionais de baixo e médio circuito e orçamento precisam disputar espaço na mídia com grandes apresentações vindas da Broadway e peças escritas ou estreladas por artistas da TV Globo, como as de Miguel Falabella e Walcyr Carrasco. Beth Néspoli explica que o teatro é uma arte territorial por natureza, que só costuma "viajar" bem quando em festivais. Cita como exemplo as montagens do diretor inglês Peter Brook, que vieram ao Brasil; a trupe francesa dirigida por Ariane Mnouchkine; o Théâtre du Soleil; o Centro de Pesquisa de Pontedera, de Grotowski; e as montagens de Bob Wilson. Mas, para o público leigo, o que são chamadas de estrangeiras são as franquias da Broadway, que, segundo a crítica, são reproduções nacionais de criações norte-americanas, frutos da indústria do entretenimento e mercado.

E não é um fenômeno só brasileiro. Até mesmo na Alemanha, país em que o cenário teatral é potente, esses musicais têm inserção e espaço na mídia. A grande diferença é que na Alemanha, na França e na Rússia essas peças da Broadway jamais recebem dinheiro público, são tratadas como mercadorias, produtos a ser consumidos e, portanto, sujeitos às leis de mercado. No Brasil, o musical *O rei leão* recebeu verba pública superior ao montante semestral destinado ao Programa Municipal de Fomento ao Teatro. Não acho que a mídia possa ignorar a presença desses musicais. A questão está na qualidade da cobertura, que pode ser uma ótima oportunidade para levantar o problema dos programas públicos de apoio às artes no Brasil.

Roveri, por sua vez, considera que a extensa cobertura dos musicais da Broadway é fruto de uma aposta certeira da mídia, que sabe que existe um público enorme à espera de tais informações, sendo "natural" que a imprensa fale com esses leitores. Mas acha natural também que a imprensa priorize o teatro nacional, que, ao contrário do cinema, dominado por Hollywood, ainda é majoritariamente dominado por peças brasileiras. Barbara Heliodora, por sua vez, posiciona historicamente o teatro brasileiro no século 21 ao dizer que a imprensa o vem privilegiando apenas nas últimas décadas. Segundo ela, a partir de Nelson Rodrigues, aos poucos foram surgindo talentos isolados, tendo só nos últimos anos aparecido autores com maior regularidade. "Estamos na situação em que se encontravam os americanos na década de 1930, quando começaram a se distinguir da vasta tradição de dramaturgia inglesa." Dib discorda: para ele, a imprensa nacional ainda privilegia tudo que vem de fora, por "provincianismo, colonialismo ou qualquer 'ismo', toda e qualquer produção teatral que vem de fora tem mais destaque na mídia do que a melhor das produções nacionais". Celso Curi – curador de algumas edições do Festival de Teatro de Curitiba – também faz distinções quanto ao peso do teatro na imprensa. Segundo ele, a montagem nacional que tem profissionais consagrados recebe espaço, enquanto os iniciantes sofrem para ser divulgados. Já os espetáculos internacionais e comerciais que chegam ao país têm espaço garantido. Ana Salles concorda: para ela, não só os espetáculos da Broadway têm mais espaço na mídia como nos eventos culturais, no gosto do público em geral, na vida cotidiana etc.

Outro ponto fundamental refere-se aos textos que falam de teatro na imprensa. Beth Néspoli considera um bom texto teatral aquele que não só é claro como imprime o empenho do jornalista na apuração e na criatividade. Porém, depara com muita matéria preguiçosa e burocrática. Roveri, por sua vez, incomoda-se com o hermetismo de alguns textos.

> É como se os jornalistas e críticos escrevessem para seus pares, no máximo para a classe teatral, e não para o grande público. O teatro sempre foi, embora pareça ter perdido um pouco dessa característica hoje em dia, uma arte popular. Às vezes sinto que algumas matérias querem colocar o teatro numa espécie de pedestal intelectual e acadêmico.

Já Dib aponta o preconceito como o principal defeito dos textos teatrais, ou seja, a ideia de compartimentar as produções em rótulos predefinidos e equivocados, como "peça de coletivo", "peça cabeça", "pecinha para toda a família", "peça comercial", "peça alternativa". Ele acredita que isso prejudica a formação de novos públicos – o que se tornou comum devido ao predomínio do caráter programático da cobertura, que encara a peça mais como produto de consumo do que como concepção artística a ser analisada profundamente. Celso Curi discorda: segundo ele, qualquer tipo de crítica na mídia impressa forma público, a menos que seja destrutiva. "Há anos, nós do teatro costumamos afirmar: 'Uma boa crítica pode, ou não, formar novos públicos, mas uma crítica ruim ou mal escrita pode afastar ainda mais o público das artes cênicas'." Ana Salles concorda com essa linha de pensamento ao afirmar que o principal problema é que, em um espaço já exíguo na imprensa, "o crítico pode derrubar uma produção após a estreia, e a avaliação ficará a mesma até o final da temporada, embora todos concordem que o teatro se transforma a cada apresentação".

A forte mudança sofrida na mídia com a ascensão da internet e, mais tarde, de blogues, redes sociais e portais, ainda não permite uma análise aprofundada, uma vez que não se trata de história, mas de um acontecimento ainda em curso. No entanto, Roveri arrisca antecipar a ideia de que novos e fundamentais espaços já foram conquistados para a difusão do teatro e uma maior democratização de opiniões: "O problema é que a internet, por enquanto, parece não ter o mesmo status dos veículos impressos. Uma crítica em um jornal ainda parece ser mais relevante do que as críticas ou comentários feitos em blogues e no Facebook. Mas isso está mudando rapidamente".

Barbara Heliodora, por sua vez, vê falhas perigosas na internet. Cita o exemplo de Ítalo Rossi e Sérgio Britto. Após o falecimento de ambos, as pesquisas em sites supostamente dedicados à arte faziam referência ao trabalho desses artistas apenas em cinema e TV, deixando de fora o teatro. Segundo ela, a rede disponibiliza biografias falhas, incompletas, quando não erradas. Já Dib Carneiro Neto é mais positivo, pois avalia que as melhores críticas estão migrando para a rede.

> Leitores e artistas cada vez mais usam os textos críticos postados em sites, blogues, portais e redes sociais como baliza para suas montagens e como material de divulgação do espetáculo. A credibilidade das críticas, que antes era associada diretamente a uma página impressa, hoje se estendeu à internet, que até pouco tempo atrás ainda era sinônimo de superficialidade leviana. Hoje já é possível admirar e acreditar em profissionais que só trabalham nos meios virtuais, que ganharam crédito e confiança.

Ana Salles acrescenta outra característica advinda da cobertura teatral da internet: a possibilidade de ampliação do "boca a boca". "Tudo parece já ser conhecido antes de se ler algo mais analítico, mas por outro lado essa é a ferramenta para se chegar de forma rápida e sem custo a um grande público potencial."

O aumento da cobertura virtual também tende a transformar a relação entre jornalistas, atores e dramaturgos. A proximidade entre quem cobre e quem é "coberto" sempre divide opiniões. Beth Néspoli acha saudável e necessária a interação entre as partes, pois o espetáculo que chega ao público é apenas um fragmento dessa arte coletiva e de convivência denominada teatro.

As questões que envolvem a criação são parte tanto do teatro quanto das condições sociais, políticas e culturais nas quais essa arte é criada. Mesmo que pensemos nas franquias da Broadway, como mencionei antes, há questões envolvidas que extrapolam o que se vê no palco. O jornalista tem que estar a par delas, e uma das formas de adquirir esse conhecimento é convivendo, acompanhando ensaios, tendo conversas até mesmo no bar.

Ela cita Décio de Almeida Prado, que convivia, no Nick Bar, com dramaturgos e atores, sugerindo textos, ensaios, lendo esboços de peças etc.

Isso pode comprometer o olhar? Claro. Mas não existe a objetividade absoluta, ela é uma perseguição. É preciso buscar a honestidade intelectual para tratar das obras, mas o isolamento não garante tal honestidade. Evidentemente que a má-fé está fora do meu campo de avaliação. Equívocos, erros, apostas em trabalhos ou artistas que acabam por se mostrar pouco potentes ocorrem, são falhas humanas, erros de quem se expõe, está vivo. Já a má-fé, a troca de favores, os jabás, bem, aí voltamos à questão de honestidade intelectual.

Barbara Heliodora, no entanto, pensa diferente – ela não acredita em proximidades construtivas: "Os divulgadores só querem notícias que possam ganhar espaço, e os críticos, creio eu, só se dão com seu pequeno círculo de amigos, seja ele de atores ou o que seja. Sobre a conveniência ou não de tal intimidade, muito se tem escrito, e a discussão não chega a lugar nenhum".
Dib Carneiro Neto cita um exemplo interessante. Diz ele que, durante a ditadura militar no Brasil, os críticos teatrais misturavam-se à classe artística na hora das reivindicações, passeatas e reuniões de classe para combater o regime. Isso era feito naturalmente e, segundo ele, não interferia no trabalho e na isenção dos jornalistas.

Hoje, com essa onda pretensa e falsamente asséptica que assola as redações, isso seria muito malvisto dentro das verdadeiras corporações, regidas por departamentos de RH, em que se transformaram as empresas jornalísticas. A ética virou falsa ética. Amizades e compadrios continuam dando as cartas, sim, mas com um tremendo e, claro, inútil esforço de disfarçar privilégios. Mas com bom senso e inteligência, é perfeitamente possível a um crítico usufruir da amizade com pessoas da classe artística sem precisar ser tachado negativamente.

Muitos são os desafios para quem quer ser jornalista na área de teatro. Para Beth Néspoli, dar um mergulho ou ler um livro sem a obrigação de escrever sobre isso torna a experiência sempre mais tranquila e sedutora. Quando se tem obrigação, deve-se superar a preguiça e também a insegurança; depois, é preciso vencer a arrogância e ter claro que está sendo dado apenas um ponto de vista, "nada genial, nada definitivo".

> Quando se trata da grande imprensa, o obstáculo mais óbvio é a redução do mercado. Uma vez inserido nele, o trabalho é sempre coletivo. É preciso defender a pauta, e aí a luta é diária, há um embate com editores e a disputa de espaço com os demais colegas. Quando se quer fazer um bom trabalho é preciso certo esforço em qualquer área. E, o mais difícil de tudo, estar preparado para fracassar.

Um dos principais desafios dos jornalistas da área, para Roveri, é manter e aumentar o público leitor de matérias de teatro, além de atualizar-se profissionalmente, sobretudo por meio de leituras e da participação em grandes festivais de teatro. Dib Carneiro Neto acrescenta um desafio extra: a falta de incentivo das empresas jornalísticas para que seus profissionais tenham períodos sabáticos para aprimorar sua formação. Acrescenta também o excesso de assessorias de comunicação e marketing "querendo reger o tom e conduzir a frequência da cobertura teatral".

Para as próximas décadas, Beth Néspoli prevê um bombardeio ainda maior de informações rápidas e curtas, com a grande imprensa tentando se adequar a esse ritmo para sobreviver.

> Seria melhor atuar na contramão desse fluxo? Talvez; há quem defenda esse ponto de vista. Mas é difícil saber se tal movimento vai marcar o fim da grande imprensa e a derrocada do jornalismo crítico voltado a um público mais amplo ou se o fim da grande imprensa pode ser o início do surgimento de outras formas de compartilhamento de informação de interesse público.

Roveri aponta a internet como o caminho de maior democratização da informação, mas sabe que o teatro não se dá tão bem nos meios eletrônicos como o cinema e as artes visuais, pois é uma arte que se faz ao vivo, com a presença do público, com o corpo do ator quase ao alcance da plateia.

> Existe no teatro um contato visual e emocional que ainda não encontrou uma tradução à altura nos meios eletrônicos. Por isso, a utilização dos meios eletrônicos pelo teatro deve se dar de outra forma, mais criativa tecnicamente falando, algo que saiba ir muito além da simples exibição de uma peça filmada.

Celso Curi vê um aumento ainda maior no número de matérias jornalísticas teatrais – eletrônicas ou impressas – no futuro, mas acredita ser imprescindível profissionalizar a divulgação e melhorar a formação do jornalista que escreve nessa área.

De qualquer forma, se o século 21 guarda imensos desafios ao teatro, ele também pode ser o mais importante para a história do teatro mundial. Afinal, os meios eletrônicos terão papel fundamental no registro e na permanência de obras teatrais que saem de cartaz mas não saem da história. Se antes as peças com muita sorte se eternizavam em jornais e revistas guardados em museus ou coleções particulares, hoje esses dados são públicos. Peças regionais e internacionais poderão permanecer on-line para sempre, desde que, claro, os mecanismos de busca se sofistiquem e não cortem informações por critério de atualidade, relevância ou financeiro. Na nuvem, o teatro pode permanecer ao vivo e continuar vivo.

6. Cinema

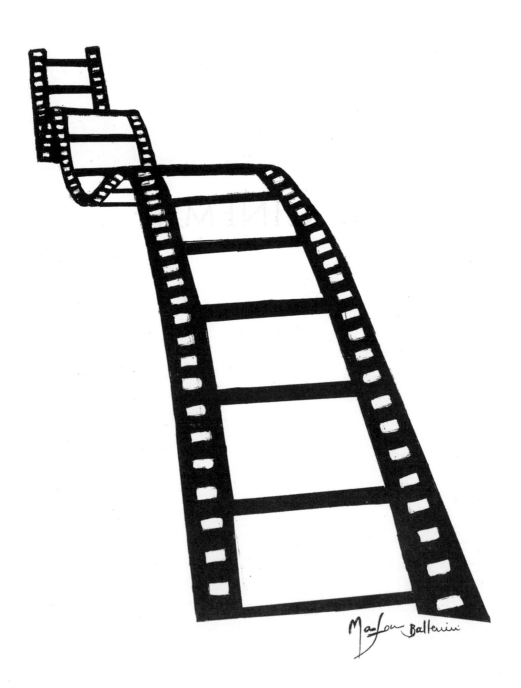

Considerada por muitos jornalistas, e até mesmo por leitores, uma das áreas mais privilegiadas da cobertura cultural, o cinema foi eleito "a arte do século 20" por ocupar espaços imensos na imprensa, gerar uma quantidade ainda maior de recursos financeiros e levar consigo jornalistas, assessores de comunicação, cineastas, produtores etc. O cinema tornou-se uma área nobre da imprensa, embora seja praticamente recém-nascido se comparado com a história da literatura, do teatro, das artes visuais e da música. Aliás, todos esses surgiram bem antes do próprio advento da imprensa. Será, portanto, que essas distinções afetam a forma e o volume da cobertura jornalística de cinema?

Até para leigos são evidentes os problemas e as qualidades da cobertura da mídia no setor. Entre as qualidades, destacam-se o espaço generoso, o interesse e a busca maior de formação adequada, a facilidade de acesso aos produtos (filmes) e o aumento significativo do número de festivais de cinema. No tocante aos problemas, estes não são exclusivos do jornalismo cultural brasileiro. Em grande parte do mundo, o maior deles é o excesso de priorização de filmes de Hollywood (e, em alguns países da Ásia e da África, certa preferência também por filmes de Bollywood), o que torna os cinemas nacionais quase sempre secundários nas reuniões de pauta. Nisso reside outro problema: a importância atribuída a pautas com atores famosos, o que torna cada vez mais a cobertura cultural voltada para o entretenimento e a fofoca. Para piorar, os próprios festivais de cinema – como Cannes e Veneza – têm incentivado tal vertente, ao ceder maior espaço a artistas e filmes hollywoodianos.

Mas há outros pontos fundamentais ligados ao jornalismo cultural cinematográfico, como a formação de quem escreve sobre o assunto, a proliferação de blogues, a extinção das revistas de cinema, o acesso restrito a diretores, atores e outros profissionais da área e os caminhos que o cinema brasileiro precisa traçar na imprensa para continuar crescendo. Refletir sobre esses tópicos é o objetivo deste capítulo, que os investiga por meio de pesquisas bibliográficas e entrevistas com especialistas da área, o que contribui ainda mais para acirrar as polêmicas e diferentes visões em torno do assunto.[5]

Como vimos, o cinema nasceu sendo coberto pela imprensa, uma vez que ela estava bem desenvolvida quando do surgimento do primeiro filme, *A chegada do trem à estação* (dezembro, 1895), dos irmãos Auguste e Louis Lumière, criadores do cinema. A imprensa europeia, asiática e norte-americana foi entusiasta da nova invenção dos franceses, o cinematógrafo, que logo começou a viajar pelo mundo, captando imagens em movimento em todos os cantos. A imprensa inclusive ajudou a sedimentar as inovações técnicas que foram aprimorando o cinema muito rapidamente nos últimos anos de século 19 e no alvorecer do século 20. No Brasil, conforme Gomes (2009), o cinema começa a ser tratado como arte na imprensa em textos de apreciação publicados em veículos como *Gazeta de Notícias*, em 1902, incluindo até comentários do que ocorrera na sessão de estreia do filme (reação de espectadores, incidentes etc.). Lembrando que o cinema no Brasil surge em 1898, quando o imigrante italiano Afonso Segreto filma curtas na Baía de Guanabara, no Rio de Janeiro. Em 1929, o *Jornal do Brasil* já dedicava uma página inteira ao cinema, bem como *A Notícia*, de Florianópolis, e a revista *O Cruzeiro*, com uma seção fixa a cada edição.

O crítico baiano Walter da Silveira (1966) conta que a crítica cinematográfica se organizou no Brasil a partir de 1926, quando a revista *Cinearte*, fundada por Ademar Gonzaga, sistematizou o trabalho crítico. Um dos principais colaboradores da revista era Paulo Vanderlei, também cineasta. Em 1928, o surgimento do Chaplin Club elevou ainda mais o trabalho da crítica no Brasil. Era realizado por nomes como Plínio Süssekind, Otávio de Farias, Almir Castro e Cláudio Mello, cujo órgão de divulgação era a revista *Fan*, que durou dois anos. Eles se envolveram em extensas discussões contra o cinema falado, num estilo que priorizava discussões de ordem estética. Vale lembrar que Walter da Silveira credita a um grupo baiano o pioneirismo na crítica de cinema no Brasil. Segundo ele, foi na revista *Artes e Artistas*, editada em Salvador de outubro de 1920 a abril de 1923, que se começou a delinear uma análise de filmes na qual seus críticos, comandados por Arezio da Fonseca, defendiam o cinema como arte, reconheciam nele um meio de educação popular e exaltavam a importância de Griffith, Von Stroheim e Chaplin na construção das primeiras linguagens cinematográficas do Ocidente. No entanto, Ismail Xavier (1978) afirma que esboços de discussões críticas sobre cinema sugiram bem antes, em textos esporádicos de Olavo Bilac, Artur Azevedo e Rui Barbosa, entre outros. Revistas especializadas com críticas apareceram na

---

5. Para compor este capítulo, realizei entrevistas, em 2012 e 2013, com as seguintes pessoas: Bruno Wainer, Ilda Santiago, Kleber Mendonça Filho, Rodrigo Fonseca e Rubens Ewald Filho.

década de 1910. Além de *A Fita* (1918), foram publicadas *Palcos e Telas* (1918), *Para Todos* (1918) e *A Scena Muda* (1921).

Isso não significa que os críticos brasileiros do início do século 20 estavam preocupados com o cinema nacional. De acordo com Xavier (1978), a crítica brasileira por vezes ignorou as produções do país:

> Uma das maiores evidências da força com que se estabeleceu na crítica brasileira uma definição de cinema colada ao modo de produção americano é a forma pela qual se repetiu durante dezenas de anos que o cinema brasileiro não existia. Quando ele perdeu de vez o mercado para o produto importado, um fenômeno de "esquecimento" foi ocorrendo; a "naturalidade" da situação colonial foi sancionada por essa amnésia que passou a induzir os homens preocupados com o cinema no Brasil a pensar que estavam imbuídos de uma atitude pioneira. O Brasil tornou-se o país que "terá um cinema", ficando implícito, e às vezes explícito, que nunca teve.

O autor salienta ainda que os jornalistas culturais de cinema, durante os anos 1920, bradavam a favor de uma indústria nacional – ainda inexistente até a tentativa feita pela Atlântida (anos 1940) e pela Vera Cruz (anos 1950) –, mas não viam o problema como um todo. Condenavam aquilo que era feito por alguns homens do cinema, num discurso nacionalista pró-investimento de recursos na área, mas sem o devido esclarecimento dos problemas do cinema brasileiro em geral. Xavier ainda aponta outras particularidades da época. Na revista *A Tela*, as críticas publicadas entre 1918 e 1920 tinham forte cunho moral, quase preconceituoso, analisando os valores contidos na história e se o filme pecara por excessos em algumas cenas. O pesquisador cita alguns trechos que ilustram bem o estilo da crítica na época: "Vá com reservas..."; "Isto sem falar dos decotes escandalosos"; "O assunto não é dos que se podem fornecer a meninos ou senhorinhas" etc.

Mas o jornalismo cultural cinematográfico não se resumia a isso. Falava também da ação dramática, de sua lógica e verossimilhança, da qualidade da técnica, da montagem, da cenografia etc. Em *Palcos e Telas*, no entanto, os textos eram imbuídos de uma atmosfera de esplendor e luxo, valorizando os atores com excesso de adjetivações ("extravagante", "original", "cândida", "sugestiva", "natural", "sensual"). A revista *Cinearte* também apresentou novas tendências no jornalismo cultural nos anos 1920. Em 1926, grandes nomes reúnem-se nessa publicação, como Ademar Gonzaga, Pedro Lima, Paulo Vanderley, Álvaro Rocha e Otávio Mendes. A revista tinha como marca fazer campanhas em prol do desenvolvimento do cinema no Brasil, sempre ligadas à indústria e ao comércio cinematográficos. Lembrando a americana *Photoplay* – no que se refere ao estilo da capa, ao formato e à abundância de fotos –, *Cinearte* teve uma espécie de postura de fiscal da indústria, sempre em nome do bom espetáculo. Seus responsáveis tinham o hábito de ler revistas estrangeiras, divulgar o material lido e aproveitar as experiências externas para desenvolver argumentações próprias sobre o cinema nacional. Apesar de suspeita, tal atitude despertou a campanha da revista a favor do cinema nacional, defendendo-o como esfera econômica importante no século 20.

Foi na década de 1920 que despontaram críticos de cinema não só em revistas especializadas, mas também nas mais gerais e em jornais, com a entrada de figuras do Modernismo na crítica da revista *Klaxon* e a publicação de textos opinativos em revistas populares, como *Fon-Fon* e *Careta*. Esta última trazia a seção "A Arte do Silêncio", na qual se teciam comentários rápidos sobre o cinema mudo. Nos jornais, a crítica ganha destaque com Oduvaldo Vianna no *Correio da Manhã* (RJ), Guilherme de Almeida em *O Estado de S. Paulo* e Paulo Duarte no *Diário Nacional* (SP). A própria revista *Cinearte* aponta, em seus textos, o crescente interesse pelo cinema nas páginas de jornais de todo o país. Nessa época, ainda não era comum críticos serem cineastas. De modo geral, estes provinham de segmentos menos cultos da população e não se expressavam por meio do jornalismo.

Com a entrada dos jornais no circuito da crítica cinematográfica, um novo fenômeno foi percebido. Segundo Mello e Souza (1995), com o nascimento de uma nova geração de intelectuais vindos das faculdades de filosofia de São Paulo e do Rio de Janeiro, surgiu o crítico especializado, de formação acadêmica, o que criou uma tensão com os leigos – bacharéis ou homens de formação literária. O campo continuou a ser dominado pelos sem especialização até 1954, com a volta de Paulo Emílio Sales Gomes da Europa.

De modo geral, o jornalismo cultural cinematográfico das primeiras décadas do século 20 tinha o costume de comparar as produções nacionais com as internacionais, mas sempre no sentido de inferiorizar a produção interna. Quando aparecia um grande filme brasileiro, ele era elevado ao status de qualidade internacional, conforme mostra o crítico Jean-Claude Bernardet em exemplos de crítica extraídos sobretudo do jornal *O Estado de S. Paulo*: "De resto podemos garantir que, em nitidez e perfeição, *Le film du diable* (filme brasileiro com título original em francês) é um trabalho que pode sofrer confronto com os melhores que as diferentes fábricas nos têm enviado" (1917); "Na linha das comédias [...] nada fica a dever às melhores estrangeiras do gênero!", sobre o filme *Como é boa nossa empregada*, de 1973; "Um filme brasileiro de padrão internacional", sobre *Dona Flor e seus dois maridos*, de 1976 (1978). Para Bernardet (1978), tratava-se, na verdade, de "manifestação não de qualidade cinematográfica, mas de um arraigado complexo de inferioridade".

O jornalismo cultural cinematográfico voltou a ficar sistematizado a partir de 1941, com o surgimento da revista *Clima*, na qual despontaram nomes como Paulo Emílio Sales Gomes, Antonio Candido, Rui Coelho, Lourival Gomes Machado e

Décio de Almeida Prado, dialogando diretamente com os membros do Chaplin Club. Só no ano de 1946 surgem a Associação Brasileira dos Cronistas Cinematográficos e os Clubes de Cinema, estes dando origem, em São Paulo, à Filmoteca do Museu de Arte Moderna, que depois viraria a Cinemateca Brasileira. Foi nessa década que também nasceram as famosas cotações críticas dos filmes em cartaz. De acordo com Buitoni (2000), a revista *A Cena Muda* atribuía a avaliação aos filmes por meio de desenhos: abacaxi (pior), abacaxi enfeitado (sofrível), gol (bom) e campeão (ótimo). A revista também abriu espaço para que os leitores enviassem suas opiniões.

A intensa produção cinematográfica da década de 1950 movimentou o trabalho da imprensa cultural, na qual se destacava, por exemplo, o trabalho de Alex Viany, que fora correspondente de *O Cruzeiro* em Hollywood na década de 1940. Surgiram o Círculo de Estudos Cinematográficos, no Rio de Janeiro, e o primeiro festival de curta-metragem, promovido e dirigido por críticos de cinema, entre eles Alex Viany, Almeida Salles, Moniz Viana, Luiz Alípio de Barros, P. F. Gastal, Jacques do Prado Brandão e Fritz Teixeira. Com os círculos de cinema, conforme Magno (1999), apareceram ainda outros nomes, como Salvyano Cavalcanti de Paiva e Ely Azeredo (Rio de Janeiro), Rubem Biáfora (São Paulo), Linduarte Noronha (Pará) e, posteriormente, Glauber Rocha (Bahia).

O aparecimento de cineclubes deu-se em grande parte dos países do continente americano. No México, por exemplo, os críticos que despontavam deles criariam, nos anos 1960, a revista especializada *Nuevo Cine*, influenciada diretamente pela francesa *Cahiers du Cinéma*. A agitação política, mesclada à revolução cultural daquela década, fez proliferar críticos e veículos especializados no tema. A crítica tornou-se indispensável no desenvolvimento do cinema brasileiro, sobretudo após o Cinema Novo, graças ao alinhamento ideológico entre críticos e cineastas – que muitas vezes eram a mesma pessoa, como no caso de Glauber Rocha.

Segundo Bernardet (1978), o Cinema Novo instituiu um fazer que não se limitava mais ao filme para diversão. O crítico tinha como função esclarecer as relações existentes entre o filme e a sociedade. Torna-se "uma peça envolvida no mesmo processo cultural e político que os cineastas", afirmando o cinema brasileiro como fator de transformação social. Bernardet combateu ferozmente a crítica que não se alinhava com esse compromisso. Os exageros contidos em algumas linhas são compreensíveis se levarmos em conta que seus textos mais contundentes foram escritos na década de 1960. A convulsão de ideias dos "cinema-novistas" alimentou a crítica da época com preconceitos em relação a todo tipo de cinema feito no Brasil que não estivesse alinhado com os pensamentos da turma de Glauber. O famoso crítico José Lino Grünewald (2001), no balanço das produções realizadas no período, chegou a dizer que houve, "infelizmente, também muita chanchada – a irresponsabilidade para com o ofício. Mas nem vale a pena relembrar o nome dessas coisas", ao referir-se ao gênero que era um sucesso de público e de bilheteria no Brasil, algo raro no cinema brasileiro.

Como vimos na Introdução, Jean-Claude Bernardet (2007) ajuda a esclarecer as condições da crítica produzida durante o Cinema Novo. Na época em que ele escrevia suas análises, os filmes não se comunicavam plenamente com o público e a crítica, a formação dos jornalistas era deficiente e por vezes não havia cópias dos filmes que se queria analisar. Tudo isso culminava em pesquisas superficiais. Ao mesmo tempo, o crítico nunca escondeu, em seus artigos, que se vivia um período no qual cada vez mais fitas interessantes eram produzidas, o que possibilitava naturalmente a renovação da crítica.

A partir dos anos 1970, o Cinema Novo no jornalismo cultural cinematográfico vai dando espaço, aos poucos, aos "guias de consulta rápida", com uma pequena resenha e classificações taxativas. Isso não chega a dominar por completo os veículos impressos, mas guias como *Veja São Paulo* rotulam diferentes filmes (drama, terror, aventura etc.) com apreciações-relâmpago. Nas décadas seguintes, em especial com o advento da internet, nos anos 1990, o jornalismo cultural cinematográfico tornou-se mais diversificado e mais difícil de ser rotulado.

Até hoje não foi resolvido um dos paradoxos do jornalismo cultural cinematográfico: a aceitação de presentes – os famosos jabás. Eugênio Bucci (2000) aponta uma situação inusitada: enquanto nos cadernos de política e economia receber tais presentes é considerado antiético, nas editorias de cultura e turismo existe certa condescendência quanto a isso.

> Os jornais americanos, que têm normas proibindo seus repórteres de aceitar viagens pagas, costumam abrir exceção para os que cobrem a indústria cinematográfica. De forma que todos os convidados aceitam de bom grado a incumbência de passar dois ou três dias em um hotel aprazível, onde veem a fita e depois entrevistam atores, atrizes, adestradores, animadores, maquiadores, diretores e produtores.

De fato, essa é uma das características mais comuns da cobertura cultural cinematográfica nas grandes redações. Mas antes de criticá-la é importante lembrar que, ao contrário do teatro e das artes visuais, nos quais o acesso aos artistas é facilitado, o cinema, por ser uma grande engrenagem industrial, distancia jornalistas da equipe cinematográfica. As distribuidoras – por interesses comerciais – aproximam ambas as partes, cabendo ao repórter ou crítico ter consciência de sua independência intelectual para não ser "comprado" a ponto de assistir a um filme sofrível e fazer um texto jornalístico-publicitário a favor da obra. Para isso, ele precisa ter uma boa formação intelectual, consciência do funcionamento da indústria cultural etc. Assim, ele poderá entrevistar pessoas interessantíssimas e analisar determinada obra – em geral glamorizada pela publicidade dos estúdios – de outra maneira, até desmistificando-a.

Cito como exemplo uma situação vivenciada por mim. Nos meus tempos de redação no Grupo Estado, fui convidado por um estúdio para cobrir o lançamento do remake de *Speed Racer*, cujo elenco era composto de grandes atores, como John Goodman e Susan Sarandon, e dirigido pelos irmãos Wachowski (*Matrix*). Durante a coletiva, percebi que os próprios atores achavam a obra um pouco tola – até porque fora filmada toda para 3D, com atores que mal se viam e "atuavam" em frente a um telão verde. Era época de eleições presidenciais nos Estados Unidos. Não precisei de muito esforço para desviar o filme da conversa exclusiva que tive com Susan Sarandon e focar em um assunto mais interessante: a briga entre John McCain e Barack Obama. Susan, militante democrata, falou de Hollywood, política, economia, sociedade etc. Evidentemente fiz uma reportagem – e não uma crítica – sobre *Speed Racer*, detendo-me nos curiosos aspectos técnicos da obra. O jabá rendeu-me um pingue-pongue tão interessante com uma atriz tão seletiva que, creio eu, justificou a aceitação da viagem – desde que, como fiz, a liberdade intelectual e a distinção entre jornalismo e publicidade sejam respeitadas.

No entanto, muitas revistas de cinema e cada vez mais jornais – que estão ficando menores – sentem-se "na obrigação" de dar destaque a entrevistas com astros de Hollywood com "medo" de não ser mais convidados. Cabe então ao editor e ao repórter decidir qual é o seu peso da balança: continuar tendo acesso à gente graúda da indústria cinematográfica, mas traindo-se jornalística e intelectualmente, ou arriscar uma matéria séria. Caso sejam colocados na geladeira de *junkets* (viagens internacionais subsidiadas para a cobertura de lançamentos), será a oportunidade de total independência intelectual, inclusive para ignorar filmes tolos, não publicando nada sobre eles.

Em alguns momentos da história do século 20, o cinema foi capaz de fomentar discussões entre veículos da imprensa em torno de um mesmo filme. Embora isso hoje seja cada vez mais raro, era comum na época da Nouvelle Vague, na França dos anos 1960 e 1970, quando lançamentos franceses e internacionais se tornavam ponto de debates calorosos entre os críticos. No Brasil, algo semelhante ocorreu durante a retomada do cinema brasileiro, em 1995, quando a produção começava a sair do quase zero para algumas dezenas de filmes produzidos por ano. Também aconteceu no lançamento de *Cidade de Deus* (2002), levantando debates e pontos de discórdia entre jornalistas culturais de diversos veículos. O leitor só tende a ganhar com isso, ainda que não leia todas as publicações. É o que pensa o cineasta alemão Werner Herzog. No Terceiro Congresso Internacional de Jornalismo Cultural promovido pela revista *Cult*, ele se queixou da falta de críticos e debate sério e defendeu a disseminação e o aprofundamento do conhecimento da história, da técnica e da linguagem. Herzog lamentou o aumento excessivo do "mundo *People*", em que aparência e sucesso pesam mais que consistência e originalidade.

O grande volume de matérias sobre cinema nas editorias de cultura talvez seja uma das principais características do jornalismo cultural cinematográfico no século 21. Para o falecido ator, diretor e crítico José Wilker, se os espaços concedidos ao cinema fossem proporcionais à adesão do público às salas, o Brasil seria um dos maiores mercados cinematográficos do mundo.

> Podemos lamentar que, quase sempre, tudo isso seja tratado de modo bastante superficial, páginas sobre as roupas dos artistas, as fofocas da ocasião e algumas linhas – ou não – sobre os filmes. Mas aí entramos no terreno do "querer demais", pois nem todos os jornalistas têm formação para voos mais verticais nem o grande público foi preparado para isso. Temos pressa, muita pressa. Mais seguro será nadar à beira-mar.

O crítico e diretor de filmes como o premiado *O som ao redor* (2012), Kleber Mendonça Filho, concorda com Wilker, ao dizer que a média da cobertura é fraca.

> Eu tinha um bom espaço no *Jornal do Commercio*, mas dizem que o espaço vem caindo em jornais como O *Globo*. A internet é uma boa opção para o cinema em termos de quantidade e para a cobertura universitária. Fazer filme nunca foi tão fácil, mas o bom filme ainda continua bem difícil. Se, no entanto, o jornalista cultural de cinema for bom e persistente, ele um dia será identificado na multidão, é uma peneira natural.

Ele também comemora a queda das hierarquias, quando produções do Brasil se submetiam aos moldes do eixo Rio-São Paulo. Com o advento das tecnologias digitais, diz Kleber, os cinemas regionais ganharam mais personalidade.

O crítico e comentarista do Oscar Rubens Ewald Filho, no entanto, é bem mais pessimista quanto aos rumos do jornalismo cultural cinematográfico no século 21. Para ele, com a decadência inevitável dos jornais impressos e a busca ainda frágil de sustentabilidade econômica pela internet, a profissão do crítico de cinema "está em via de desaparecer":

> Veja o caso dos Estados Unidos. Recente artigo mostrava que devem existir hoje em dia 150 críticos devidamente registrados e em ação em todo o país, onde eles sempre ganharam muito mais do que aqui. A *Variety*, que era a Bíblia do show business, despediu o mais importante (Todd McCarthy) e adotou freelancers. Hoje todo mundo pode ser e é crítico de tudo nas mídias sociais, e por enquanto é uma grande bagunça. Eu mesmo tenho problemas com os sites, muito mal pagadores. Resolvi investir no Facebook, colocando as críticas numa fan page.

Para Rubens, a imprensa sempre confundiu a figura do crítico com a do jornalista especializado em cinema, este último dono de um bom texto, mas não crítico ainda. O resultado é que o jornalista que faz a crítica realiza também a cobertura do filme em coletivas e viagens, tendo a "obrigação" de alinhar a opinião crítica com o tom opinativo das matérias.

Por sua vez, o crítico carioca do jornal O Globo Rodrigo Fonseca diz que o século 21 é marcado principalmente por "coberturas sensacionalistas e politiqueiras". "Falar dos atropelos da Ancine – e, por vezes, exacerbá-los em tintas marrons – hoje me parece mais atraente do que avaliar as novas experiências de linguagem, propostas de direção e atuação", diz Fonseca, que aponta, no entanto, boas coberturas de cinema em canais específicos.

A percepção é a mesma por parte dos cineastas e realizadores. Para a organizadora do Festival do Rio, Ilda Santiago, a mídia não se preocupa mais em discutir a cultura, o que torna a cobertura de cinema uma extensão da promoção do filme. Bruno Wainer, fundador da Downtown Filmes, distribuidora focada em cinema nacional, pensa da mesma forma. Segundo ele, a mídia tradicional é "deslumbrada e colonizada com o cinema de Hollywood e o cinema autoral. Quem sofre com isso é o cinema brasileiro popular, tratado com desdém e preconceito. Não há o devido destaque na parte jornalística e existe um olhar extremamente duro por parte da crítica especializada".

Outro ponto polêmico acerca da cobertura cinematográfica é o espaço dedicado ao cinema nacional quando comparado ao do cinema de Hollywood. Wilker não crê que exista privilégio para o cinema de Hollywood – nem precisaria, pois os filmes americanos chegam com divulgação suficiente no Brasil.

> Desde os anos 1920 fomos acostumados a esperar por eles. Daí resulta a impressão de que qualquer referência aos cinemas nacionais – aqui e no resto do mundo – nas mídias seja algo semelhante a um ato de resistência. O problema maior é que não existem políticas públicas realmente sérias com relação ao nosso cinema. Num país onde, segundo recentes estatísticas, 90% dos municípios não possuem salas de exibição, é bastante difícil qualquer cinema ser notado.

Rubens Ewald Filho lamenta a diminuição da cobertura de lançamentos em vídeo e DVD: "Ninguém publica nada sobre *blu-ray*. Na minha época de TV Globo, o Boni não me deixava falar de lançamentos em vídeo e depois vim a saber por quê: ao ver o vídeo, a pessoa deixa de ficar ligada na TV, ou seja, no fundo é concorrente. E o pior é que ele estava certo".

Rodrigo Fonseca, por sua vez, vê maior amplitude na esfera digital, mas sente falta de revistas de cinema com qualidade no Brasil.

A carência de uma revista com reportagens e ensaios esvazia a reflexão, perdida na internet, em textos que, hoje, andam mais preocupados com um exercício de bedelaria (de bedel), policiando quem pode e quem não pode escrever, do que em falar de novas linhagens de direção.

Para Ilda Santiago, a cobertura de cinema é ampla, mas quase sempre focada em serviços, "uma sinopse aumentada que indica para o público quando vale a pena sair de casa". Os veículos tradicionais, segundo ela, estão cada vez mais preocupados com os *faits divers*, matérias que chamam a atenção facilmente, perdendo de vista o pensamento crítico sobre o cinema e sua inserção no mundo.

Num século em que blogues e redes sociais tornam "qualquer um" crítico de qualquer coisa e o leitor pode ser produtor de notícia, a formação do jornalista cultural cinematográfico também é uma questão delicada. Kleber Mendonça Filho diz ficar assustado com textos que lê na imprensa.

Fico pensando como o editor deixou aquilo passar, como o cara da gráfica não mandou parar as máquinas. Cheguei a ler num grande jornal "Kaká Diegues" no título! Aqui dá para ver a referência do repórter e do editor. Isso torna difícil aceitar ser entrevistado por alguém que acha que eu comecei ontem.

Já Rubens Ewald Filho acredita que a maioria dos que escrevem sobre cinema hoje faz isso por paixão, não ganhando nada ou recebendo bem pouco para manter sites e blogues. "Nesse aspecto é que confio mais no fã que escreve na internet do que nos fãs que escrevem em jornais, parece que sobe à cabeça, viram 'intelectualoides', cheios de si, falando besteira de boca cheia." Rodrigo Fonseca, por sua vez, distingue aqueles que de fato têm o cinema como objeto de estudo e instigam o poder de análise com base em princípios jornalísticos daqueles que preferem "cafetinar o glamour do cinema". De sua experiência referente à cobertura do Festival do Rio, Ilda Santiago detecta uma falta de formação para compreender as artes em geral. Para ela, não se criam correlações que possibilitem ao leitor uma visão mais abrangente e inteligente de uma obra. Ilda não crê que isso seja culpa apenas do jornalista cultural, mas também dos veículos que deixaram de exigir tal conhecimento, tornando-o desnecessário em sua linha editorial.

O Brasil é apenas um dos muitíssimos países do mundo cuja imprensa cultural cinematográfica privilegia a cobertura de filmes de Hollywood em detrimento do cinema nacional. Os argumentos são os mais variados: se é Hollywood o cinema mais visto, deve ser mais coberto, já que a mídia trabalha para o leitor; a cobertura é mais extensiva por se tratar de uma indústria que produz centenas de filmes por ano; o privilégio se dá simplesmente porque "o cinema deles é melhor, mais divertido". Seja como for, o fato é que o Brasil nunca produziu tantos filmes como hoje – chegando próximo à casa de uma centena de películas por ano –, mas poucos deles recebem de fato uma cobertura jornalística que se preze. Segundo Kleber Mendonça Filho, isso acontece inclusive nos – assim chamados – grandes redutos do cinema de arte, como o Festival de Cannes, onde Hollywood tem dominado também a cobertura. De qualquer forma, acha que o Brasil ainda é privilegiado por ter veículos que dão espaço para filmes romenos, iranianos e de arte nacionais, pois acredita haver países com uma situação jornalística cultural ainda muito pior.

> Quando as distribuidoras de Hollywood colocam o jornalista num hotel de luxo, ele não tem muito a falar do filme, mas acaba seduzido e age como criança em fábrica de chocolate; o tal "privilégio" de interagir com chiques e famosos. Lembro-me de um incidente de alguns anos atrás, quando o Sérgio Sá Leitão, da RioFilme, criticou O Globo, que deu na capa filmes alternativos no dia em que Harry Potter estava estreando. Ele criticou! Se um cara à frente da RioFilme fala isso, imagine o que pensam os jornalistas. Falar do mesmo todos falam; acho que o jornalista deve é surpreender o leitor com coisas novas.

Rubens Ewald Filho – conhecido por grandes coberturas de Hollywood, incluindo o Oscar – justifica de outra forma esse espaço privilegiado do cinema norte-americano:

> Hollywood manda no mundo todo, inclusive agora na China e no Oriente. Lutar contra é muito difícil, mas não acho que a mídia não cubra cinema nacional, é que fazem filmes que não dão matéria, documentários a que a gente nem tem tempo de assistir, e proteger demais o cinema nacional com mentiras já se viu que não é positivo.

No entanto, privilegiar a cobertura do cinema nacional não é "protegê-lo" ou "falar mentiras". Remeto aqui ao que Paulo Emílio Sales Gomes disse em tempos de Cinema Novo e ainda me parece bastante válido nos dias de hoje: o pior filme nacional é mais importante para nós do que o maior filme internacional de todos os tempos. Isso porque a imprensa cultural só terá leitores mais exigentes com o cinema brasileiro se ela mesma o cobrir amplamente de forma crítica – dura, se for preciso, apontando falhas, contradições, mesmices, ainda mais num modo de produção que utiliza dinheiro público para se financiar. O mesmo vale – guardadas as devidas diferenças – para a cobertura televisiva e musical, também extremamente afetadas pelo glamour, mas pouco preocupadas com a formação mais sofisticada do olhar do leitor.

Rodrigo Fonseca pensa como Rubens Ewald Filho, porém acredita que não exista privilégio para filmes de Hollywood, mas, ao contrário, um preconceito cada vez maior contra essa poderosa indústria:

> Falar do cinema dos Estados Unidos – maioria em nossas telas – é oferecer ao leitor-espectador um elo de confiança sobre um assunto que ele conhece e atiça sua curiosidade e seu interesse. Oferecer esse "chão familiar" forma um ímã capaz de seduzir o público menos setorizado em obras autorais. Confiante na leitura (e em seu emissor), o leitor-espectador vai se sentir estimulado a desbravar todo o universo cinematográfico que o repórter oferecer, incluindo asiáticos, europeus, hispano-americanos. Fugir de Hollywood é desprezar a dieta básica do leitor. Mudá-la é possível, basta respeitar o paladar alheio. O respeito demanda conhecimento, intimidade.

Como se pode notar, a ampla cobertura de Hollywood fornece justificativas complexas até entre jornalistas especializados da área. Ilda Santiago não tem nada contra essa corrente. Com argumentos simples e diretos, ela explica que a cobertura de Hollywood é sempre grande porque existem interesses comerciais dos próprios veículos, é uma cobertura que demanda pouco conhecimento dos jornalistas e o veículo acredita que o público está mais interessado nesse cinema – ou somente nele. "É uma opção fácil, cômoda, mas com muitos interesses conectados."

Mas formar novos públicos – para o cinema de arte e nacional – nem sempre é uma missão clara entre os jornalistas culturais da área. Segundo José Wilker, a mídia tradicional não tem formado novos públicos – ao contrário da internet: "Tenho a impressão de que este é um mecanismo que pode alterar o nosso modo de gostar de e de consumir cinema". A falta de formação de novos públicos na mídia tradicional ocorre, na opinião de Kleber Mendonça, porque os veículos trabalham com "blocos pré-moldados; todos falam de maneira previsível [...] hoje o que se tem são referências pobres e limitadas". Rodrigo Fonseca discorda, afirmando que certos veículos cariocas, como *O Dia* e *O Globo*, estimulam textos livres, "à la crônica", com bom humor e espaço para invenção. Ao contrário, crê que os blogues não estimulam uma crítica mais sintonizada com a lógica do hipertexto, do vídeo, tendo apenas uma oferta maior de espaço.

Essa parece ser a opinião da maioria dos especialistas da área. Enquanto alguns destacam que as novas mídias ainda não encontraram uma linguagem diferenciada, imitando a mídia tradicional, outros sublinham o imenso potencial de formador de públicos para os mais variados tipos de cinema. As mídias digitais trazem ainda a clara vantagem de abrir maior possibilidade de manifestação do público, constituindo um canal de comunicação efetivamente de mão dupla, que conecta não só os "fazedores" dos filmes – mediados pelo jornalista – com o leitor como leva as impressões do leitor aos produtores audiovisuais.

No cinema, ao contrário de outras artes, não é tão comum um relacionamento próximo e constante entre jornalistas e equipe cinematográfica, mesmo nos grandes veículos. São raros os jornalistas e críticos de cinema que convivem assiduamente com as fontes, pois estas são mediadas por um batalhão de agentes – como é o caso de diretores, produtores e atores de Hollywood – ou estão envolvidas com diversos projetos de teatro, cinema e TV – como é o caso de diretores, produtores e atores brasileiros. Mas o convívio existe, ainda que pequeno. Segundo José Wilker, diretores, atores, roteiristas, fotógrafos e críticos são partes do mesmo conjunto.

> Um não existe sem o outro; a interdependência – a opinião isenta – aqui deve ser mediada pela inteligência. Será sempre melhor deixar de lado aquele comportamento do antigo psicanalista freudiano, que fingia, subindo com o analisando no mesmo elevador em direção ao consultório, não conhecê-lo, para evitar envolvimento emocional. Tolice.

Kleber Mendonça Filho pensa diferente e conta uma experiência internacional:

> Quando participei do New Directors/New Films em Nova York, um repórter do *New York Times* me entrevistou por três horas e me abraçou no final. Mas em nenhum momento eu tive contato com o crítico do jornal, e sim com quem escreveu a reportagem. Já no Brasil é uma coisa meio promíscua o contato com diretores. Eu tentava evitar, quando era crítico, entrevistar o diretor logo depois de ver o filme, especialmente quando eu detestava o filme. Dizia que queria cancelar a entrevista; aí o assessor achava que eu estava sendo grosseiro. E na sexta-feira sai uma crítica falando mal do filme, mas não posso mudar minha opinião. Mesmo que eu goste do filme, ao entrevistar o diretor, o crítico escreve sabendo que ele vai ler. Acho que o crítico precisa ser mais recluso, e o repórter, sim, manter contato com os diretores.

Rubens Ewald Filho também prefere manter essa distância, mas crê que o cinema sofra menos que o teatro, em que a comunidade é menor e a proximidade do crítico com o dramaturgo reforça a cobertura entre amigos. "Sábato Magaldi deixou de escrever porque não aguentava o rancor das pessoas. E o resultado disso é que os críticos de teatro da nova geração são muito fracos." Por sua vez, para Rodrigo Fonseca a distância é "amadorismo de quem nunca escreveu uma crítica, pois a troca é essencial para a formação do repórter e do crítico". Ilda Santiago também acha saudável a aproximação. Para ela, pior do que a proximidade causar isenção de opinião é o fato de não haver opinião nenhuma.

Por isso, para cobrir a área e evitar esse terreno movediço, Kleber Mendonça Filho sugere que o candidato tenha grande intimidade com o que vai cobrir, certeza de que quer fazê-lo, muita leitura, estofo e bagagem e uma propensão natural às artes. "Ter ponto de vista sem reproduzir sinopses que lhe dão, saber escrever e ser comunicável. E, claro, talento ajuda." Já Rubens Edwald Filho adverte que a área paga mal e o candidato deve estar aberto a procurar outros meios de vida. "No meu caso, editei livros, escrevi novelas e sempre fui executivo para sobreviver. Felizmente eu sei fazer mais do que uma única coisa; conquistar respeito leva tempo e se sofre por isso." Rodrigo Fonseca atenta para as mudanças de formação de pautas no século 21, exemplificando o caso do *trailer* on-line do filme *Faroeste caboclo* – que, devido ao grande número de acessos, motivou a capa do *Segundo Caderno* de *O Globo*. "Há cinco anos, isso não seria nem notinha em coluna." Por sua vez, Ilda Santiago crê que o bom futuro jornalista cultural de cinema será aquele que conseguir retomar a contribuição do jornalismo e da crítica na própria formação do cinema nacional. "Ou talvez fosse um mesmo papel: o de criar o cinema e o de criar e escrever as ideias desse cinema. Acredito na crítica. Acredito na existência de um para o desenvolvimento do outro." Por fim, Bruno Wainer lembra que hoje o conceito de "formador de opinião" se pulverizou e o jornalista deve ter consciência disso, uma vez que as novas mídias diminuíram a importância de tais espaços nobres de matérias e críticas. "Elas não são mais fatores determinantes para o sucesso ou o fracasso de um filme."

De qualquer forma, ainda há muito a ser desenvolvido em cobertura cinematográfica nas novas mídias. A começar pelo fato de que poucos jornalistas culturais da área usam com eficiência o potencial audiovisual da internet. A experiência de ler uma reportagem ou uma crítica de cinema na web pode ser muito maior do que nas mídias tradicionais, pois on-line é possível não só ilustrar as palavras com imagens, mas também exemplificar pontos do texto que falam de fotografia, direção de arte, atuação ou edição com trechos dos próprios filmes. Quase uma aula de cinema. E, quando o espectador decidir conferir a obra, terá certamente um contato muito mais rico e interativo com o produto, num processo de melhoria qualitativa também de mão dupla: espectadores mais bem formados procurarão obras de maior qualidade e forçarão o mercado a produzi-las, fortalecendo também os jornalistas que são capazes de decifrá-las. Em outras palavras, se o cinema foi a grande invenção artística do século 20, as novas plataformas midiáticas só tendem a transformá-lo numa experiência ainda mais enriquecedora nos próximos anos.

7. Música

A música talvez seja, de todas as formas de expressão artística aqui refletidas, a que mais tem sofrido mudanças não só na sua cobertura jornalística, mas sobretudo em seu caráter industrial – o que, claro, tem consequências em seu universo artístico. É de conhecimento notório que a popularização da internet, a partir dos anos 1990, deu início também ao colapso da indústria fonográfica nos moldes como a conhecíamos até então. Em seguida, redes de compartilhamento e download de músicas deram outro forte solavanco na área. Mas o golpe mortal talvez tenha acontecido no início dos anos 2000, com a popularização do formato mp3 e de invenções como o iPod, capazes de armazenar dezenas de milhares de músicas em uma caixinha metálica minúscula. Tudo isso revolucionou o acesso à música, mas também mexeu com os padrões de captação, distribuição e lucro da agora quase inexistente indústria fonográfica.

O jornalismo cultural musical vem acompanhando de maneira atônita este que talvez seja o momento mais efervescente de seu objeto de cobertura. Findos são os tempos em que jornalistas musicais eram convidados para viagens internacionais para cobrir o lançamento do novo disco de uma banda, hospedando-se em hotéis de luxo e tendo acesso a shows em primeira mão e a entrevistas exclusivas com os músicos. Findos também são os tempos em que essas mesmas bandas ganhavam uma fortuna com a venda de discos, CDs e DVDs. Agora, para sobreviver, cantores e bandas precisam pôr o pé na estrada e correr o mundo para fazer shows, pois as vendas do produto físico são tão pífias que ninguém imagina mais viver apenas disso. Obviamente, essas mudanças têm impacto direto na cobertura da imprensa.

Além disso, a música também instiga outros pontos importantes de análise. A formação do jornalista cultural que cobre o campo é um dos temas mais delicados deste capítulo, passando pela proximidade com as fontes, o gosto pessoal do profissional e, claro, as novas formas de cobertura e os rumos dessa área do jornalismo cultural. Pois, se a indústria fonográfica está em via de extinção, a imprensa cultural também sofrerá mudanças profundas em consequência desses movimentos do mercado e das inovações tecnológicas.

Assim como a literatura e as artes visuais, a música está presente na imprensa brasileira desde os seus primórdios. Os primeiros jornais brasileiros, no século 19, já abordavam apresentações de música erudita nos poucos teatros existentes. O cenário da música clássica internacional também era foco de constantes comentários opinativos. Mas foi a popularização do rádio – criado no final do século 19, mas acessível a um público maior apenas duas décadas depois – que fez surgir as revistas voltadas para a cobertura musical. No entanto, a imprensa brasileira passou a maior parte dos séculos 19 e 20 macaqueando o que vinha de fora – cobrindo apenas música clássica europeia – e ignorando quase todas as manifestações musicais brasileiras. Embora a primeira revista especializada em música tenha surgido em 1928 – a revista *Phono-Arte*, no Rio de Janeiro –, tanto ela quanto a *Clima* (que não era só de música), nos anos 1940, divulgavam majoritariamente a música erudita. Nos anos 1930, alguns veículos surgiram para cobrir a programação (não apenas musical) da nova tecnologia, como *A Voz do Rádio*, *Cine-Rádio Jornal* e *Guia Azul*. A *Revista do Rádio* surgiu em fevereiro de 1948 e durou até meados dos anos 1970. Além da programação musical, trazia também mexericos da vida dos artistas. Um dos grandes defensores da música popular brasileira, o jornalista Lúcio Rangel, lançou, em 1954, a *Revista da Música Popular*, cuja missão era reunir os grandes especialistas da área para exaltar a música brasileira e sua diversidade. Foi uma iniciativa pioneira numa imprensa que há um século e meio ainda estava habituada a repetir o que a mídia internacional considerava válido. Embora tenha durado apenas dois anos, teve como colaboradores Manuel Bandeira, Cruz Cordeiro, Ary Barroso e Rubem Braga. Hoje, seus 14 exemplares são peças de colecionador.

O surgimento da bossa nova, no final dos anos 1950, alterou de forma profunda a cobertura musical no Brasil, introduzindo aos poucos o termo "música popular brasileira" na mídia. A bossa nova foi um grande divisor de águas na imprensa, pois, embora houvesse quem a detestasse, o sucesso de alguns músicos – João Gilberto, Vinicius de Moraes, Tom Jobim e outros, que tinham cada vez mais êxito internacional – tornou sua cobertura inevitável. Assim, as músicas regionais ganharam algumas linhas nos jornais e os leitores passaram a saber da existência de ritmos como frevo, maracatu, forró, baião, xaxado, xote, lundu, maxixe etc. Frisa-se a expressão "saber da existência" porque é aí que reside o preconceito da imprensa musical, que continua até hoje a ignorar muitas dessas manifestações.

Depois da bossa nova, outros movimentos fizeram efervescer a cobertura musical, como a Jovem Guarda, liderada por Roberto Carlos, Wanderléa, Erasmo Carlos e Ronnie Von e com forte influência do rock norte-americano da época (anos 1960).

No lado oposto estava o movimento batizado pelo artista plástico Hélio Oiticica de Tropicália, formado por Caetano Veloso, Maria Bethânia, Gal Costa, Gilberto Gil, Tom Zé e Os Mutantes, influenciados pelo pop rock, pelo concretismo e pelas artes plásticas da época. O tropicalismo perdurou até os anos 1970, quando entraram em cena outros músicos, como Chico Buarque, com canções de protesto contra a ditadura militar. Nos anos 1980, com a redemocratização do país, renasce o rock brasileiro e despontam grupos como Paralamas do Sucesso, Legião Urbana e Titãs. É quando surgem revistas especializadas nesse eixo, como a *Bizz*, inspirada na versão internacional da *Rolling Stone*, que mais tarde desembarcaria no Brasil.

Durante grande parte do século 20, as gravadoras tinham um poder até excessivo sobre as pautas do jornalismo cultural musical. Os dois principais mecanismos de divulgação de um novo álbum para a mídia eram os releases e as imagens do disco ou da banda. Dependendo do porte do veículo, entregava-se também ao jornalista ou ao editor o disco que estava sendo lançado. Depois de entregue o material, as gravadoras agendavam com os veículos de seu interesse entrevistas com os artistas ou produtores do álbum, que poderiam ser feitas pessoalmente – em coletivas ou em viagens nacionais e internacionais –, por telefone ou videoconferência. As gravadoras determinavam o tempo e, muitas vezes, o assunto da pauta, forma de controlar a imprensa para que o jornalista cultural ficasse focado no produto e não na vida pessoal dos artistas. Muitos estudiosos da imprensa consideram essa prática uma forma de jabá – presentinho dado ao jornalista (disco, hotel cinco estrelas, jantares, festas etc.) em troca de uma "boa" cobertura do novo produto. E por "boa" entende-se elogiosa, o que não raro gerava de fato matérias e até críticas viciadas, focadas na experiência do jornalista e não na qualidade musical da obra.

Essa relação entre imprensa e gravadoras gerou excessos que ficaram famosos no Brasil. No final de 2005, a revista *Veja* publicou uma matéria não assinada intitulada "O mensalinho de Maria Rita", dando a entender que a gravadora Warner tentara corromper 30 jornalistas com um iPod – que no mercado custava em torno de R$ 600. O aparelho fora distribuído a jornalistas e críticos musicais como estratégia de lançamento do CD *Segundo*, da cantora. A matéria não só afirmava que a gravadora estava, de certa forma, "comprando" um espaço jornalístico com o presentinho como dava nomes aos bois, ou seja, dizia quais jornalistas ganharam o presente e quais deles o devolveram.

A estratégia da gravadora foi desastrosa em diversas frentes. Primeiro porque *Segundo* era realmente um bom disco – na visão dos especialistas da área –, o que dispensaria completamente o jabá para garantir críticas honestas que, inevitavelmente, levantariam virtudes da obra. Segundo porque a própria imagem do disco e a da cantora ficaram manchadas por algo que fugia ao controle da artista, mas levou um bom tempo para ser esquecido pelo público e pela mídia – sobretudo em se tratando de uma artista que, em início de carreira, fazia o impossível para desvencilhar sua imagem da de sua mãe, Elis Regina. Terceiro porque, talvez pior que o jabá, foi a matéria da *Veja*, que não obedeceu aos princípios básicos do jornalismo – ouvir todos os lados – e ainda nomeou seus pares. Afirmou ter devolvido de pronto o iPod e impediu que os demais se explicassem. Não é de espantar que a matéria não tenha sido assinada. O episódio foi esquecido em menos de um ano – uma das vantagens paradoxais do ritmo acelerado da indústria cultural –, mas serviu de exemplo de como as relações entre produtores musicais e imprensa podem gerar excessos negativos para ambos os lados.

Com as tecnologias digitais, as gravadoras também sofrem baixas. A estratégia de condicionar a publicação de matérias, entrevistas e críticas só após o lançamento do disco – pois, antes disso, o jornalista não receberia da gravadora o CD e o release nos quais se basear – tem sido cada vez mais furada com a velocidade das informações na internet. São inúmeros os exemplos de veículos que não mais esperam o lançamento oficial de um álbum para publicar uma matéria. Afinal, se as músicas "vazam" na internet e o artista vira assunto no meio, a imprensa não pode mais ignorar o tema e precisa escrever sobre o produto e o artista sob o risco de ser furado pelos próprios leitores. Há blogues e portais que baixam em segundos o disco inteiro, ouvem e publicam no mesmo dia matérias e críticas sobre o lançamento. Além disso, não é preciso muito esforço para encontrar informações em sites internacionais e talvez até no site oficial da banda ou do artista sobre o disco em si. Isso tem ajudado a derrubar as gravadoras, pois os próprios artistas não se veem mais dependentes delas. Um exemplo disso é o caso da Madonna, que em 2009 encerrou contrato com a Warner – que gerenciou sua carreira por 26 anos – e agora trabalha apenas com uma empresa que agenda seus shows. Ou seja, se uma profissional do porte de Madonna agora é uma "artista sem gravadora" – algo absolutamente pejorativo no século 20 –, isso se torna uma alternativa positiva para qualquer artista, de pequeno ou grande porte. Eles não precisam mais de intermediários. Por outro lado, tampouco têm acesso a canais de distribuição mundial de seus discos – canais esses que também coletavam fortunas para eles. A saída, portanto, são os shows.

André Forastieri, que cobriu música por muito tempo para a *Folha de S.Paulo*, explica de maneira bem simples e clara algumas peculiaridades de sua área em texto intitulado "Quer ser jornalista cultural?" (1995). Diz ele:

> O que você ganha com isso? Não muito. Você entra em show sem pagar e ganha montes de CDs. Viaja a trabalho pra entrevistar uns e outros. É convidado para festas e lançamentos de discos. E, claro, conhece um monte de artistas. Às vezes, até fica amigo de

um monte de artistas. Se isso acontecer, está na hora de pedir demissão e mudar de carreira. Ninguém tem coragem de falar mal dos amigos. Ou, invertendo, não tem carreira que valha a perda de um amigo de verdade. A grana também pega. Tirando meia dúzia de grandes veículos, o salário na imprensa é uma bobagem. Se o teu negócio é ganhar dinheiro a sério, vale mais a pena fazer dez outras coisas do que ser jornalista. E lembre-se de que escrever sobre rock não é exatamente uma carreira. Tem poucas coisas mais ridículas do que um velhote pai de família que vive de escrever sobre a nova bandinha que despontou nos confins do Missouri. Por isso, os jornais e revistas costumam ter bom senso de substituir críticos coroas por garotos cheios de gás. Como, talvez, você.

Álvaro Pereira Jr., no texto "Sete dicas para quem quer ser crítico de música" (2003), elenca, a pedido de seus leitores, algumas ideias para quem quer seguir a área, como: 1) ouvir muita música, de diversos tipos, e conhecer a história da música; 2) ler muitos livros e revistas para criar seu próprio estilo; 3) aprender inglês, pois é nessa língua que gira grande parte da área; 4) aceitar sua insignificância, pois uma crítica não muda o poder de venda de um CD; 5) não ficar amigo de músicos, para não comprometer sua crítica; 6) praticar a crítica destrutiva, para evitar a "prática de compadrio", muito comum no Brasil; 7) preparar-se para a realidade da redação, pois ouvir música e escrever uma crítica assinada é apenas uma pequena parte da rotina. Há ainda diagramar páginas, escrever títulos e legendas, escrever matérias não assinadas e notinhas, ser "esculachado" pelo chefe etc.

Mesmo que a bossa nova tenha aberto caminhos para a cobertura da música popular brasileira, os preconceitos ainda perduram no jornalismo cultural musical. A imprensa do Sudeste, por exemplo, até hoje dá pouco espaço aos ritmos do Norte e do Nordeste. Quando alguns deles fazem sucesso, o público leva meses para saber de sua existência, ainda que os artistas estejam lotando shows por onde passam. Um exemplo notório foi a Banda Calypso, de Belém do Pará, que chegou a vender mais de 15 milhões de CDs – número expressivo para o século 21 –, mas levou anos para ganhar as páginas de jornais e espaços na TV do Sudeste. O preconceito derivava do fato de que a banda era tachada de brega pop, embora seu ritmo fosse uma mistura de cúmbia, merengue e carimbó, esses dois últimos ritmos típicos do Norte.

Até mesmo ritmos populares no próprio Sudeste sofrem preconceito entre jornalistas culturais musicais. É pouco o espaço dado, por exemplo, aos lançamentos sertanejos, embora esse estilo seja um dos mais populares e rentáveis. O mesmo se pode dizer com relação ao pagode, ao rap e ao funk, que com muito esforço recebem citações nos grandes jornais e em revistas. O resultado é uma cobertura viciada, focada no pop e no rock internacionais – sobretudo de origem norte-americana – e no pop e no rock brasileiros. Reflexões sobre a música erudita são raríssimas, o que torna o jornalismo cultural musical ainda mais dispensável.

Até mesmo o rock sofreu preconceito interno. Arthur Dapieve (2001) diz que sua geração foi a primeira a aceitar que o rock poderia ser cantado em português:

> Antes da minha geração, a ideia de que o rock pudesse ser cultura brasileira era absolutamente herética. As pessoas achavam que era impossível fazer rock no Brasil porque rock só podia ser cantado em inglês, era uma forma necessariamente imperialista, americana ou inglesa, de tratar das coisas. Já os roqueiros da minha geração encontraram eco em jornalistas que tinham a idade deles ou até um pouco mais, e que tinham crescido com a cabeça feita pelos ideais da década de 1960 que passaram pelo rock, fossem Beatles, Bob Dylan ou Grateful Dead, mas que tinham uma coisa em comum: o rock era um dado contracultural, não necessariamente uma manobra das gravadoras americanas para impingir um tipo de música à juventude do resto do mundo e lobotomizá-la.

Tal universo ficou ainda mais estreito com a entrada da televisão na cobertura musical, ou seja, com a popularização da MTV nos anos 1980 e 1990. Videoclipes de Madonna, Michael Jackson e outros artistas norte-americanos inundaram o imaginário adolescente do final do século. O mesmo modelo foi replicado em algumas revistas da época, como a *Bizz*. Porém, a carga de preconceito era tamanha que a própria revista não conseguiu enxergar a importância de algumas bandas da época e repetidamente falava mal de grupos como Kid Abelha, Os Paralamas do Sucesso e Blitz. A revista se foi, mas as bandas ficaram, ou pelo menos seus artistas.

A crítica dessa e de outras revistas era considerada demasiadamente severa com muitos grupos novos e gêneros musicais, causando a ira dos artistas, que queriam distância da chamada imprensa especializada. Até artistas consagrados como Caetano Veloso passavam meses xingando críticos e jornalistas pelo tom das matérias publicadas, aumentando a antipatia por eles – considerados arrogantes e chatos por natureza. O problema é que quase sempre os artistas tinham razão, pois as matérias e críticas pouco falavam de melodia, letra, instrumentos e atuação, preferindo entoar adjetivos pejorativos contra a personalidade do artista ou destacando somente um aspecto da música – geralmente a letra ou o ritmo. Perdia o leitor, que carece até hoje de textos que lhe permitam conhecer de fato as qualidades e os defeitos dos lançamentos.

As revistas de música começaram a entrar em crise na segunda metade dos anos 1990, quando apenas as que tinham alta lucratividade foram mantidas. Projetos como *Pop Brasil*, de Rui Mendes, desapareceram e, com eles, a possibilidade de abraçar jornalisticamente novas bandas, artistas e gêneros. Isso mudou somente com a popularização da internet, em que blogues e portais vão suprir, em tese, os buracos das revistas especializadas. Com isso, o ciclo da cobertura jornalística de música tornou-se ainda mais curto. Se com a "despopularização" dos CDs já não há um intermediário que alongue a experiência do jornalista com o novo produto, agora quem cobre música precisa estar muito atento à enxurrada de novos lançamentos, sempre se confrontando com o dilema de o que priorizar, uma vez que acompanhar o ritmo do próprio leitor é cada vez mais difícil. A mídia tradicional às vezes prefere focar em fenômenos musicais em vez de artistas ou lançamentos específicos, como foi o caso da Tropicália nos anos 1960, do mangue beat e do rap nos anos 1990, do samba-rock nos anos 2000 e, em menor grau, do sertanejo universitário a partir de 2010.

Outro fator que derrubou as revistas especializadas foi a chamada bonificação de volume (BV), mecanismo de distribuição e alocação de recursos que privilegia a concentração de verbas das agências de publicidade em poucos veículos – os mais volumosos –, o que garante uma bonificação àquelas que concentrarem mais verbas em um único veículo, em grupos como Globo, Abril, TV Record etc. Ao colocar toda a sua verba na TV Globo, por exemplo, a agência recebe como "prêmio" uma parte dessa verba. Ou seja, os grandes conglomerados de mídia reforçam a concentração de verbas, o que em países da Europa e nos Estados Unidos é considerado crime. Por isso, mesmo que a audiência da TV aberta e as tiragens dos grandes jornais estejam despencando, a verba publicitária cai bem mais devagar que o ritmo da audiência ou a tiragem. Editoras pequenas, portanto, têm grande dificuldade de manter revistas segmentadas, pois a tiragem em banca não mais as sustenta. Revistas como *Mosh* e *Laboratório Pop* não têm fôlego para mais de um ano de existência, ainda que estampem capas populares, como Eminem, Charlie Brown Jr. etc. Na Europa e nos Estados Unidos, revistas como *Rolling Stone*, *Wired* e *Mojo* sobrevivem porque conseguem, devido à segmentação de público, atrair não só anúncios musicais, não dependendo necessariamente de tiragem. Mas isso leva tempo, e nem sempre as brasileiras conseguem segurar o fôlego até chegar a esse patamar. É preciso ressaltar, porém, que para sobreviver as revistas internacionais também tiveram de diversificar a cobertura. A *Rolling Stone* chega a cobrir política para ampliar o número de leitores, o que pode também levar a uma rejeição do seu público especializado, em tese não interessado nesse assunto.

Assim, muitas publicações voltadas para a música acabam criando estratégias de fidelização de público ou anunciante, que nem sempre privilegiam uma boa cobertura jornalística da área. Felipe Machado[6], jornalista, escritor e guitarrista da

---

6. Para compor este capítulo, entrevistei, em 2012 e 2013, as seguintes pessoas: Felipe Machado, Lobão e Pablo Miyazawa.

banda Viper, crê que o efeito colateral disso seja o enfoque exagerado na vida do artista – ao contrário dos anos 1970, com a Tropicália, quando a música era levada até a sério demais. Para ele, naquela época a crítica e a cobertura musical eram tão sisudas que prejudicaram certos grupos nas décadas posteriores.

> O auge dessa alienação da própria crítica, a meu ver, foi a cobertura do Rock in Rio de 1985. O festival foi uma revolução no cenário musical brasileiro, não apenas por ter reunido tantos artistas, mas por apresentar à sociedade brasileira uma diversidade de estilos inédita. Dá para citar, por exemplo, os chamados "metaleiros", que ninguém sabia quem eram, mas que foram a tribo que compareceu em maior número ao festival, graças a expoentes do gênero como Iron Maiden, Ozzy Osbourne, AC/DC, Scorpions etc. A mídia cobriu o estilo de maneira totalmente caricatural, patética até.

Machado acredita que na década de 1990 a cobertura caricatural prejudicou o movimento grunge (Nirvana, Pearl Jam), fazendo o mesmo com a música eletrônica nos anos 2000.

> É claro que há bons profissionais que entendem de música em vários veículos importantes, mas há um entendimento de que escrever de música é fácil, já que todos têm ouvidos e basta ouvir um disco para comentá-lo. Despreza-se a história por trás daquilo, o contexto. Em última análise, falta conhecimento musical mesmo, harmônico, teórico. E de uns anos para cá, veio a tendência de glamorização do que é novo e desconhecido, fenômeno que também aconteceu na Inglaterra, por exemplo. Mas assim que caem no gosto popular, são trocados por outros, ainda desconhecidos, como se tudo que fosse popular necessariamente fosse ruim. É o chamado "jornalismo *hype*", que busca antecipar tendências, mas assim que as tendências se consolidam, são abandonadas por puro preconceito.

O cantor, compositor e escritor Lobão vai na mesma linha de Felipe Machado. Crítico mordaz do modelo de negócio das gravadoras, a ponto de ter se desligado delas há alguns anos e vender seus trabalhos em bancas de jornal, ele considera a cobertura jornalística musical muito pobre, pois é raro, para ele, ser entrevistado por jornalistas que de fato tenham conhecimento amplo sobre música. Além disso, Lobão critica o que chama de "crítica passiva", aquela despida de posicionamento e reflexão positiva, negativa e contextualizada das obras.

Já Pablo Miyazawa, editor-chefe da edição brasileira da *Rolling Stone*, considera que a grande mudança na cobertura jornalística musical no século 21 foi de fato a tecnologia, que mudou sorrateiramente a forma de consumir música, de modo que às vezes nem mesmo os jornalistas acompanham a mudança.

Quando começamos a revista, em 2006, havia uma seção de grande relevância, um Guia de CDs. Atualmente, penso se essa coluna pode de fato sobreviver, pois cobrir lançamento de CDs já não é tão essencial. A importância de uma crítica hoje para o leitor é menor porque ele tem várias fontes de acesso à informação e ele mesmo pode opinar sobre a música antes do crítico porque baixa o disco antes de o jornalista recebê-lo. Isso é muito brusco para uma revista mensal, pois temos que nos reinventar.

De fato, se mídias como o CD estão perdendo relevância, a cada ano os shows ao vivo ganham importância no cenário musical. Não só como uma das últimas formas garantidas de retorno financeiro para os músicos – não é à toa que as turnês mundiais explodiram quantitativamente no século 21 –, mas também como uma proposta de mudar a cobertura da imprensa musical. A música, portanto, tende a ganhar mais destaque na imprensa quando há um festival de música clássica, durante eventos como Rock in Rio ou mesmo quando o Brasil recebe um artista internacional consagrado para uma turnê. O problema é que nem sempre a imprensa especializada consegue se separar do fanatismo e da adoração dos fãs, até porque isso é benéfico financeiramente, mas nem sempre eficiente do ponto de vista jornalístico. Perguntemo-nos quantas coberturas jornalísticas de fato analisaram o desempenho ao vivo, os instrumentos, a voz, as letras, as melodias e o contexto de shows do U2, de Madonna, de Paul McCartney e de Bon Jovi – só para citar alguns exemplos que causaram *frisson* nos fãs e receberam pouca cobertura jornalística que privilegiasse o aspecto musical e não a idolatria do artista.

Com a internet, a cobertura tornou-se ainda mais pulverizada. A influência da web no mundo musical não é vista com bons olhos por Felipe Machado. Para ele, houve uma diluição do sucesso musical.

> A internet criou uma espécie de democratização da mídia, o que é péssimo para a arte em geral e, por consequência, para a música. O conceito de *long tail* (cauda longa) pode ser bom para empresas, para o comércio, mas para a arte é péssimo, porque nivela (sempre para baixo) todos os artistas. A curadoria é essencial para a música, e ela era feita (apesar de todas as críticas e problemas) pelas gravadoras. Mal ou bem, esse formato nos deu os Beatles, Rolling Stones, Elvis Presley, U2. A geração da internet não apenas não nos deu nenhum artista interessante, como dilui em sua massa de zeros e uns os possíveis artistas que poderiam se destacar.

Machado considera a internet prejudicial ao novo artista, pois o força a disponibilizar seu conteúdo gratuitamente para concorrer com os demais. Além disso, a onda de downloads de músicas leva as gravadoras a investir apenas em artistas consagrados, a fim de evitar riscos. No entanto, ele vê pontos positivos na rede mundial, como a ajuda promovida pelo Facebook à divulgação de artistas mais segmentados.

> A banda que sabe como usar a internet a seu favor já sai em vantagem, porque há dezenas de ferramentas que podem ser usadas para a divulgação. Pelo lado do crítico, o formato blogue também permite uma linguagem mais informal, mais direta. O que é muito legal, pois o leitor já sabe o gosto de quem está escrevendo e pode ou não escolher acessar aquele blogue. É uma relação mais honesta do que o que acontece entre o leitor e a grande imprensa.

Não há solução fácil nem visível para quem cobre música. Pablo Miyazawa crê que as gravadoras precisam se reinventar urgentemente, pois os artistas perceberam que se fizerem sucesso não mais precisarão desse intermediário.

> A imprensa como nós também é mero dinossauro como as gravadoras, por isso temos que nos reinventar. No entanto, não vamos abrir mão das resenhas só porque o leitor já sabe sobre aquele disco. A *Rolling Stone* sobrevive com boas entrevistas, alguns furos, mas a maré é difícil, é agridoce.

Contribui para um cenário difícil a própria formação do jornalista cultural musical. Lobão chegou a viver situações constrangedoras por causa disso. "Já aconteceram coisas absurdas, como comentarem o meu show afirmando que eu estava fazendo um cover do Cazuza com 'Vida louca vida'. Isso numa das revistas especializadas de maior prestígio. Fora a patrulha ideológica", diz o músico. Pablo Miyazawa concorda com Lobão, pois considera que a nova geração de repórteres e críticos musicais carece de base e investe pouco em cursos de especialização. Segundo ele, alguns críticos mal sabem a diferença entre nota e acorde.

> Na *Rolling Stone* temos dois tipos, o crítico com conhecimento técnico e o cara que cobre o artista, a pessoa, e não a parte técnica, de acorde, composição etc. Imaginamos que o mais interessante é quem é o artista e não necessariamente o que ele faz, até porque muitos músicos nem sempre sabem se explicar e o público nem sempre quer saber como o cara compôs a música, os aspectos técnicos etc.

Por sua vez, Felipe Machado considera que a grande maioria dos que cobrem música é mais fã do que profissional – não só no Brasil como no mundo todo. Ele acha fundamental que o jornalista cultural musical saiba tocar um instrumento, o que lhe dará mais embasamento na hora de discutir o assunto. Machado recomenda ainda àqueles que desejam cobrir a área um bom curso de música.

Sou músico, portanto conheço o lado de lá e o de cá. Às vezes, leio coisas que são totalmente absurdas, referências musicais e estilísticas que não fazem o menor sentido. Há citações de harmonia e melodia, por exemplo, sobre as quais a pessoa que escreveu não tem a menor noção do que sejam.

A falta de conhecimento amplo parece ser opinião generalizada no meio. Em debate promovido pela revista *Cult* com o tema "Música para todos?", o crítico musical de *O Estado de S. Paulo* João Marcos Coelho e os compositores e professores de música Silvio Ferraz e Leonardo Martinelli consideraram que, além da falta de enfoque, o jornalismo cultural musical fica demasiadamente à mercê da agenda cultural; além disso, os editores têm pouco conhecimento sobre música clássica.

O fato é que a agenda cultural é um fator determinante de espaços e enfoques no jornalismo cultural musical. E, como a indústria cultural norte-americana é a maior influência no Ocidente, a cobertura de música erudita, sertaneja, de pagode e de ritmos regionais fica relegada a segundo ou terceiro plano. Como um dos preceitos do jornalismo é a busca (ainda que utópica) da imparcialidade, não há críticos de rock, de sertanejo, de axé, mas críticos de música. Diz Felipe Machado:

> É importante ter um conhecimento geral para entender, por exemplo, o contexto em que surgem fenômenos como Luan Santana e Michel Teló. Não é preciso falar de qualidade, exaltar o artista só porque faz sucesso. Mas é preciso entender que não há sucesso sem algum tipo de qualidade, ou que há uma demanda por algum tipo de música por razões culturais. A cobertura do que faz sucesso nas grandes cidades é normal, até porque é ali que acontecem as expressões culturais mais relevantes. A música nas pequenas cidades é muito variada, mas tende a apresentar um caráter regional que não faz sentido para a grande mídia em um mundo tão globalizado. A não ser em casos específicos, quando ganha projeção nacional, como é o caso da música do Pará.

Curiosamente, segundo Lobão, a agenda cultural não privilegia lançamentos da indústria norte-americana; na verdade, a cobertura da música internacional é pobre e a "brasileira é passiva e cúmplice do baixíssimo nível reinante em todos os segmentos, principalmente o sertanejo".

A proximidade entre músicos e jornalistas – nem sempre possível, mas existente – é vista com bons olhos por quem transita entre as duas áreas, como Felipe Machado. Mas ele reconhece que a amizade pode prejudicar a tal imparcialidade, enquanto o mero contato físico e verbal é positivo. Para ele, o Brasil beneficiou-se enormemente no século 21, pois entrou no roteiro de turnês dos grandes artistas mundiais, que invariavelmente concedem entrevistas – pelo menos aos grandes grupos de mídia.

As perspectivas para a imprensa cultural musical neste século, portanto, são mistas. Embora haja um achatamento dos salários e menor oferta de vagas na imprensa tradicional, aumentaram os temas que podem ser cobertos. Além disso, existem fontes inesgotáveis de acesso a informações para a formação cultural do jornalista. Pablo Miyazawa acredita que nos próximos anos o campo será cada vez mais dominado pela cobertura da internet.

Os programas de música na TV terão que se reinventar, com propostas ao vivo ou coisas que ainda não conhecemos. É o que tem forçado as mudanças na MTV, por exemplo. Além disso, os nichos de músicos, gostos e produções serão cada vez mais comuns e a imprensa terá que saber lidar com isso.

Lobão, por sua vez, espera que a cobertura musical seja mais informativa, que o jornalista tenha uma postura mais crítica e honesta. Felipe Machado concorda, apontando a necessidade de construir relações mais verdadeiras com o leitor.

O único aspecto em que a internet ajudou a música é que ela criou um canal direto entre artistas e público, assim como críticos e leitores. É interessante ver como isso vai evoluir, já que em tese somos todos críticos e, ao mesmo tempo, leitores e fãs. Em relação à mídia de maneira geral, acho que o desafio é não cair na tentação de focar no lado celebridade dos músicos e bandas. Música é um assunto sério, mesmo quando tratado com leveza.

A música está presente em todas as culturas e idades da vida humana. Nascemos ouvindo canções de ninar de nossos pais, crescemos com apresentadores e personagens infantis cantando, somos seduzidos por artistas pop na adolescência e aos poucos definimos os tipos de música que mais apreciamos. A imprensa musical pode e deve ser um intermediário importante nesse convívio com o leitor. Afinal, em algum momento da vida, o ser humano de qualquer cultura se pergunta se aquela música é apenas "gostosinha de ouvir" ou se tem de fato algum valor artístico.

Se o ouvinte-leitor não tem independência crítica para analisar sozinho o tema – fato bastante comum no mundo –, cabe à boa imprensa especializada lançar caminhos, não respostas definitivas, sobre o que é joio e o que é trigo na plantação musical. Como diz a frase atribuída ao físico e educador norte-americano Samuel Howe: "Quando se ouve boa música, fica-se com saudade de algo que nunca se teve nem nunca se terá".

8. Novos universos: TV, informática, games, gastronomia, moda

A rigor, qualquer manifestação humana em uma comunidade pode ser classificada como cultural, como vimos no Capítulo 1. Segundo Muniz Sodré (2013),

> cultura não é o mesmo que conhecimento. Imagine-se o conhecimento como um mar em que se deve navegar: a cultura é um mapa, uma carta de navegação. Antes mesmo que se imponha o conhecimento, ela já se faz presente como uma matriz de orientação para fazer diferenças e estabelecer critérios, mas também como um mapa da memória do saber pertinente à reprodução da consciência burguesa.

Dessa maneira, a relação do brasileiro com o crediário e a poupança, seus hábitos alimentares e de lazer poderiam ser classificados como hábitos culturais. No entanto, a imprensa não se organizou dessa forma. Ou melhor, ao se dividir em seções (cadernos), no início do século 20, a imprensa, ao mesmo tempo que se libertou das páginas caóticas de antes – nas quais um mesmo texto falava da calçada malconservada e da ópera do Teatro Municipal –, também deixou de lado aquilo que não considerava diretamente cultura. Com isso, os jornais e as revistas tornaram-se muito mais fáceis de ler, mas rotularam o conhecimento humano. Hoje, existe um caderno de turismo separado do caderno de cultura, quando se sabe que a prática do turismo é muito mais cultura que entretenimento.

Porém, nas últimas décadas, a cobertura dos cadernos culturais expandiu-se rapidamente. A maior revolução interna no Brasil deu-se com o surgimento da televisão, em 1950, e sua popularização em diversos gêneros (novelas, séries, programas de auditório, de entrevistas etc.) na década de 1960. Quando as novelas começaram a ganhar qualidade de roteiro e imagem, a TV passou a ser levada a sério pela imprensa. Hoje, é impossível encontrar uma revista ou um jornal que não aborde algum conteúdo televisivo, seja discutindo a vida dos artistas, a qualidade de determinados programas ou meramente divulgando entretenimento. Embora ainda haja preconceito nos próprios cadernos e a TV não se enquadre na "linha nobre" de cobertura, é sua abordagem que garante um alto nível de fidelização de público, anunciantes e venda em bancas.

Outro universo que conquistou os cadernos culturais brasileiros foi a moda. Presente na vida urbana há séculos, a moda nunca havia sido foco constante da imprensa brasileira até a abertura dos mercados de importação, nos anos 1990, que trouxeram grifes e popularizaram os desfiles em cidades como São Paulo e Rio de Janeiro. Hoje, a moda não só é considerada reflexo e palco de discussões da própria cultura brasileira como se tornou uma indústria poderosíssima, sendo abraçada em definitivo pelos cadernos culturais. Se na vitrine da cobertura figuram modelos internacionais, no cerne artístico estão os estilistas, que agora captam recursos por meio de leis de incentivo para trabalhar suas coleções.

Outro nicho ligado à cultura que, como o turismo, foi desprezado ao longo de quase todo o século 20 é a gastronomia. A partir dos anos 1980, guias e cadernos de cultura dos jornais e revistas semanais passaram a dedicar espaço não só a roteiros de restaurantes como a críticas de gastronomia. Hoje, ela se tornou tão poderosa nos veículos que alguns lhe concederam um caderno separado, como é o caso do *Paladar* de *O Estado de S. Paulo*, e *Comida*, da *Folha de S.Paulo* – que atraem um novo nicho de anunciantes e, claro, de leitores. Sem falar de revistas especializadas, como a *Gula*.

Se o surgimento da internet sacudiu a cobertura da imprensa nas áreas anteriormente aqui discutidas, como música, teatro, cinema e literatura, também ajudou a criar outros universos de cobertura para os cadernos culturais, como é o caso de resenhas sobre games, programas de computador e aplicativos para celulares e tablets. Quase nulos na pauta dos jornais dos anos 1990 – às vezes apareciam no caderno de cultura, outras no de economia –, no século 21 ganharam força ainda maior, recebendo cadernos próprios e revistas, como *Tec*, da *Folha de S.Paulo*; *Link*, de *O Estado de S. Paulo*, e revistas como *PC Master*, *Gadget* etc.

Embora seja só no decorrer deste século que realmente saberemos se esses universos continuarão nos cadernos de cultura ou fora deles, o fato é que eles merecem uma atenção à parte, para discutir suas problemáticas, virtudes e novos rumos. Uma observação já se pode fazer: a inclusão dessas novas áreas no jornalismo cultural segue uma tendência de a cobertura cultural assumir ares de comportamento, com áreas novas ganhando colunas e páginas específicas. Há jornais, como *O Tempo*, de Belo Horizonte, que incluem também páginas sobre esoterismo. A *Ilustrada*, da *Folha*, publica textos em forma de coluna sobre baladas noturnas. Isso sem falar de enologia, quadrinhos etc.

Televisão

O universo da cobertura cultural televisiva tem particularidades interessantes na imprensa. O jornalista Gabriel Priolli[7], ex-editor do *Jornal Nacional* e ex-crítico de TV da *Folha de S.Paulo* e de *O Estado de S. Paulo*, diz que a cobertura tem se dedicado regularmente à divulgação de novas contratações, crises e perda de audiência da televisão aberta, ainda que haja cada vez mais canais fechados com potencial para ser cobertos pela mídia.

> O que vai mal é a cobertura das iniciativas regulatórias, ou do debate sobre esse tema. Aqui, quando não temos um silêncio sepulcral, temos distorções intencionais e má--fé generalizada. A radiodifusão reage em uníssono com a mídia impressa, no sentido de evitar qualquer regulação e manter o oligopólio do mercado livre de quaisquer constrangimentos legais. Sinto isso na pele porque, nos últimos anos, tive três artigos censurados, em três publicações diferentes, porque ousei citar – literalmente – a necessidade de atualizar uma legislação que é de 1962 e já não regula mais nada. Falar de regulação da radiodifusão virou tabu.

Para Priolli, a cobertura é excessivamente voltada para o entretenimento e o *star system*, dando visibilidade a programas voltados para a diversão e ignorando aqueles dedicados à educação, cidadania etc.

Daniel Castro, que durante quase duas décadas cobriu televisão como repórter e crítico para a *Folha de S.Paulo*, passando posteriormente pelo R7 e, hoje, com um portal de notícias próprio (Notícias da TV), crê que a cobertura tenha melhorado desde o início do século 21, mas ainda necessita de mudanças. Segundo ele, se até o final dos anos 1990 a cobertura era sobretudo focada em fofoca ou na programação, os negócios de TV eram relegados a veículos especializados em publicidade. Hoje, a cobertura jornalística do "negócio TV" disseminou-se.

> De modo geral, a cobertura de televisão ainda é muito controlada pelas emissoras. Nenhum jornalista hoje é plenamente independente de releases ou assessores de imprensa para fechar sua coluna ou reportagem. Além de se submeter a esse agendamento, a cobertura peca pela ingenuidade, pela falta de senso crítico e por uma reverência à celebridade e ao sucesso.

---

7. Para compor este capítulo entrevistei, em 2012 e 2013, as seguintes pessoas: Daniel Castro, Deborah Bresser, Fernanda Meneguetti, Gabriel Priolli, Josimar Melo, Mario Queiroz e Renato Cruz.

Castro considera a internet o grande agente de mudanças, pois há na atualidade sites especializados sobre o tema que concorrem com a mídia tradicional pelos furos.

> Agora, a crítica e a cobertura de televisão ocorrem em tempo real, nas redes sociais, por profissionais e amadores. Isso requer das colunas e dos jornalistas especializados um esforço ainda maior. Contar o que aconteceu é notícia velha, já deu no Twitter e no Facebook. Mais do que nunca, é preciso ir além.

É de esperar que os especialistas em TV, meio que difunde o conteúdo mais popularizado no país, sofram para se distinguirem dos milhões de "críticos amadores" – na verdade, telespectadores com alguma opinião. Por isso, a formação de quem cobre a área é sempre delicada. Gabriel Priolli acredita que a televisão raramente é o primeiro interesse do jornalista na redação, sendo considerada uma "arte menor" quando comparada com o cinema, a literatura, a música e as artes visuais.

O que mais falta, entretanto, é uma visão interna da indústria televisiva. Quando o jornalista examina a TV de fora, sem ter passado uma temporada que seja na redação de telejornal ou na produção de um programa, ou sem atentar para a importância de ouvir, de fato, o segmento, dificilmente ele ultrapassa a ótica banal, do telespectador comum. Com isso, reproduz preconceitos e desinformações. A compreensão de que a TV é um "serviço estético" (formulação de Umberto Eco), isto é, um serviço de informações culturais que oferece um amplo leque de produtos, cada qual com sua linguagem e seus cânones, não é muito disseminada.

Já Daniel Castro acha que a má formação nunca foi impeditiva de uma boa cobertura de TV:

> Claro, seria ótimo que o jornalista tivesse formação em rádio e TV, cinema, que conhecesse roteiro, direção, fotografia, direção de arte etc. Mas nem os críticos têm essa formação. Se o profissional for "apenas" um bom jornalista, tiver fontes e um bom texto e praticar um jornalismo crítico e responsável, já se destacará.

O problema é que, para fazer uma boa cobertura televisiva, é preciso ir além da confortável posição de telespectador e estar próximo das fontes, o que acaba sendo um obstáculo para a imprensa de pequeno porte. Gabriel Priolli crê que haja repórteres demais nessa área, e todos vão atrás das "mesmas figurinhas", ou seja, da estrela de novela e do diretor badalado. Poucos procuram o produtor executivo, a equipe técnica e a turma dos bastidores, até mesmo para cultivar fontes.

Quando eu comecei na área, já havia uma estrutura de assessoria muito bem organizada, que funcionava como linha de zaga, para cortar o acesso, ou o contrário, como facilitadora do trabalho. Dependia – e ainda depende – do repórter e de seu trabalho. Mesmo quando eu criticava, merecia respeito, porque procurava ser sério e justo nas observações. Tendo a achar, assim, que choradeira de repórteres contra assessores é incompetência, preguiça. Quem precisa da informação sabe quem a possui, vai buscá-la. Para isso, é necessário olhar para a TV como um todo, não apenas para a sala de maquiagem dos atores.

De acordo com Daniel Castro, a distância entre as fontes e o jornalista é sempre prejudicial, deixando os novatos submetidos aos filtros das assessorias de imprensa. Ele concorda que haja falta de disposição em investigar, mas afirma que os jornalistas mais talentosos são afastados pelos baixos salários da área, o que resulta em profissionais com pouca experiência que aceitam ganhar pouco, quase sempre deslumbrados pelo acesso a artistas famosos. "Na cobertura de televisão, sobressaem entre os defeitos a bajulação aos famosos e a falta de crítica. Textos de sites e blogues parecem ter sido escritos por fãs para ser lidos por tapados", diz Daniel.

Nos próximos anos, os especialistas da área acreditam que a cobertura tenda a se diversificar com o surgimento de novas publicações. Gabriel Priolli espera que o futuro repórter que cobre televisão estude história, sociologia, teorias da comunicação, bem como grandes nomes e marcos da área. E dá dicas para um bom desempenho: "Assistir a muita TV, sem preconceitos, procurando destrinchar a estrutura da enunciação das mensagens, conhecer os programas antigos, buscar contato com gente da área e, quem sabe, estagiar ou trabalhar um tempo nela". Por sua vez, Daniel Castro lembra que televisão é o assunto mais comentado em redes sociais, mas ainda será uma área confundida com cobertura de celebridades, fofocas e assuntos triviais. Ele não vê futuros avanços no setor e acredita que ele tenha se tornado um campo privilegiado do jornalismo cultural apenas na internet, pois nos jornais tem perdido espaço em função da crise dos veículos.

Nas redações de jornais, há preconceito contra televisão, principalmente a aberta, por ser popular. A imprensa brasileira segue a norte-americana e europeia. Os jornais querem ser o *New York Times* ou o *Guardian*, dedicam pouco espaço à televisão. Já os portais brasileiros tentam fazer o mesmo, mas dificilmente fogem da superficialidade.

Daniel Castro sugere ao futuro repórter que pesquise sobre história da televisão brasileira, linguagem e tecnologia, além de exercer o senso crítico em seus textos.

Informática e games

Essa área suscita muitas dúvidas: por sua natureza, deveria ser voltada para a cultura ou para o consumo? O fato é que revistas de informática e cadernos dos grandes jornais cobrem não só aspectos econômicos e lançamentos de novos programas, computadores e sistemas operacionais. A cada dia aparecem mais colunas dedicadas ao entretenimento on-line, especialmente sobre aplicativos de jogos. Até hoje, esse universo tem ficado recluso a cadernos separados, mas invade as seções culturais quando surgem notícias envolvendo o consumo de cultura por novas plataformas tecnológicas.

Para Renato Cruz, editor do caderno *Link* de *O Estado de S. Paulo*, a cobertura do tema cresceu muito nos últimos anos, e a chegada das mídias sociais mudou de modo radical tal cobertura, sobretudo devido à interação imediata com o leitor. Ele vê como problema a distância entre os jornalistas e as principais fontes – criadores de softwares e aplicativos –, quase sempre estrangeiras. "Acho que o principal problema nos textos da área é a linguagem empregada nas matérias, com uso excessivo de jargões. Os textos deveriam ser acessíveis a quem nunca leu sobre o assunto", diz ele, que não considera a área de informática e games parte do jornalismo cultural.

É provável que não seja de fato, pois as matérias têm focado cada vez mais a tecnologia e sua praticidade no dia a dia. Mas como o próprio jornalismo cultural tem se contaminado, como vimos, por conteúdos de comportamento, tal questão ainda fica em aberto. Além disso, o hábito social de se entreter com aplicativos em tablets e em redes sociais vem afastando os telespectadores dos programas televisivos – e, por conseguinte, do cinema, do teatro etc. Como cada vez mais o brasileiro – e o ocidental – tem usufruído do entretenimento digital, talvez desponte uma área de cultura on-line que depois migraria para os cadernos culturais.

Por sua vez, o universo de games transformou-se em uma poderosíssima área no alvorecer do século 21. Embora seja constantemente ameaçada pelos aplicativos gratuitos (ou bem baratos) de jogos para celulares e tablets, a indústria de games ainda é responsável pela saúde financeira de muitas empresas de entretenimento, como os estúdios de Hollywood. Quando um filme da Disney ou da Warner vai mal nas bilheterias mundiais, seu maior potencial para lucro são os subprodutos, como jogos. Franquias como *Harry Potter* faturaram bilhões graças também a esse universo. Ele é tão importante que muitos roteiros são aprovados nos estúdios somente quando é possível produzir games rentáveis durante ou após a vida comercial do filme.

Por se tratar de entretenimento, os games estariam, em tese, alocados no caderno de cultura dos jornais, mas eles trafegam tanto nestes como nos cadernos de informática. Sua cobertura cresce a cada dia em blogues e portais. Basta uma simples busca no Google para encontrar centenas de sites que oferecem não só jogos como comentários sobre eles. Alguns, mais sofisticados, contam a história dos games no mundo e abrigam jornalistas especializados. No entanto, ainda predomina a cobertura feita por leigos – usuários de jogos que descrevem suas experiências – em vez da abrangência de um olhar crítico voltado também para a tecnologia empregada no jogo, as mudanças das novas versões, os aspectos fotográficos e de direção de arte no visual do game, a sofisticação do roteiro (história, evolução, conflitos, personagens secundários), a interatividade com o usuário etc. Em consequência, os textos são quase sempre ruins, porque são escritos não por redatores, mas por fãs de determinados jogos. Aquele que fala bem de jogos de luta, por exemplo, pode criticar os de saga somente baseado em suas preferências. A isenção jornalística, o distanciamento e a busca de informações complementares ainda estão engatinhando na área de games. Entretanto, não falta apetite da indústria nem dos usuários por análises mais aprofundadas – afinal, os jogos mais sofisticados custam caro e a ajuda de um especialista antes de comprar o produto é sempre bem-vinda.

Gastronomia

Ao lado do turismo, a gastronomia é uma das formas mais tradicionais de espelhamento cultural de um povo. Como não associar a *paella* à cultura espanhola, a lasanha à cultura italiana, o *sashimi* à japonesa, o acarajé à brasileira, o *bobotie* à africana, entre tantos outros exemplos?

Porém, somente nas últimas décadas a gastronomia começou a galgar espaço nos cadernos de cultura, a ponto de seu sucesso – comercial (anúncios publicitários) e de índice de leitura – ser tão significativo que alguns jornais decidiram criar um caderno especial sobre o assunto, como é o caso de *Paladar* (*O Estado de S. Paulo*) e *Comida* da (*Folha de S.Paulo*).

Para o jornalista e crítico de gastronomia da *Folha de S.Paulo* Josimar Melo, houve uma significativa melhora na cobertura da área, o que a diferenciou da simples publicação de receitas do passado. Hoje, há críticas de restaurantes, seções de vinhos e bebidas, perfis de chefs, testes de produtos etc. Além disso, ao contrário de vários outros segmentos em que a imprensa especializada vem desaparecendo, a gastronomia ainda tem um considerável número de revistas e guias impressos vendidos em bancas.

> Embora tenha havido maior especialização da área entre jornalistas, houve uma vulgarização enorme através da internet, com palpiteiros de todo tipo, blogues de curiosos,

sites "colaborativos" em que qualquer um vota e dá nota. Isso é um problema não somente na cobertura gastronômica, o culto aos palpiteiros e o preconceito contra os especialistas são prejudiciais a todas as áreas da cultura.

Para Fernanda Meneguetti, que trabalhou anos na revista *Gula*, a cobertura gastronômica tornou-se mais superficial, com poucos conceitos sobre restaurantes e seus menus e raras comparações sobre o que acontece em diferentes estados do país e em nível internacional: "A cozinha foi evidenciada, é claro, mas não sei se as mudanças foram assim tão significativas. Sinto que a gastronomia ainda é tratada de forma muito glamorizada e não como uma manifestação cultural viva", diz.

Glamorizada e, ao mesmo tempo, vulgarizada, a gastronomia vive, segundo Josimar, um período de entressafra, em que coexistem autodidatas muito bons e uma geração de pessoas que estão estudando gastronomia e poderão se tornar bons profissionais da área. Já Fernanda Meneguetti considera a formação defasada: "Falta paixão, falta informação sobre a história da alimentação e sobre técnicas culinárias. Falta até mesmo degustação. Afinal, como falar de um prato se você não o provou? De um chef, se você não o entrevistou?"

A gastronomia tem uma peculiaridade em relação a todas as outras áreas. É a única em que o produto pode ser melhorado instantes antes de ser analisado pelo crítico ou jornalista gastronômico. Por isso, a proximidade entre jornalistas e chefs é um tema delicado. Afinal, se o dono do restaurante se dá conta de que um crítico gastronômico está no recinto, ele mobilizará toda a cozinha para levar o que há de melhor ao jornalista, alterando assim o funcionamento-padrão do estabelecimento. Se o público leigo e o crítico de cinema veem o mesmo filme, isso definitivamente não acontece com gastronomia. Por isso, houve tempos em que os críticos gastronômicos não publicavam fotos pessoais nos jornais, tentando manter o anonimato. Josimar Melo, no entanto, crê que a proximidade não seja de todo ruim.

> Mesmo o *New York Times*, cujo primeiro crítico, Craig Claiborne, tentou sistematizar a atividade (e incluiu o anonimato entre as condições, o que era viável nos anos 1960), já desistiu disso, pois na prática, quando anuncia um novo crítico, em cinco minutos já tem dezenas de fotos publicadas na internet, por mais discreto que seja. De toda forma, é necessário tomar precauções, como não fazer reservas no próprio nome para não alertar o restaurante da visita; mas, de resto, ser reconhecido ao chegar no fundo não faz muita diferença, pelo menos para mim, pois no meu caso a avaliação (estrelas) que faço refere-se especificamente à comida, não a atendimento, conforto etc. E a experiência já mostrou que, mesmo que eu entre no restaurante e seja reconhecido, nem por isso um cozinheiro ruim vai se tornar competente em um minuto, ou um peixe comprado há uma semana vai se tornar fresco, ou uma manteiga, um vegetal, uma massa de se-

gunda vão virar as melhores da cidade. Se o cozinheiro, as receitas, os ingredientes são ruins, não deixarão de sê-lo porque eu cheguei.

Fernanda Meneguetti acrescenta um problema a essa proximidade: o que chama de "política de jabá das assessorias de imprensa". Ela reconhece que, se o serviço e a comida forem diferenciados para o jornalista, a crítica será baseada em uma experiência construída.

Os guias de entretenimento de fim de semana têm alto índice de leitura, especialmente porque as cotações (estrelinhas) facilitam uma consulta rápida, sem requerer muito tempo de leitura. Mas são as críticas gastronômicas e os textos mais longos escritos de modo que fomentem novos leitores? Josimar Melo diz que a melhor forma de aumentar o número de leitores é tratar a gastronomia sem fantasiá-la, de forma objetiva, como qualquer texto jornalístico. "O maior defeito é dourar a pílula, querer tratar a comida com glamour que ela nem sempre tem e cobri-la de adjetivos e hipérboles no lugar de tratá-la analiticamente", diz Melo, que ainda assim percebe uma tentativa de recuperação da cobertura gastronômica, apesar da forte vulgarização trazida pelos primeiros anos de internet.

> O próprio público começa a se cansar de tanta quantidade e baixa qualidade de informação. Acho que, por isso, a tendência no século 21 é que as pessoas voltem a buscar informação e crítica em fontes que achem confiáveis, de qualidade. Vislumbro que, com o tempo, na hora de escolher um livro, um filme ou um restaurante, em vez de dizer "vou olhar na internet" (ou seja, vou dar um Google para ver 1 bilhão de resultados), as pessoas voltem a dizer "vou olhar no *New York Times*; vou olhar na *Folha*; no *Guia Josimar*". Eles podem até usar a internet para consultar essas fontes, mas acho que vão deixar de buscar genericamente ou mesmo o que os amigos dizem no Facebook; voltarão a buscar fontes de quem se dedica a isso.

Por sua vez, Fernanda Meneguetti acredita que o século 21 fará uma distinção cada vez maior entre culinária e gastronomia, com críticas mais bem construídas e um perfil mais diversificado, heterogêneo. Ambos os profissionais, no entanto, creem que a cobertura jornalística gastronômica brasileira de hoje seja altamente influenciada pelo estilo inglês e norte-americano, com uma linguagem mais objetiva, jornalística, distanciando-se cada dia mais do perfil francês, carregado de hipérboles. Fernanda ressalta que, assim como a mídia do México, a do Brasil está em busca constante de identidade própria, de um estilo brasileiro de cobrir assuntos gastronômicos.

Para os estudantes de Comunicação que almejam trabalhar na área, Josimar Melo sugere aproveitar o tempo acadêmico para se aprofundar nos estudos de culinária, vinhos, restaurantes etc. "Além disso, não esquecer que um jornalista tem de se comunicar; caso seja um pedante falando de vinhos, por exemplo, vai espantar o público, e não atrair: é preciso conseguir traduzir esse mundo para o leitor comum. Isso é jornalismo", afirma ele. Fernanda acrescenta: é preciso "comer muito, se envolver, ter interesse sobre os ingredientes e seu preparo e ler livros de receitas".

O surgimento de novos cursos – uma forma de especialização para o jornalista –, aliado ao crescente interesse de anunciantes e de leitores pela área, tende a colocar a gastronomia cada vez mais em evidência no jornalismo cultural no século 21. Afinal, antes de o cérebro se interessar por cultura e entretenimento, o estômago pede uma boa refeição.

Moda

Menos ligada ao entretenimento e mais centrada no consumo de tendências, a moda é outro universo que vem ganhando espaço no jornalismo cultural brasileiro. Embora seja tema de jornais e revistas desde o surgimento deles no Brasil – no século 19, sob influência francesa –, só agora a cobertura de moda foi profissionalizada em termos jornalísticos, com comunicadores que buscam especialização na área e formam um campo do conhecimento solidificado e organizado.

Deborah Bresser, editora de moda do Grupo Estado por 13 anos e de sites como IG, Glamurama e Petiscos, diz, no entanto, que a moda ainda é um tema relegado ao ostracismo nas mídias convencionais, especialmente jornais diários. Ela cita a página *Última Moda*, da *Folha de S.Paulo*, que deixou de existir, sendo reeditada apenas em semanas de moda. Porém, ela é otimista em relação ao espaço na internet, que cresceu, embora ainda seja uma "terra de ninguém, que vive momentos de mercantilização das notícias (posts pagos não identificados, looks do dia vendidos e não sinalizados etc.)". Além disso, a área ganhou revistas importantes no Brasil nos últimos anos, como *Harper's Bazaar* e *Glamour*, além da migração da *Vogue* para a editora Globo Condé Nast. Para ela, o século 21 trouxe como importante novidade de cobertura jornalística a possibilidade do streaming (fluxo de mídia por meio de internet) nos desfiles.

> Um desfile da Chanel, por exemplo, que era algo super-restrito, hoje é transmitido ao vivo pela internet, e isso muda consideravelmente o acesso das pessoas a essa informação de moda. O Twitter, o Instagram, todas as novas mídias foram rapidamente incorporadas pela moda, que vive disso, de rapidez, mudança e imagem. Hoje, qualquer pessoa pode ser fonte de uma informação de moda e transmiti-la em tempo real para o mundo todo. Isso fez que a cobertura convencional tivesse de ser repensada. Como fazer um editorial de moda atraente em uma revista que vai circular meses depois dos

desfiles com imagens que foram exaustivamente mostradas via internet? Quebrando a cabeça e sendo criativo, sempre é possível. Há, por outro lado, uma banalização dessas informações, com palpiteiros demais, e os especialistas não são valorizados. Moda é um assunto do qual todo mundo acha que entende.

Do outro lado da cobertura opina Mario Queiroz. Um dos mais importantes estilistas do Brasil, ele é dono de marcas próprias de roupa desde 1995 e participou das principais semanas de moda do país e do mundo. Formado em Jornalismo, professor de cursos de moda e consultor de varejo, Queiroz crê que ainda haja falta de informação sobre cultura de moda e, principalmente, de conhecimento técnico básico de tecidos e processos de confecção.

> Talvez a maior mudança na cobertura de moda no século 21 tenha sido a inclusão de pessoas sem formação em jornalismo, sem estudos de moda nos blogues e nos sites. Outra questão são os preconceitos – muitos comentários demonstram que alguns jornalistas que deveriam estar abertos a novidades usam expressões limitadoras, como "quem vai usar isso na rua?"

Deborah Bresser concorda que a formação de quem cobre moda ainda é precária, mas lembra que a própria tendência de semanas de moda no Brasil é recente, tendo se iniciado no final dos anos 1990. Isso também se dá com os cursos de moda, ainda muito novos.

Quem cobre moda para blogues e sites ainda em início de carreira tem grande dificuldade de entrevistar estilistas, organizadores de eventos, modelos etc. Deborah vê um lado positivo nisso tudo, pois acha que a proximidade com fontes e celebridades da área leva à troca de papéis. São aqueles "jornalistas que juram que são amigos dos estilistas, ou dos famosos que entrevistam", diz ela, que aponta ainda a questão da sazonalidade da cobertura – que dificulta fazer carreira na área – e a força constante das assessorias de imprensa. "É o *modus operandi* no qual se transformou o jornalismo em geral, um jornalismo de cadeira, celular e Google. Nada contra todas as facilidades da vida moderna, mas para o jornalismo essa preguiça de fuçar, de pesquisar, de ir a campo é nefasta." Já para Mario Queiroz não é a proximidade entre fontes e jornalista que atrapalha, mas a distância. "Em muitos anos de desfiles (mais de 40), vi pouco interesse de alguns jornalistas para conversar antes e depois do desfile", afirma.

O texto jornalístico de moda também precisa melhorar. Embora tenha de ser altamente descritivo, deve evitar clichês, lugares-comuns e estrangeirismos. Deborah lembra que as legendas devem ser exemplares e os textos, didáticos. É necessário entender que o leitor nem sempre tem as referências dos jornalistas que escrevem.

Espero que o avançar do século 21 traga melhores blogues e que os leitores consigam fazer melhores filtros. Acho que a cobertura de moda é perfeita para internet, tablets. Uma revista de moda no tablet consegue uma qualidade de imagem de que nem a melhor impressão do mundo é capaz. A nova geração de leitores não tem o hábito do papel, e moda é um tema perfeito para Twitter, Facebook, Instagram, tablets, blogues e portais.

Bresser ainda acha importante quebrar preconceitos contra a área dentro das redações no mundo acadêmico: "Os futuros egressos da faculdade precisam entender que a mídia tradicional não mais absorve jornalistas de moda. Gloria Kalil tem site, Lilian Pacce tem site, até Costanza Pascolato tem blogue. A mídia não mais absorve nem as grandes feras, imagine então essa mão de obra jovem".

Mario Queiroz pensa ser fundamental que os jovens jornalistas mergulhem na história da moda, nos termos técnicos da área e em cultura de moda internacional. Deborah Bresser aconselha-os, primeiramente, a não desistir:

> Eu realmente acredito que a necessidade da informação de moda – ninguém sai sem roupa na rua – e saber o que vestir não são frescuras. São formas de estar inserido no seu tempo, no seu mundo. Sem essas informações, corremos o risco de aparecer de fraque e cartola quando todos estão usando jeans e camiseta. É preciso ler, viajar, circular, porque a moda está em todos os lugares, olhando para o mundo.

Antes de encerrar este capítulo, vale lembrar que existem outros universos culturais promissores abordados pela imprensa, como as *graphic novels*, um bom exemplo de fusão entre culturas popular, erudita e de massa. O famoso quadrinista norte-americano Art Spiegelman, autor de *Maus: a survivor's tale*, declarou certa vez: "Percebi que quadrinhos podiam ser quase tudo: propaganda, entretenimento e até mesmo arte". O próprio *Maus*, vencedor do Prêmio Especial Pulitzer, é um excelente exemplo disso, pois congrega uma narrativa fácil, jovem, reflexões autobiográficas e traços belíssimos, reproduzindo-os para a venda em massa.

Ao que parece, os novos universos, embora populares entre os leitores e repletos de informação, não dispensam as boas e velhas premissas do jornalismo – estudo, pesquisa, investigação –, que fazem de um texto cultural fonte de conhecimento e não de puro achismo.

Num século em que muitos jornalistas e futuros profissionais querem cobrir games, gastronomia, moda e televisão porque consomem e gostam dessas áreas, vai se destacar aquele que tiver conhecimentos profundos e sair a campo para investigar a atualidade dos novos universos culturais.

9. Novas plataformas: TV, guia, portal, rede social e celular

Durante grande parte da história do jornalismo cultural, sua forma de expressão resumia-se praticamente a uma plataforma: o meio impresso. Folhetins, revistas, jornais e livros discutiam artes visuais, música, teatro e literatura apenas por meio das palavras impressas, com algumas gravuras ou pinturas e, mais tarde, fotografias. O surgimento do rádio, no final do século 19, revolucionou a divulgação da cultura. Para o jornalismo cultural musical, foi um avanço tremendo, pois as matérias e críticas poderiam vir acompanhadas de trechos das músicas e entrevistas com os artistas.

A próxima plataforma que sacudiu o meio foi a televisão, nos anos 1940 nos Estados Unidos. Isso porque o cinema, criado em 1895 na França, nunca ganhou força como expressão do jornalismo cultural. A TV, ao contrário, foi criando programas em que a cultura ganhou espaço – como o telejornalismo, no qual o repórter fala sobre uma novidade musical, teatral, literária ou cinematográfica, ou o crítico colunista que aborda, por exemplo, o meio século de criação do Cinema Novo – assim como tem feito há alguns anos Nelson Motta nos telejornais da TV Globo. Paralelamente, surgiram também os guias de jornais e revistas, minicadernos ou até livrinhos que saem às sextas-feiras contendo a programação de praticamente todas as estreias e obras culturais em cartaz em determinada região metropolitana. Um guia de serviços contendo salas, endereços, avaliações de restaurantes, peças e exposições de artes visuais, artistas e bandas que estão realizando shows etc. Nesses livrinhos, há também resenhas e críticas pequenas sobre as estreias. E, embora o espaço seja diminuto, trata-se de plataforma importante para a proliferação do jornalismo cultural.

A grande mudança, porém, aconteceu a partir do fim dos anos 1990, com a popularização da telefonia celular e o crescimento da internet. Assim, já no início deste século, o jornalismo cultural tinha um campo vastíssimo para divulgação e reflexão de arte e entretenimento. Primeiro surgiram os portais de grandes empresas, que dedicam páginas exclusivas à área. Lá se encontram não só textos analíticos como guias de estreias, serviço e – aí está a grande vantagem da internet – a possibilidade de ilustrar o texto com trechos de música, filmes, clipes e imagens em alta resolução, além de entrevistas ouvidas ou assistidas. Com o barateamento da tecnologia, nascem blogues que abordam todas as áreas do jornalismo cultural, seja por leigos, seja por especialistas da área. E é aqui que as novidades nem sempre são positivas, pois agora não existe uma peneira, um filtro claro para o leitor, que acessa uma infinidade de sites e, sem um conhecimento prévio, pode ler análises rasas e incompletas.

As mesmas vantagens e desvantagens aparecem nas redes sociais. Pelo Twitter, Instagram ou Facebook é possível não só divulgar as estreias do fim de semana como postar pequenos textos ou links para páginas que abordam análises de bons especialistas. As redes sociais tornaram-se tão poderosas na segunda década do século 21 que até mesmo os mais tradicionais críticos de arte das velhas plataformas aderiram a elas, postando links de textos que foram publicados nos seus veículos empregadores.

Para completar, a popularização dos smartphones e tablets também mudou a forma de consumir cultura. Eu mesmo, ao adquirir um tablet, nunca mais li jornal ou revista na versão impressa. O curioso é que, até os anos 2010, nem mesmo as empresas jornalísticas estavam preparadas para tamanha mudança, oferecendo pacotes em que o assinante era praticamente forçado a adquirir a versão impressa ao fazer o download da digital.

Smartphones e tablets trazem ainda novidades interessantíssimas. Facilitam aquele filtro de qualidade que ferramentas como o Google não oferecem. Ou seja, o leitor pode assinar o jornal e a revista de que gosta, ler os críticos e jornalistas culturais em que confia, mas, ao contrário da versão impressa, tem uma experiência muito mais rica. Ao ir para a página com a crítica do novo filme, no lugar da foto há o trailer, que começa imediatamente ao tocar na imagem. Na crítica do novo livro de um escritor importante, há um link com as primeiras páginas da obra. No texto que fala do lançamento de uma banda, aparecem o clipe da música de trabalho e algumas amostras. Melhor ainda: na crítica da exposição de um artista plástico, abrem-se imagens em altíssima resolução dos quadros, com possibilidade de zooms explicativos em que se analisa em detalhes o estilo do artista, algo inédito até então.

As novas plataformas, portanto, são motivo de grande entusiasmo para o jornalismo cultural. Ainda que estejamos vivendo uma fase de proliferação de conteúdo ruim e poucas ilhas qualitativas, aos poucos o processo sofrerá acomodação e sobreviverão portais e veículos em que os leitores sabem que podem confiar. Nesse meio-tempo, é preciso descobrir formas eficazes de tornar o negócio digital realmente rentável. Afinal, o lado negativo de toda essa tecnologia é a facilidade imensa de reprodução de conteúdo sem precisar pagar por ele. A geração que nasceu no século 21 pode até demandar textos jornalísticos de qualidade. Mas será que depois de clicar no link para ouvir faixas do novo disco da banda comprará o CD ou, num clique ou dois, o baixará em um site pirata? Se esse é um hábito ainda corriqueiro apenas entre jovens ou especialistas em tecnologia, é evidente que esse público tende a aumentar com os anos – o que deixa estúdios de cinema, gravadoras, editoras e emissoras de TV em pânico. Há alguns anos, um alto executivo da TV Globo disse que se enganava quem pensava que a emissora se sentia ameaçada pelo crescimento de audiência de concorrentes como a TV Record ou as TVs pagas. A maior preocupação deles era, na verdade, com plataformas como o YouTube, que possibilitava assistir ao capítulo da novela de ontem sem cortes nem anúncios publicitários. Sem falar de desenhos animados, filmes e clipes, todos inteiros em sites como esse.

As novas plataformas também alteraram o conteúdo da produção jornalística. Twitter, Facebook e outras redes sociais pressionam a cada dia para que reportagens, análises e entrevistas sejam mais curtas e rápidas de ler, o que enfraquece o conteúdo crítico. Quando se trata de notícias de pouco interesse real, os resumos são bem-vindos, mas no caso de informações que podem impactar diretamente a vida do receptor, todo cuidado é pouco. A menos que se faça uma extensa pesquisa qualitativa no Google para achar outras fontes sobre o assunto, fica difícil obter informações. Tal seleção transforma o leitor de mero receptor em gerador informal de conteúdo. Consequentemente, há quem goste da brincadeira e se torne blogueiro em áreas específicas.

Em matéria publicada na *Folha de S.Paulo* de 11 de maio de 2013, Fernanda Ezabella cita que 75 mil pessoas acessam os vídeos do paulista Danilo Leonardi sobre livros, e o americano Donald Mitchell publicou quase 5 mil resenhas na Amazon, faturando 70 mil reais. Ambos não são especialistas no que escrevem, mas utilizam as novas plataformas para falar sobre aquilo de que gostam. No entanto, isso tem se tornado um negócio pernicioso. A matéria cita sites como o Hollywood Book Reviews e Pacific Book Review, que cobram de 250 a 800 reais dos autores que queiram resenhas publicadas sobre seus livros em alguns sites. A ideia já chegou ao Brasil, com editoras como Record e Planeta aderindo à moda. Ou seja, inverte-se o que há séculos era uma prática: o jornalista especializado busca novos produtos culturais e, como especialista, filtra aqueles que valem uma matéria ou crítica. Se tal movimento se espalhar, ganha mais espaço crítico (e não só publicitário) aquele que pagar mais. A tendência vem crescendo rapidamente. Segundo a matéria de Ezabella, o juvenil *A seleção*, de Kiera Cass, lançado por um selo da Companhia das Letras, vendeu 16 mil exemplares sem aparecer na imprensa, apenas resenhado por blogues que recebem milhares de acessos por mês. Em suma, num mundo onde tudo se lê cada vez mais às pressas, será que o leitor vai se dar ao trabalho de analisar se a resenha de determinado blogue é honesta?

Nessa linha, Rinaldo Gama, que tem vasta experiência na docência e na prática do jornalismo cultural, raciocina da seguinte forma: se, em médio e longo prazo, todos se tornarem produtores, a criação será necessária? Se todos forem críticos, a crítica se fará necessária? Afinal, com os blogues, leitor, editor e crítico podem ser uma mesma pessoa – e quase sempre o são.

> Você não tem mais intermediários e se relaciona diretamente com o leitor [...]. Mas de uma coisa eu tenho certeza: será impossível para uma pessoa, por melhor que ela seja, "consumir" tudo o que está sendo feito. Alguém tem de escolher para você não ser obrigado a ler tudo, esse é o editor, ele é o veículo de comunicação. Sempre haverá a necessidade de alguém que faça o meio de campo. E, o mais importante, a opinião do leitor é delegada ao que os meios de comunicação acham que é importante.

Por outro lado, alguns blogues e portais profissionalizaram-se com o tempo e, por atraírem uma vasta audiência, levam mais a sério as informações que publicam. O IMDb (The Internet Movie Database) é um dos dez sites mais acessados do mundo, com dados e curiosidades sobre filmes e séries de televisão, sendo alimentado com informações vindas tanto dos veículos tradicionais quanto de outros sites. No Brasil, revistas e páginas de portais como o UOL e G1 são campeões de acesso, e aproveitam uma parte do conteúdo produzido pelos veículos tradicionais pertencentes ao grupo (*Folha de S.Paulo* e TV Globo). O portal Terra abriga o Portal Literal, especializado em literatura, com importantes autores e pesquisadores. Há também blogues coletivos, como o Trezentos, comunidade que reúne textos e comentários de especialistas e anônimos sobre diversos temas culturais.

As novas plataformas também pressionaram os veículos tradicionais a alterar sua forma. Foi-se o tempo em que os jornais se davam ao luxo de publicar capas de seus cadernos culturais com textos grandes e poucas imagens. No século em que plataformas digitais valorizam imagens e produções visuais com pouco texto, os cadernos culturais também aderiram à onda. Como lembra Marcelo Coelho (2006), eles elegem apenas um assunto para a capa e utilizam apresentação visual arrojada. O produto que ocupa tal posição consagra-se esteticamente. Como bem disse Marshall McLuhan, "o meio é a mensagem"; portanto, escolher o tema da capa, num universo de publicidade da cultura, também é notícia em si. Nas revistas mensais, a produção de uma bela capa é fundamental para seduzir o leitor e por vezes acaba custando mais caro que a própria produção jornalística em si.

Thiago Soares (2009), jornalista e doutor em comunicação e cultura pela Universidade Federal da Bahia (UFBA), fala sobre o conceito de cultura líquida (*Jornalismo cultural em tempos de cultura líquida*) em texto publicado pelo Rumos Itaú Cultural. Na verdade, ele remete principalmente ao pensamento de Zygmunt

Bauman, que utilizou o conceito de modernidade líquida – quando a realidade se move facilmente, escorre, respinga, não sendo facilmente contida. O fluxo das comunicações é o melhor exemplo de "liquidez" de conteúdo. Vejamos o caso das novas plataformas no universo musical. Ao contrário de discos e CDs (sólidos), ouve-se e critica-se música de maneira "líquida" atualmente (MP3, iPod, YouTube). O mesmo vale para o cinema, com a inevitável diminuição do poder de DVDs e blu-rays. Dessa forma, as novas plataformas permitem que o consumidor decida quando vale a pena ir ao cinema ou quando é melhor assistir a um filme na tela do computador, quando optar pelo sólido ou pelo líquido. No entanto, para Soares, não se trata apenas do consumo líquido, mas de como ele afeta a produção jornalística quando há cada vez menos intermediários "sólidos" (livrarias, CDs, DVDs etc.) para a produção cultural:

> A minha pergunta ressoa: e os filmes que estão disponíveis nas plataformas de compartilhamento? Os arquivos de MP3 que se encontram nos blogues e até nos sites dos artistas? Que dizer dos livros que estão disponíveis para download nos próprios sites de escritores? Como lidar com esses produtos culturais líquidos, que se espraiam, estão livres, disponíveis, acessíveis nas inúmeras plataformas de conteúdo da rede? De que forma o jornalismo cultural lida com esses produtos? Eles "valem" matéria? Rendem alguma pauta ou texto apreciativo? O que falar sobre esses produtos se eles não existem "fisicamente"? É possível?

O pesquisador chama isso de "desintermediação de cultura" para o jornalismo, ou seja, o acesso direto do jornalista sem passar por distribuidores ou gravadoras, e também o acesso direto do público sem passar pelo jornalista.

Por outro lado, é preciso a intermediação do jornalista em muitos casos de produção de notícia, sendo a internet a plataforma que permite a alimentação constante e em tempo real da notícia. Enquanto a revista semanal é forçada a fazer uma análise mais aprofundada sobre a chacina que ocorreu cinco dias atrás e o jornal impresso perdeu todo o impacto da surpresa inicial dos aviões caindo nos prédios do World Trade Center, a internet e a TV dão ao público detalhes do que ocorre naquele segundo – mas só a internet permite navegar por textos e imagens paralelos ao que ocorre de principal a respeito daquela notícia (ler sobre a Al Qaeda e Osama bin Laden enquanto se acompanha um vídeo em tempo real do local do atentado). Com essa nova plataforma, o leitor pode se transformar em testemunha e, assim, colaborador da notícia, enviando por torpedo, WhatsApp ou e-mail detalhes no "campo" do factual.

No entanto, sem a intermediação do jornalista, como confiar em tudo que se ouve, vê e lê na internet? Se não há um filtro jornalístico, como saber se tal leitor não está inventando algo sob um pseudônimo ou se tais imagens não são montagens? Ou seja, as novas plataformas parecem ter um potencial imenso de alimentação de notícias e textos opinativos, mas por enquanto não dispensam a valiosa intermediação do jornalista, inclusive sua responsabilidade trabalhista em um grupo de comunicação, ao postar um fato, imagem ou vídeo que não seja verídico. Enquanto se apura quem postou uma imagem forjada num blogue, ela já se espalhou por todas as redes sociais.

O conceito de deadline também ganha novo significado, pois agora não mais se espera a crítica de teatro no caderno de sexta, mas horas após o crítico vir a peça. O mesmo ocorre com cinema, música, literatura etc. Não há mais escala industrial por trás da publicação da notícia e o "furo" de reportagem ganha peso ainda maior – e exige responsabilidade saber segurar uma notícia quando ainda não se tem dados totalmente confiáveis. Pode-se perder o furo para um concorrente mais ágil ou mais irresponsável, mas ao menos se preserva – em médio e longo prazo – a credibilidade.

Mas, para se tornarem viáveis financeiramente – afinal, elas remuneram jornalistas, ilustradores e os detentores dos direitos autorais dos produtos audiovisuais que utilizam –, muitas dessas novas plataformas digitais acabaram sendo controladas por grupos de mídia tradicionais, alguns deles gigantes mundiais, como é o caso da Time Warner, dona de estúdio cinematográfico, revistas e canais de notícias como a CNN. Viabiliza-se financeiramente a produção on-line, mas levanta-se outra desconfiança tão delicada quanto a das resenhas pagas. Pode-se até acreditar que determinada editora ou banda não pague diretamente ao blogueiro do site da CNN que fizesse uma crítica, mas quem garante que o critério de escolha da pauta foi isento financeiramente? Como saber se os editores da CNN não pediram ao jornalista para fazer uma matéria sobre um novo filme porque ele está sendo lançado pela Warner? E como saber se esse mesmo jornalista tem isenção intelectual para dizer o que pensa sobre essa obra cultural produzida pelo grupo que paga seu salário?

A preocupação parece exagerada, mas não é. Basta navegar, por exemplo, pelos portais G1 (TV Globo) ou R7 (TV Record) para constatar que neles não existe nenhuma matéria que critique negativamente programas ou artistas das emissoras que os controlam. Isso significa que todo o conteúdo televisivo exibido nelas agradou a seus jornalistas a ponto de não haver necessidade de crítica sobre ele? Evidente que não. Esse é um exemplo cabal de como – às escuras – a publicidade, a administração e o entretenimento falam bem mais alto que o jornalismo sério.

Eugênio Bucci (2000) recorre a uma expressão muito utilizada nos Estados Unidos para o jornalismo no século 20, "método Igreja-Estado":

Temas jornalísticos são decididos à parte, sem que se levem em conta os argumentos das equipes que vendem anúncios ou dos que captam financiamentos em bancos. O jornalismo (Igreja) isolou-se do negócio (Estado). [...] A separação não tem o sentido de privilegiar um em detrimento do outro. Ela é apenas um método de trabalho, uma medida racional para resguardar tanto a qualidade da informação quanto a qualidade das relações de negócio com os que compram espaços publicitários ou os financiadores. A fórmula evita, por exemplo, que um anunciante, ao comprar uma página na revista, alimente a expectativa de que as reportagens reservarão a ele um tratamento diferenciado.

Será que a separação "Igreja-Estado" está desaparecendo no século 21, sobretudo com a crise da imprensa? Se está desaparecendo, as empresas jornalísticas precisam fazer de tudo para manter a separação, pois credibilidade se perde com muita rapidez. Mas basta colocar uma lupa diante da produção jornalística de um grupo de mídia para perceber algumas "estranhezas". Com que frequência se lê ou assiste a uma matéria sobre os grandes anunciantes da imprensa, como grandes magazines ou operadoras de celular? O serviço prestado por essas operadoras em geral é péssimo, e o sistema de "juro zero" de certas empresas de móveis é, na verdade, uma falácia. Então, por que não se podem dizer nomes específicos nessas matérias? Estaria o departamento de publicidade falando mais alto que o jornalístico? Jornais, telejornais e revistas precisam continuar fazendo matérias sobre tais problemas – ainda que não citem as empresas – para manter a credibilidade jornalística.

A televisão, portanto, além de ser um novo universo, em virtude de seus programas de entretenimento e cultura, é uma poderosa plataforma. Em entrevista a Ígor Pereira Lopes (2010), pesquisador da Universidade de Coimbra (Portugal), o diretor-geral da TV Globo, Carlos Henrique Schroder, reconhece que o jornalismo cultural é uma das editorias de seus programas, mas que a emissora opta por temas de "entendimento geral": "Um erro comum da área cultural é só cobrir eventos específicos, de pouco apelo e dimensão pequena, o que colabora para manter o tema fora das grandes discussões", diz. Sua afirmação, no entanto, parece contradizer a resposta à pergunta "Qual é o objetivo do jornalismo em relação às artes?", à qual ele replicou: "É tentar difundir temas que só têm destaque em cadernos específicos dos jornais impressos. Dar luz a um noticiário que reflita [...] o que há de importante no mundo cultural, mostrando a vanguarda, as novidades, as tendências". Sobre o perfil de pautas culturais que mais atraem a TV Globo, Schroder diz que são "histórias humanas":

Não há assunto chato, mas há formas chatas de contar uma história. Por isso, se soubermos explorar a partir do personagem um ângulo de visão interessante, um contexto, saberemos dar a dimensão ao assunto. Se fizermos uma reportagem apenas estética, o que é muito comum, tenho certeza de que não contribuímos em nada para a área.

Uma das áreas privilegiadas, segundo Schroder (*apud* Lopes, 2010), é a música, sendo as menos privilegiadas as segmentadas. Para o diretor, o jornalismo cultural deveria estar "mais preocupado com o público do que com o autor da obra". Schroder mostra-se a favor do jornalismo cultural, mas acredita que a notícia cultural nunca vai disputar espaço com as atualidades, que devem ser cobertas com a máxima qualidade. Ele lembra que, nas Organizações Globo, o jornalismo tem muito mais espaço na TV paga, sendo esta e a internet propícias para a propagação de nichos, enquanto a TV aberta teria caráter popular.

Fábio Gomes[8], jornalista e editor de vários sites sobre cultura, acredita que houve um auge das redes sociais a partir de 2010, com a procura de assuntos ligados a jornalismo cultural, mas que os blogues e portais aos poucos estão voltando a ser opções de informação na área para o público geral.

> Muita coisa boa é veiculada em redes como o Facebook, porém a falta de um bom mecanismo de pesquisa impede que se localize facilmente um conteúdo publicado por um amigo seu (ou mesmo por você mesmo) na semana passada, pior se for mais antigo. Blogues e portais levam vantagem por ser facilmente pesquisáveis e indexáveis pelo Google, além de estarem abertos a qualquer internauta.

Gomes acredita que a internet tenha causado uma revolução no jornalismo cultural, pois permite a "desmediação" entre o artista e seu público pela imprensa, dado ainda mais evidente com o avanço da tecnologia digital. Hoje, o internauta não mais se contenta em ler um comentário sobre o novo CD de uma banda; quer ver o clipe (YouTube), ouvir trechos da música (no SoundCloud, por exemplo) e deixar um comentário diretamente para o artista.

Diego Assis, editor de entretenimento do UOL – um dos primeiros portais de internet no Brasil –, prefere usar o termo "jornalismo de entretenimento" para o que se publica hoje nos grandes portais. Ao contrário dos veículos tradicionais – que jogaram a cultura e o entretenimento para os "cadernos B" –, ele verifica uma importante priorização da cultura/entretenimento na internet:

> Olho neste minuto a lista das cinco matérias mais lidas hoje no UOL e duas são desta área, inclusive sendo coberta por jornalistas de outras editorias. No entanto, a cober-

---

8. Para compor este capítulo, realizei entrevistas em 2012 e 2013 com as seguintes pessoas: Diego Assis, Fábio Gomes e Fernando Masini.

tura de cultura mesmo tem perdido espaço para a celebrização de personagens, polêmicas bobas e sexualização do conteúdo. Minha impressão é que o leitor de internet quer ser provocado, quer compartilhar sua opinião preexistente, até mais do que se informar. E o jornalismo cultural morreu? Não. Ele resiste em coberturas esporádicas, como a Flip de Paraty, as bienais de arte, festivais de Cannes, Veneza, Berlim. Minha impressão, no entanto, é que as pessoas leem cada vez menos, a não ser que alguém resolva pichar os muros da Bienal, escrever um romance picante sobre sexo ou se declarar simpatizante do nazismo numa entrevista coletiva, como fez Lars von Trier em Cannes.

Para Assis, houve uma nítida mudança de cobertura cultural na internet no século 21, especialmente com o surgimento das versões on-line de revistas de fofoca, como *Caras, Quem, Ego* etc.

Hoje, uma ex-panicat como a Nicole Bahls ou uma ex-primeira-dama do pagode como Viviane Araújo são mais notícia na web do que uma atriz global de médio escalão. Hoje, canais originalmente de cultura dos grandes portais de internet correm atrás do perfil de conteúdo que inicialmente só os sites de famosos cobriam. Não só os de cultura, mas os de economia, esporte, política etc.

Entre as novas plataformas, há também aquelas que misturam tradição e novidade, como os guias dos jornais e revistas impressos. Fernando Masini, ex-editor do *Guia da Folha*, vê um claro aumento do papel dos guias no século 21 por causa de uma demanda do leitor, nas grandes metrópoles, de programação cultural. "A cobertura, apesar de ocupar maior espaço em jornais e revistas, ainda precisa de reparos: ser mais crítica, mais abrangente e contar com profissionais especializados", diz ele, para quem o leitor de hoje é mais exigente em relação ao serviço oferecido, pede opinião, demanda informação completa e rejeita caminhos tortuosos para encontrar o que deseja.

Uma vez que a internet é cada vez mais popular entre os leitores – agora também "fazedores de notícia" –, é de esperar que uma das maiores preocupações nas novas plataformas seja a qualidade da cobertura da área. Embora lembre que o diploma de jornalista é, vez ou outra, dispensado pela legislação brasileira, Fábio Gomes nota um paradoxo na cobertura cultural. Nos veículos tradicionais, é comum um repórter ser escalado para cobrir um tema cultural de que tem pouco conhecimento. Já em portais e blogues, o internauta só cobre determinada área se tiver alguma afinidade com ela, o que possibilita, às vezes, uma melhor cobertura. "Acho que os profissionais devem procurar investir na qualificação, pois dificilmente as redações fazem isso para o empregado. E existe uma 'seleção natural' na área – se não tiver afinidade com ela, o profissional acabará por deixá-la." Diego Assis diz que sofre, como editor, para achar "jornalistas prontos", que chegam com a bagagem cultural necessária e contribuem para a apuração e reflexão da matéria.

> Desconfio que seja tudo parte de um círculo nada virtuoso em que bons jornalistas, muito jovens, são rapidamente promovidos a editores e, com isso, a oferta de redatores e repórteres do mesmo nível diminui (ou encarece), o que faz que jornalistas ainda mais jovens, muitas vezes estudantes, assumam funções de repórteres e até de críticos que não estão preparados para encarar. É urgente parar esse ciclo, remunerar melhor bons redatores e repórteres e investir na formação. Reportagem e edição não devem ser necessariamente encaradas como uma progressão natural das coisas. Ambos têm de existir e exigem profissionais com vocações e qualidades bem distintas.

Ao comparar a cobertura da mídia tradicional com a das novas plataformas, Fábio Gomes afirma que, na primeira, o espaço opinativo vem se reduzindo, o que é preocupante, pois os veículos impressos jamais conseguem bater a internet no espaço para longas matérias e no imediatismo. No entanto, portais e blogues não ligados aos grandes grupos de comunicação sofrem com a dificuldade de acesso aos eventos. Artistas e produtores muitas vezes se recusam a falar a essas novas plataformas, assim como diretores de cinema e músicos privilegiam apenas os veículos tradicionais para exclusivas, mesmo sabendo que terão muito menos espaço (embora talvez mais leitores) do que num blogue sobre cinema ou música. Por sua vez, segundo Diego Assis, os veículos impressos podem se dar ao luxo de ser mais culturais. No entanto, proliferam novos leitores cujo olhar não foi formado pelos veículos tradicionais, o que força a popularidade da notícia de entretenimento diante da de cultura.

> Resta saber se, a exemplo dos impressos, a internet brasileira vai topar fazer um investimento praticamente a fundo perdido para voltar a investir em (in)formação cultural. A possibilidade de medir a audiência em tempo real (como nas emissoras de televisão) torna a tarefa um pouco ingrata. Quem vai investir tempo, trabalho e dinheiro na cobertura de um concerto erudito que atrairá 1.500 leitores quando muito se, em cinco minutos de publicada e destacada na home, a cobertura de um show do Luan Santana dá a mesma quantidade de cliques? Haja sangue frio e boas intenções.

Assis ainda sente como o maior desafio das novas plataformas saber qual cultura se deve cobrir: a popular, a massificada ou a erudita. Se for a última, acha que o desafio é hercúleo, de vencer o preconceito do público e, atualmente, dos próprios editores, que não gostam de arriscar em algo que dê pouca audiência. Curiosamente,

Masini acredita que o espaço não é um problema para a cobertura cultural nos guias, pois o próprio leitor não espera nem tem paciência para textos longos nessa plataforma: "Ele quer se informar rapidamente e busca precisão e concisão na informação".

A linguagem utilizada nos textos dessas novas plataformas também é um elemento sobre o qual refletir. É evidente que existe um controle maior de como e o que se escreve nos veículos tradicionais – até para seguirem uma linha editorial –, o que talvez não exista na internet, a menos que os sites pertençam aos grandes grupos de mídia. Mas Diego Assis, do UOL, aponta outro problema, que são os vícios de linguagem.

> É muito comum ver textos de cobertura de shows repletos de chavões e expressões cristalizadas como "levou o público ao delírio", "desfilou *hits*", "mostrou que continua em boa forma". Arrisco dizer que é uma influência negativa que vem mais da TV, que costuma ter mesmo um texto mais padronizado, do que propriamente dos jornais e revistas. Mas talvez as gerações atuais também tenham tido poucos exemplos de bons textos para se espelhar no jornalismo impresso da última década, que viu revistas musicais afundarem e o espaço para a crítica minguar. A cobertura de celebridades tem vícios ainda piores. É um tal de "exibe a barriguinha", "mostra o corpão", "esbanja sensualidade" ou o paradoxal "se descuida e quase mostra demais".

Ele não vê grande diferença entre a cobertura cultural brasileira das novas plataformas e o que se faz nelas em outros países do mundo.

> Não sei se podemos considerar isso uma enorme diferença, mas suspeito que nos grandes jornais americanos, como o *New York Times*, e os ingleses, como *The Guardian*, o impacto da cultura popular sobre os cadernos de cultura tenha sido significativamente menor. Pelo que acompanho nas versões on-line, eles seguem investindo na cobertura de livros, peças de teatro, músicas e filmes autorais, ainda que o resultado de audiência sobre isso seja totalmente desconhecido. Talvez não sejam muito diferentes da versão eletrônica da *Folha* ou do *Estadão*, que também insistem em conteúdos mais "elitizados", mas que igualmente falam a um público cada vez menor.

Por sua vez, no que se refere aos guias nacionais, Fernando Masini acredita que sua qualidade serve inclusive de padrão para alguns países estrangeiros. "É difícil encontrar guias culturais tão bem-acabados gráfica e editorialmente. Talvez uma diferença do que vemos lá fora é que os guias tendem a focar mais em uma abordagem de comportamento, enquanto nós preferimos focar no serviço", diz Masini.

De modo geral, apesar dos problemas de linguagem e da perda de importância da cobertura cultural diante da avalanche de entretenimento, há previsões positivas entre os especialistas. Fábio Gomes vê maior convergência e aprofundamento das mídias e um renascer do interesse por blogues, uma vez que as redes sociais ainda não se mostraram tão competentes na cobertura cultural. Diego Assis é mais pessimista: para ele, o jornalismo cultural na internet caminha para a "massificação e a celebrização", influenciando inclusive jornais e revistas tradicionais. Na linha intermediária, Fernando Masini vislumbra os guias como orientadores de consumo, com uma perda da abordagem crítica e profundidade.

> Por outro lado, a participação mais efetiva dos leitores, principalmente por smartphone e tablet, tem esquentado a discussão de que rumo o jornalismo cultural pode tomar. É interessante notar que, apesar de os canais de comunicação terem se multiplicado nos últimos anos, a cobertura cultural dos jornais continua muito repetitiva, padronizada. É preciso fugir do óbvio e ter coragem de apostar em novidades, incitar polêmicas, surpreender o leitor. A escolha do que será publicado me parece ainda um fator primordial ao jornalismo cultural, é o que será escolhido para estar na vitrine de uma livraria, fazendo uma analogia.

Essa analogia é bastante feliz. Embora as novas plataformas tendam a se agigantar neste século – talvez transformando os veículos tradicionais em nichos cada vez menores –, todas elas serão decisivas para o que ocupará prateleiras, salas de cinema e teatros de todo o país. Se a cobertura jornalística cultural dessas novas plataformas se aperfeiçoar, se livrar de vícios constrangedores de linguagem e produzir textos atraentes que formem e mantenham públicos cativos, o jornalista cultural continuará a ser um intermediário importante entre artista e público. Tal intermediação é, como já foi dito insistentemente aqui, fundamental para nivelar por cima a qualidade dos produtos culturais que chegam ao seu destino final. As novas plataformas têm a seu favor a tecnologia da convergência das mídias. Só falta levar para si o que a mídia tradicional ainda tem de melhor: bons textos, boa formação dos jornalistas e, por enquanto, rentabilidade.

10. Ensino

A situação é corriqueira e antiga nas redações de jornais, revistas, portais e telejornais. Um estagiário é contratado e, quando se forma, formalizado como repórter na editoria de cultura. Seu editor pede-lhe que vá à coletiva de lançamento da Bienal, ou de um novo filme francês, ou do novo CD de um famoso cantor de jazz, ou do livro de uma grande poetisa brasileira. Porém, em sua formação acadêmica, o repórter teve um semestre de cultura brasileira e outro de história da arte. Isso porque cursou uma das mais conceituadas faculdades de jornalismo do país. Inseguro, ele decide o óbvio: apoiar-se fortemente no release entregue na coletiva – ou enviado antes por e-mail – e também nas declarações que os artistas farão no dia. Com o tempo, ganha mais confiança e começa a esboçar uma ou outra pergunta nas coletivas. No entanto, se for obrigado a fazer uma exclusiva com o artista, bem, a sorte está lançada. Se o repórter gostar da área, vai estudar o assunto. Se não gostar, estará colaborando para uma cobertura cultural superficial e acrítica.

Esse cenário é muito comum no jornalismo cultural praticado no mundo todo. Até as nações mais desenvolvidas têm problemas sérios em relação à bagagem cultural de seus repórteres, que reproduzem estereótipos sobre as culturas alheias e pouco refletem sobre a arte do próprio país. Mas como resolver esse problema se, quase sempre, as grades das faculdades de Jornalismo refletem a importância dada a cada área no mercado? Hoje, priorizam-se cada vez mais matérias como Assessoria de Imprensa e Comunicação Mercadológica porque muitos dos profissionais atuam nessas áreas. Além disso, conta-se nos dedos o número de especializações em Jornalismo Cultural ou em História da Arte.

Dessa forma, como entregar ao mercado bons profissionais para cobrir cultura e entretenimento? Como encerrar esse círculo vicioso, tão apontado nos capítulos anteriores (a imprensa, que reforça clichês, alimenta o consagrado sem muita reflexão e reproduz o que a assessoria de imprensa mais convincente "vender" ou o que os demais veículos estão abordando)? Como tornar a cultura – e não só o entretenimento – atraente, de modo que ela volte a ser pauta comum nas novas plataformas digitais (blogues, portais, redes sociais etc.)?

O ensino do jornalismo cultural levanta uma série de questões, que serão discutidas neste capítulo.

Historicamente, como lembra Marques de Melo (2003), foi o impacto do jornal diário europeu que motivou a incursão universitária do jornalismo, tornando-o objeto de reflexão intelectual. No entanto, sobretudo na primeira metade do século 18, o jornalismo ainda era tratado como objeto para a elite. Isso só mudou algumas décadas depois, com o fortalecimento da burguesia, que necessitava de informações mais rápidas e atuais e passou a demandar a capacitação de produtores de notícia. Enquanto nos Estados Unidos a primeira iniciativa de formação jornalística surge em 1869, no Washington College (Virgínia), na Europa a experiência começa em 1806, na Universidade de Breslau, Alemanha. Nos Estados Unidos, a intenção era modesta – apenas aperfeiçoar tipógrafos e ampliar o conhecimento de artes e ciências –, mas na Europa o perfil era mais academicista, objetivando criar uma "ciência da imprensa". As escolas permanentes de Jornalismo despontam na virada do século 19 para o 20, na Universidade de Zurique e na Escola Superior de Jornalismo de Paris, cujo fundador, Albert Batailler, fechou uma importante parceria com o jornal *Le Figaro*. De acordo com Melo (2003), ele justificou sua atitude da seguinte forma:

> O jornalismo converteu-se numa carreira. [...] é preciso organizar os quadros de reserva e tornar menos penosos os anos de aprendizagem aos jovens que se sintam na vocação; e para isso é necessário que a educação geral se complete com a educação profissional.

No entanto, alguns – como Frederic Hudson, diretor do *The York Herald* – afirmavam publicamente que faculdades de Jornalismo não eram necessárias para formar bons profissionais. Foi só com Joseph Pulitzer, diretor da cadeia jornalística do *New York World*, que o cenário mudou. Segundo Melo (2003), Pulitzer afirmou:

> Naturalmente a redação é o lugar indispensável à formação profissional do jornalista, como o hospital à do médico e o foro à do advogado. Mas o médico e o advogado não encetam a prática sem antes passar pelos bancos das faculdades. Por que só o jornalista é dispensado de saber a sua teoria ou de saber alguma coisa?

O empresário firmou o compromisso, em seus jornais, de contratar aqueles com formação na área e doar 2 milhões de dólares para a universidade que se comprometesse a instrumentalizar jovens jornalistas. Como as negociações com a Universidade Harvard não foram adiante (Rizzini,1953), Pulitzer publicou um ensaio defendendo o seguinte:

Nada de ensinar tipografia ou gerência, nada de reproduzir com triviais variações o curso de uma escola comercial. Isso não é de âmbito universitário! A ideia é a de trabalhar para a comunidade, e não para o comércio, e não para o indivíduo, mas unicamente para o público. A escola de Jornalismo deve ser, no meu conceito, não comercial e até anticomercial. Deve ressaltar os princípios, o conhecimento e a cultura às expensas do negócio, se necessário. Deve construir ideais, mantendo a contabilidade no seu lugar, e fazer da alma do jornalista a alma do jornal.

Consequentemente, surgiram dois modelos de ensino de jornalismo nos Estados Unidos: instituições de pós-graduação, adotadas a partir de 1910 por instituições como a Universidade Columbia – que ganhou a doação milionária de Pulitzer –, e escolas de graduação, implementadas, por exemplo, em 1908 na Universidade do Missouri. Enquanto a primeira preparava editores e analistas da grande imprensa, recrutando estudantes de outras áreas do conhecimento, a segunda formava repórteres para a pequena imprensa.

No Brasil, de início os jornais contratavam bacharéis em Direito para trabalhar nas redações. Isso fez que até algumas faculdades da área adotassem disciplinas de texto para aumentar as chances de seus formandos em campos extrajurídicos. No século 19, as redações estavam dominadas por bacharéis, o que criou uma luta de classes entre redatores e repórteres, estes últimos às vezes sem formação nenhuma. O primeiro curso de Jornalismo do Brasil só surgiu nos anos 1930, por iniciativa do dirigente da Associação Brasileira de Imprensa, Costa Rego. Ele fundou a Faculdade de Jornalismo na Universidade do Distrito Federal (UDF, no Rio de Janeiro), cuja linha de orientação educacional era de influência francesa. No entanto, trata-se de um pioneirismo controverso, pois há poucos documentos confiáveis que comprovam que cursos específicos de Jornalismo e Publicidade tenham funcionado na UDF. Além disso, duraram pouco, com a ascensão de Getúlio Vargas ao poder e o início do regime autoritário do Estado Novo. Assim, é mais comum atribuir o pioneirismo do ensino do jornalismo no Brasil à Fundação Cásper Líbero, como veremos mais adiante.

A partir de então, as faculdades de comunicação no Brasil viveram constantes movimentos pendulares, ora para o pragmatismo norte-americano, ora para o academicismo europeu. Mas pioneiros como Luiz Beltrão, no Recife, e Pompeu de Souza, no Planalto Central, mais tarde pensariam em modelos próprios (brasileiros) para o ensino do Jornalismo.

O ensino de jornalismo cultural ainda não é uma disciplina curricular na grande maioria das faculdades de Comunicação Social brasileiras, exceto em poucas instituições, como a Faculdade de Comunicação Social Cásper Líbero (São Paulo), a Universidade de Caxias do Sul (Rio Grande do Sul) e a Universidade Federal do Rio

Grande do Sul (Rio Grande do Sul). Há ainda especializações, como na Fundação Armando Álvares Penteado (Faap-SP), na Universidade Católica de Pernambuco, na Universidade Federal do Maranhão, na Universidade Metodista de São Paulo etc.

Mas mesmo nos cursos de jornalismo cultural pouco se vê de integração com o ensino das artes. Assim como os jornais são divididos em editorias, no ensino também é comum separar as produções estéticas – cinema, teatro, música, literatura, dança etc. No entanto, para um jornalista cultural que escreve sobre cinema, é fundamental ter referências de teatro, literatura, história, filosofia etc. Do contrário, correrá o risco de girar em falso dentro da própria área, quando o artista estiver dialogando fortemente com as outras expressões artísticas.

Em interessante artigo, a pesquisadora Isabelle Anchieta de Melo (2007) elenca os itens que considera importantes na formação do jornalista cultural:

> Os futuros jornalistas devem compreender e se sensibilizar para a função estética, poética, cultural e política que vão ocupar na sociedade. É com base nessas quatro premissas interdependentes que podemos formar futuros profissionais de jornalismo cultural cientes:
> - Da importância de ser um bom mediador cultural, traduzindo de forma clara e reflexiva informações complexas.
> - Da importância pública e da responsabilidade de sua profissão sobre a conformação do real e da cultura na vida cotidiana das pessoas.
> - Da necessidade de uma formação humanística sólida para que compreenda a cultura à sua volta tanto na esfera local quanto na global.
> - Da significância de sua mediação para aproximar as pessoas da "poética da vida", no que possui tanto de estético como de ético e político.

Idealmente, a pesquisadora sugere que o jornalista tenha disciplinas que formem esse embasamento. É imprescindível, também, que os jornalistas culturais sejam sensíveis diante das obras que analisam. Nesse ponto, a objetividade jornalística nem sempre é desejável; o tal "relato frio e burocrático" talvez não seja útil. É preciso incluir elementos sensíveis, mas sem perder contato com o acontecimento em si. Em resumo, é necessário respeitar os ingredientes básicos – precisão, clareza, concisão e cultura –, mas o resto depende da liberdade criativa de quem escreve – que, no caso da crítica, pode transformar o texto em uma segunda obra de arte.

É por essa razão que muitos veículos insistem em contratar especialistas para textos específicos, como escritores para escrever sobre literatura, cineastas para falar sobre cinema e dramaturgos para analisar teatro, o que não deixa de criar um campo de tensão entre o jornalista e o especialista – sobretudo numa profissão que, vez ou outra, deixa de exigir diploma com o vento da legislação. O principal argumento contra a obrigatoriedade do diploma é que o curso de Jornalismo não oferece a especialização necessária para cobrir a área. Um argumento evidentemente falho, uma vez que a faculdade precisa dar a base para uma prática jornalística eficiente, ética e responsável. A especialização pode vir de disciplinas introdutórias que o aluno, mais tarde, pode complementar com uma pós-graduação ou outra faculdade. A especialização é fundamental para evitar textos-fãs, com pouco debate e bajuladores, pautas atreladas a datas comemorativas e a assessorias de imprensa e seus releases. A boa formação é imprescindível para que o jornalista tenha coragem de ir contra a opinião do público quando necessário e buscar diversidade na cobertura e até independência intelectual.

No entanto, a presença de especialistas da área só enriquece o jornalismo cultural, que é uma ferramenta interpretadora e reflexiva da cultura local, nacional e mundial. Os próprios acadêmicos, às vezes, escrevem para alguns veículos de comunicação, o que produz dois efeitos, talvez contrários. O primeiro, positivo, é aprofundar as análises críticas, especialmente porque os pesquisadores sabem que toda opinião deve ser fundamentada em fatos e reflexões. O segundo, negativo, é a impressão de textos "chatos", cheios de jargões e pouco atraentes para os leigos. E estilo e atratividade da leitura são fundamentais para cobrir o fosso existente entre algumas artes – chamadas de eruditas – e o grande público, a fim de tornar mais equilibrada a cobertura desses cadernos, hoje maciçamente voltada para o entretenimento.

Moritz Mueller-Wirth, editor do jornal alemão *Die Zeit*, não vê contradição entre ser jornalista e especialista. Ao mesmo tempo que propõe que os textos se tornem mais claros, pois estamos vivendo uma era que valoriza a rapidez da leitura, ele afirma: "A perícia é importante para o primeiro, mas a especificidade não lhe é conveniente". Segundo ele, conhecimento e senso crítico são pré-requisitos para o jornalista.

Quando não há a figura do acadêmico no veículo, o crítico por vezes faz o papel de formador de novos públicos. Em períodos importantes da história brasileira, como a ditadura militar, ele também se incumbia de não deixar o público ser manipulado facilmente. Isso porque a própria crítica mudava conforme o novo contexto da cultura, baseada em forte contestação social. Ao estudar os textos de Jean-Claude Bernardet dessa época, Magno (1999) atribui a ele o papel de analisar a linguagem cinematográfica, mas também de orientar o público sobre seu significado social. A crítica era uma arma para a compreensão da própria cultura brasileira. Nas palavras de Espinal (1976), a função do crítico é ajudar o espectador a ser "dialogador crítico ante as mensagens cinematográficas", visto que se trata de uma arte que fornece ideias e visões de mundo e, portanto, não pode ser considerada apenas entretenimento passivo e inocente. Diz ele: "[...] a crítica não me dá o que devo pensar, mas me estimula para que pense. A crítica cinematográfica não dá a resposta, mas pretende ativar o espectador para que ele responda".

Alguns atribuem outra função aos críticos: a de educadores. András Szantó (2007) aponta uma pesquisa feita com 160 críticos de arte nos Estados Unidos em que foi feita a pergunta: "Você se vê como um educador, e vê seu trabalho como o de um educador?" Mais de 90% dos entrevistados disseram que sim. A pesquisa levantou uma polêmica entre os próprios críticos: uns diziam que não poderiam se ver como "sacerdotes"; outros afirmaram que o nível de conhecimento sobre as artes é tão baixo nos Estados Unidos que o crítico tem, sim, um papel educacional. Diz Szantó: "É verdade que o crítico é, em certo sentido, um educador. Mas também é importante lembrar que um jornal não é uma instituição educacional. O crítico não é um professor falando aos alunos. Deve haver uma parceria mais equitativa entre o jornalista e o público".

Apesar de não usar a palavra "educador", o crítico de cinema da revista norte-americana *Time* Richard Schickel, em artigo intitulado "Not everybody's a critic" [Nem todo mundo é crítico], publicado no jornal *Los Angeles Times*, diz que leitores de uma boa crítica saem dela sabendo mais do que quando começaram a ler, gratos pelo encontro com um intelectual sério. São pessoas inteligentes, que não leem para confirmar os próprios preconceitos ou ignorâncias. Schickel (2007) vai além (tradução minha):

> [...] criticar – ou seu primo pobre, resenhar – não é uma atividade democrática. É, ou deveria ser, uma iniciativa de elite, idealmente feita por indivíduos que trazem algo para o grupo além de opiniões apressadas e instintivas sobre um livro (ou outro objeto cultural). Trata-se de um trabalho que requer gosto disciplinado, conhecimento histórico e teórico e um senso extremamente justo da obra por completo, além de outras qualidades. Opinião – ou estrelinhas – é o que menos importa no ato de criticar. É comum que as melhores críticas não venham com sequer uma palavra de juízo, porque o grande predicado de uma crítica é iniciar um diálogo inteligente sobre o trabalho em questão, começando uma discussão que pode durar, em alguns casos, anos, talvez séculos.

Educadores ou não, o importante é lembrar que a função da crítica é apontar equívocos, problemas, erros e qualidades de uma obra de arte. No entanto, Angélica de Moraes (2007) acredita que a crítica não deva tratar da mesma maneira o jovem artista e aquele consagrado. O primeiro tem o direito de errar e as críticas não podem pegar tão pesado com ele. Já a obra do segundo deve ser analisada em perspectiva das anteriores, cobrando-se dele qualidade igual ou superior: "A condescendência com o consagrado é um desserviço tanto ao leitor quanto ao artista", diz Moraes. Ela acredita, ainda, que a crítica tenha papel educacional. "(...) penso que a crítica só justifica sua existência se contribui para a alfabetização visual do público. Só é válida se é exercida para esclarecer as intenções e os objetivos poéticos da obra." Espinal (1976) concorda: "A crítica não pretende em primeiro lugar dar ideias, mas formar uma consciência [...]".

Em 2008, o programa Rumos Itaú Cultural fez um interessante mapeamento sobre o ensino do jornalismo cultural no Brasil. Embora datada, a pesquisa contém dados atemporais. No artigo "Jornalismo cultural – O ensino da disciplina" (2008), os pesquisadores Nísio Teixeira, Margareth Assis Marinho e Marina Magalhães, utilizando dados do Ministério da Educação, lembram que o debate sobre a prática e o ensino do jornalismo começou no 1º Congresso de Jornalistas, em 1918, mas o primeiro curso livre de jornalismo foi criado por Vitorino Castelo Branco apenas em 1943, na Associação dos Profissionais de Imprensa de São Paulo (Apisp). O primeiro curso superior de Jornalismo foi lançado pela Faculdade Cásper Líbero, em São Paulo, em 1947, embora a profissão de jornalista só tenha sido regulamentada em 1969, durante o regime militar, como forma de controlar a comunicação num período sem liberdade de expressão. A Escola de Comunicações e Artes da Universidade de São Paulo surgiria em 1966 por iniciativa do professor Júlio Garcia Morejón, ficando mais tarde sob o comando do professor José Marques de Melo.

A estrutura dos cursos foi revista nos anos 1980, sobretudo devido a anacronismos da época da ditadura. O novo currículo agora incluía Jornalismo, Relações Públicas, Rádio e TV, Publicidade e Propaganda, Cinema e Produção Editorial, todas com disciplinas obrigatórias e optativas. Uma das disciplinas optativas foi Cultura Brasileira, a partir de 1984. Tal proposta curricular vigorou até 1997, quando houve nova revisão das diretrizes. A partir de então, foi criado um tronco comum a todas as habilitações, além de se prever estágios e atividades complementares. Com isso, segundo dados do Ministério da Educação, o jornalismo chegou ao século 21 com 356 cursos espalhados pelo Brasil: 25 no Norte, 56 no Nordeste, 31 no Centro-Oeste, 183 no Sudeste e 61 no Sul. Segundo pesquisa do projeto Rumos, 126 disciplinas abordam jornalismo cultural e áreas correlatas, mas apenas 16 – no retrato daquele momento – o fazem com exclusividade. Ou seja, o jornalismo cultural ocupa menos de 13% da grade dos cursos da área. Dessas 16 disciplinas exclusivas de jornalismo cultural, 14 estão em faculdades particulares e apenas duas em públicas, uma delas no Rio de Janeiro e a outra no Rio Grande do Sul. Segundo conclusões do projeto, os currículos de Jornalismo dão preferência a disciplinas de áreas tangentes, como Cultura de Massa, Cultura Brasileira, estética etc. O plano de ensino das disciplinas de jornalismo cultural enfoca sobretudo a conceituação de cultura e de indústria cultural para posteriormente abordar artes, cinema, música, literatura, teatro e televisão, relacionando-as com o jornalismo. Em geral, privilegiam-se os temas mais cobertos pela imprensa, além da história do jornalismo cultural e dos gêneros e subgêneros – crônica, reportagem, crítica, resenha, biografia, livro-reportagem etc.

O projeto também delineia, por meio de diversas entrevistas feitas com professores de jornalismo cultural no Brasil, o perfil ideal da disciplina nas faculdades. De acordo com as respostas, algumas disciplinas deveriam vir antes da de jornalismo cultural: Antropologia, Estética e Cultura de Massa, História da Comunicação, História da Arte, Sociologia, Técnicas de Entrevista e Reportagem e Jornalismo Literário. Em seguida, delinearam-se os tópicos fundamentais da disciplina: conceito de cultura e de jornalismo cultural; história do conceito de cultura; história do conceito de jornalismo cultural; dilemas e tensões; ficção *versus* realidade; alta cultura *versus* baixa cultura; cultura popular *versus* cultura erudita; local *versus* global; gêneros textuais e discursivos do jornalismo cultural; crônica; crítica; reportagem; perfil; ensaio; resenha; artigo.

Antonio Hohlfeldt (2008), do comitê selecionador do projeto Rumos Itaú Cultural, chegou a uma conclusão interessante sobre o ensino da disciplina no Brasil, contrastando as exigências das redações com a formação do jornalista.

> Aliás, [...] nas faculdades de comunicação quase todo jovem estudante gosta de responsabilizar-se por matérias referentes ao campo do jornalismo cultural, e, nas redações, o foco muitas vezes é destacado para a área, como se ela apresentasse menores exigências. São raras as publicações, como a *Folha de S.Paulo*, que fazem exigências complementares ao profissional do setor, como [...] um curso de especialização ou mesmo de pós-graduação plena, evitando, assim, aquelas perguntas insípidas sobre início de carreira, ou a total ignorância do entrevistador a respeito do entrevistado etc.

O perfil do ensino do jornalismo cultural no Brasil é ponto de divergência de opiniões para os especialistas da área. Jorge Tarquini, jornalista e professor experiente, acredita que a área tem hoje espaço nobre nos currículos de diversos cursos, mas, ao mesmo tempo, provoca a impressão de que jornalismo cultural é elitismo: "O jornalismo cultural ensinado não procura o pluralismo, mas reproduz vícios que vemos no jornalismo praticado nos veículos: ou acha que cultura é o que nasce da 'produção popular' ou vai ao outro extremo, o da erudição inalcançável para 99% das pessoas", afirma.

Tarquini diz ainda sentir falta de maturidade para abordar academicamente a área, pois, para ele, o ensino acadêmico não deve refletir o mercado, mas experimentar, inovar. Sérgio Rizzo, jornalista, crítico de cinema de veículos como *Folha de S.Paulo* e professor da área, também percebe um nítido avanço da disciplina –

ao menos nos cursos do Sudeste, região em que leciona. No entanto, ele acredita que, ainda que o jornalismo cultural esteja inserido como disciplina na graduação, é uma matéria meramente introdutória, o que obriga o profissional que queira trabalhar na área a fazer cursos de extensão. "De qualquer forma, em uma perspectiva de 30 anos, penso que houve avanços, mas ainda tímidos. Não me parece que o tema esteja incluído entre as prioridades dos cursos de graduação", pontua Rizzo.

Coordenadora da pós-graduação de Jornalismo Cultural da Faap, em São Paulo, Edilamar Galvão diz que alguns cursos de extensão nem sempre abrem turma, tornando iniciativas como essas pouco sistematizadas ou esporádicas.

> Tenho a clara sensação de que o jornalismo cultural perdeu importância não só pelo ensino, mas como reflexo do mercado, com cadernos dominicais como o *Mais!* desaparecendo. Mas se chamarmos o jornalismo cultural de entretenimento, então ele nunca esteve tão forte, pois mesmo as revistas de celebridades divulgam indiretamente o teatro, o filme ou o livro do artista. O que não me parece jornalismo cultural como um todo, pois este debate os aspectos culturais da obra, e isso me parece cada vez mais raro. O jornalismo cultural está virando jornalismo de serviço e divulgação, e menos de prospecção, de atitudes, de inserção de intelectuais, de reflexão de questões sociais, políticas sob a ótica da cultura. Há um mantra de encurtar os textos até nas revistas de cultura! Parece que as empresas jornalísticas sentem que estão desenvolvendo produtos para quem não gosta de ler. E tudo isso se reflete no meio acadêmico.

José Salvador Faro, doutor em Ciências da Comunicação pela USP e especialista no ensino de História, Comunicação e Cultura, não vê uma valorização do jornalismo cultural nos currículos universitários, sobretudo com o fim de cadernos culturais que saíam aos domingos.

> Os planos de ensino das faculdades não focam em jornalismo cultural porque, acredito, mal sabem o que é isso, pois confundem com entretenimento. O resultado é a saída para o mercado de alunos sem alicerce intelectual. O meio acadêmico é um reflexo do mercado, mas vai refleti-lo posteriormente.

Isso não significa que tenha havido uma diminuição do interesse dos alunos pela área. Mas Tarquini aponta, por exemplo, uma atração maior pelas áreas de moda e esportes – especialmente na década da Copa do Mundo e da Olimpíada no Brasil. Por isso acha tão urgente "dessacralizar" o jornalismo cultural, trazendo-o mais para perto das pessoas e do público. Sérgio Rizzo percebe exatamente a mesma coisa:

Mesmo entre os que manifestam interesse em se dedicar à cobertura cultural, identifico lacunas de formação relacionadas à fragilidade da educação básica brasileira ao tratar de cultura e à falta de hábitos culturais – pouco ou nenhum consumo regular de literatura, teatro, artes visuais e cinema – em muitas famílias.

Isso se reflete no campo da pós-graduação, que, de acordo com Edilamar Galvão, tem pouca procura no século 21. Diz ela:

Na Faap, por exemplo, os alunos que procuram a pós-graduação em jornalismo cultural não cursaram Jornalismo. Grande parte fez História, Dança, Artes, Filosofia e se inscreve na pós para desenvolver projetos individuais – nem sempre para se inserir no mercado específico da área – ou, no máximo, para adquirir conteúdo para montar um blogue.

Ainda assim, é o jornalismo cultural que preserva, segundo Faro, a força e a credibilidade do veículo, por meio de articulistas e textos refinados: "No entanto, a internet quebrou isso, tirou a verticalização e tudo virou horizontal por intermédio do Google. Popularizou e democratizou a crítica cultural, mas provoca também o risco de empobrecimento, de perda de referência", explica.

O ensino do jornalismo cultural é um desafio para instituições e docentes da área. Sérgio Rizzo diz que, quase sempre, as instituições que contam com a disciplina oferecem-na no máximo em dois semestres, com uma ou duas aulas semanais, o que torna complexa a missão de habilitar o aluno a cobrir a área.

Para muitos alunos, terá sido a primeira vez que será apresentada uma abordagem de cultura que vá além do "gostei ou não gostei", um repertório que vá além das obras de consumo popular, principalmente aquelas que circulam na televisão e as chaves de leitura que conectem a produção cultural à sociedade em que ela tem origem e para a qual se destina. Alunos que tiveram no ensino médio experiências mais significativas com artes ou cujas famílias têm hábitos culturais que lhes foram transmitidos lidam mais facilmente com esses aspectos, mas grande parte é apresentada nesse momento a eles.

Rizzo acrescenta que a instituição de ensino deve pensar na formação cultural dos alunos ao longo dos quatro anos de graduação – e não somente dentro da disciplina –, por meio de cineclubes, grupos de teatro, visitas a museus e galerias, debates, seminários e cursos de extensão: "Sozinha, a disciplina jornalismo cultural não faz milagre", afirma.

Dessacralizar o jornalismo cultural continua sendo o maior desafio de Tarquini no ensino da matéria. "É preciso tirá-la do patamar hermético e inalcançável, o que espanta o aluno, o leitor, o internauta, o espectador e o ouvinte." Para Edilamar, no entanto, é a falta de repertório que mais dificulta o ensino do jornalismo cultural, especialmente em pós-graduações.

> Sinto que o teatro, a poesia, o livro têm virado cada vez mais consumo de especialista, o que faz o aluno chegar com pouco repertório. A cultura deveria ser objeto de consumo generalizado, e o jornalismo cultural seria um instrumento poderoso de afirmar a cultura como objeto público, e não de especialistas.

Faro, por sua vez, dá um testemunho importante. Ele diz que ministra a disciplina Cultura Contemporânea no primeiro ano da faculdade para a qual migram alunos das melhores escolas particulares.

> Eles têm ao menos noção de quem são os autores que peço que leiam, mas a reação é quase sempre negativa a leituras mais complexas, como Ortega y Gasset. O meu blogue tem 106 mil visitantes por mês, mas basta eu colocar um texto um pouco maior ou mais hermético que os alunos reclamam que "está difícil". A universidade é o momento para ler tais referências, que, se adiadas, agravam a compreensão de conceitos básicos para a prática jornalística. Sinto que a maioria dos alunos passa os quatro anos de jornalismo sem ler um livro completo.

A bagagem que o aluno leva para a faculdade é de fato um dos entraves mais sérios nas aulas de jornalismo cultural. Tarquini lembra que de pouco adianta lecionar 100 horas da disciplina se o aluno nunca leu um clássico, não se lembra da última vez em que entrou num museu, nunca foi a um concerto etc. "O que a graduação tem de dar é ferramental para que ele atue como um bom jornalista. Aí, um bom curso de jornalismo deve ser somado ao interesse individual do aluno para assuntos que fujam do feijão com arroz e podem levá-lo a uma redação." Para a pós-graduação, Edilamar aponta como fundamental ter conhecimentos de história, economia, cultura geral etc.

> O desafio do jornalismo é diversidade, foco e profundidade aliados a alguma especialidade. Nenhuma faculdade dá conta de entregar um repertório completo ao aluno sem que ele corra atrás em paralelo. Sempre achei desejável que o futuro jornalista fizesse duas faculdades ou desenvolvesse um ponto de estudo paralelo à graduação. O estudante de jornalismo tem de se mover pelos interesses e usar a faculdade como guia, finalizador do processo. A faculdade dá o mapa do universo da cultura e o aluno decide que caminho trilhar.

Embora haja pouco conhecimento interno sobre a prática do jornalismo cultural fora do Brasil, em geral os especialistas apontam a Europa e os Estados Unidos como detentores de uma tradição maior na área. Para Edilamar, o jornalismo literário dos Estados Unidos é bastante forte; Tarquini cita as universidades Columbia e de Navarra como detentoras de ótimos cursos na área, embora lembre que nessas instituições o jornalismo econômico e o político têm mais procura.

No Brasil, outro ponto delicado no ensino do jornalismo cultural tem relação com a distribuição de disciplinas aos professores do curso. O ideal é que cada docente fique com as disciplinas que mais domina – condizentes com sua formação acadêmica e de mercado. Mas, na prática, segundo Tarquini, o coordenador tem de lidar com a disponibilidade de horários dos professores ou delegar disciplinas a docentes de outras áreas porque não há especialistas em determinadas matérias. Rizzo completa dizendo que, se o coordenador ou diretor do curso tiver formação na área, terá um cuidado maior com a escalação da disciplina e com os professores que a ministram: "Caso contrário, ela tenderá a ser distribuída como são quase todas as disciplinas em cursos de jornalismo: olha-se para o lado, vê-se quem está disponível e tem mínimo interesse, e vamos lá. Se houver experiência acadêmica e profissional significativas, será um bônus".

Segundo Tarquini, os jornalistas que desejam especializar-se na área cultural e, assim, trabalhar em veículos tradicionais ou nas novas mídias devem se preocupar sobretudo com o bom jornalismo e, em paralelo, preencher todas as lacunas de sua formação. Rizzo sugere ao candidato que expanda seus horizontes culturais consumindo não apenas sua área de preferência, mas combinando diferentes gêneros de literatura, cinema, teatro, artes visuais. "Conhecimentos horizontais, portanto. E que, ao mesmo tempo, invistam também em conhecimentos verticalizados, explorando mais a fundo as áreas, os artistas e as correntes e tendências que sejam do seu interesse." Já quem deseja fazer a pós em jornalismo cultural para só então atuar no mercado deve, segundo Edilamar Galvão, escolher uma área de humanidades para ter uma formação mais sólida:

> Não porque ele só vai falar disso na carreira, mas para ter uma experiência de profundidade e para capacitá-lo a se tornar vigilante para quando tratar de um tema que não seja sua especialidade. Dessa forma, ele vai pensar duas vezes para não escrever bobagem, porque sabe muito de uma área e vê que muita gente escreve besteiras sobre o tema que ele domina.

Ela acrescenta: "Uma vez na área, não pode se acomodar; é preciso investir, seja em visitas guiadas com artistas em pinacotecas, seja se integrando ao circuito de pessoas que podem virar fontes e até empregadores".

Faro vê o investimento na internet como um bom caminho, embora até mesmo os educadores usem pouco a plataforma para ensinar os alunos.

Mais da metade das pessoas já usa a internet para se informar, mas as instituições pouco a aproveitam para contextualizar a reflexão, potencializá-la. Fazer cursos complementares nas áreas de história, letras e filosofia é importante, mas é também fundamental ser autodidata, ter intimidade com tendências culturais, tanto históricas quanto contemporâneas.

Segundo ele, os docentes têm pouco interesse em ministrar aulas de jornalismo cultural, que tem pouca atratividade se comparado com o jornalismo mais informativo, *hard news*. Mas, para ele, o déficit de formação acadêmica não existe apenas no jornalismo cultural. "Se o jornalista econômico é pautado pelo mercado financeiro e pelo entrevistado, ele vira refém da fonte. Mas no jornalismo cultural isso é ainda mais grave, pois ele lida com ideias, história da cultura etc."

O cenário para o ensino do jornalismo cultural nas próximas décadas divide opiniões. Sérgio Rizzo gostaria de ver mais prática e reflexão juntas, em sintonia com a produção cultural e da comunicação – o que não parece ser tendência no momento. Tarquini deseja que o ensino do jornalismo cultural neste século "desça do salto" e dialogue com o mercado, sem perder a valiosa formação de base. Para ele, somente essa comunhão tornará o jornalismo cultural mais relevante e acessível ao interlocutor. No universo das pós-graduações na área, Edilamar Galvão vê como tendência laboratórios de projetos para ser testados no mercado, sobretudo de multimeios.

A grande pergunta é: qual será o modelo de jornalismo cultural no século 21? Pois sim, estamos falando de formação acadêmica, já que o modelo deste século vai influenciar diretamente a forma como se ensina. O que consigo perceber é que precisamos formar pessoas ainda mais criativas para um mercado bem instável, ainda em processo de achar uma saída financeiramente viável.

José Salvador Faro, por sua vez, volta suas previsões para as novas diretrizes do jornalismo, que abrirão caminho para mudanças no ensino da profissão. E acrescenta:

O jornalismo tem um problema no ensino porque parte da sua fundamentação vem da comunicação e parte vem da desconstrução da prática. No jornalismo cultural, pensa-se na indústria cultural, por exemplo. Como o aluno vai trabalhar na prática o que a teoria nega? Negando o que ela faz na prática? As novas diretrizes tentam blindar um pouco o jornalismo e seu viés prático. Pois é como se o jornalista saísse da faculdade com uma consciência infeliz, pois aparentemente as teorias de comunicação negam a prática. Mas nem toda teoria de comunicação é pessimista quanto aos rumos práticos do jornalismo; é uma questão de repensar a aliança entre teoria e prática em prol da melhor formação do futuro jornalista.

Sobre as novas diretrizes do jornalismo citadas por Faro, vale uma reflexão, dada sua importância para o redirecionamento do ensino da área no Brasil. Aprovadas no final de 2013, mas em vigor a partir de 2015, elas não foram bem recebidas por todos os órgãos representativos do setor. E, embora falem da profissão no geral, todas as suas novas orientações afetam diretamente o *modus operandi* do jornalismo cultural. As principais críticas são o distanciamento do pensamento teórico da comunicação – que, ainda que por vezes critique a prática, forma jornalistas com capacidade reflexiva – e a valorização da formação técnica e prática em detrimento da pesquisa acadêmica. Ciro Marcondes Filho (2014), professor de jornalismo da USP, cita Pedro Pomar, editor da revista da Adusp, para quem a comissão encarregada de aprovar as novas diretrizes "teria ignorado as proposições da Unesco, em sua publicação de 2010, que fazia referência à preparação dos estudantes para ser críticos em relação ao seu próprio trabalho e ao de outros jornalistas". Já o sociólogo, jornalista e professor de Comunicação da Universidade Federal do Rio de Janeiro (UFRJ) Muniz Sodré (2014) acha "absurda" a separação entre jornalismo e comunicação, apontando-a como fruto da primazia das mídias eletrônicas:

> A palavra de ordem é velocidade, e não espírito republicano. Desde a década final do século passado, a tecnologia digital passou a impulsionar e consolidar a fragmentação dos públicos da mídia anterior sob as formas de individualidades comunicantes ou interativas. A antiga interação, regida pelo modelo de uma "massa" anônima e heterogênea, dá lugar à interatividade, que implica um processo gradativo de apropriação da tecnologia da comunicação pelos usuários. O fundo coletivista do modelo de massa anônima transforma-se no de um individualismo de massa. O que conta aqui não é a opinião argumentada, mas a opinião emocional ou afetual [sic].

Sodré lembra que a tendência de levar o jornalismo mais para o lado da prática do que da reflexão comunicacional não é exclusividade do Brasil. Nos Estados Unidos, desde 2010, universidades como as do Colorado, Wisconsin, Rutgers, Berkeley e Cornell têm se movimentado para ou fechar o curso de jornalismo ou recriá-lo ligado às ciências da computação, como se fosse uma "graduação em mídias":

Assim, o jornalismo, foco bicentenário da liberdade de expressão consagrada pela Declaração dos Direitos do Homem e do Cidadão e ratificada pela Primeira Emenda da Constituição dos Estados Unidos, tende a ser desconsiderado como um *conteúdo* democrático em benefício da ideia de um *serviço* ao consumidor, o que dá ensejo a algo como um *jornalismo de dado*. (grifos do autor)

Por sua vez, José Arbex Jr. (2014), editor da revista *Caros Amigos* e chefe do departamento de jornalismo da PUC-SP, acredita que as novas diretrizes têm o "indiscutível mérito de apontar as especificidades do jornalismo como um campo do conhecimento que não deve nem pode ser diluído na geleia geral da Comunicação Social". No entanto, ele crê que tais diretrizes reduzem o ensino de jornalismo a um "conjunto de práticas adequadas às necessidades das grandes empresas e ao 'mercado' em geral, esvaziando qualquer possibilidade de reflexão crítica". O escritor e historiador Juremir Machado da Silva (2014) diz ainda que não se trata de defender mais teoria e menos prática, mas uma formação cultural sólida.

> Um estudante não poderia sair de qualquer faculdade de jornalismo sem ter visto *Cidadão Kane*, *A montanha dos sete abutres*, *Todos os homens do presidente* e mais tantos filmes do gênero. Também não poderia se formar sem ter lido o clássico *A sangue frio*, de Truman Capote, e *Ilusões perdidas*, de Balzac. Não se trata de ter ouvido falar, de o professor ter citado, mas de ter visto, lido, discutido e escrito sobre eles. O grande desafio não é teórico nem prático, mas, conforme a palavra do momento, de repertório. Não parece que as novas diretrizes terham encontrado mecanismo para forçar essa porta robusta.

Segundo as novas diretrizes, os cursos de jornalismo devem ter 50% de aulas práticas ou em laboratórios. Eles devem também se separar de outros da Comunicação Social – muitas faculdades oferecem um "primeiro ano misto", unindo alunos de Jornalismo, Relações Públicas e Publicidade. O estágio passa a ser obrigatório e o trabalho de conclusão terá de ser desenvolvido individualmente e não mais em grupo – o que inviabiliza, por exemplo, documentários ou programas experimentais de rádio e TV. Sobre a formação dos futuros professores de jornalismo, as novas diretrizes (2014) preconizam o seguinte:

> Com a finalidade de tornar compatíveis o requisito da titulação do corpo docente e a necessidade de aderência às disciplinas ministradas, a Comissão de Especialistas recomenda a criação de um Programa Nacional de Aperfeiçoamento Docente destinado às novas gerações de professores de Jornalismo. Muitos foram titulados pelos cursos de pós-graduação da área teórica de Comunicação ou de disciplinas conexas, sem ter

exercido plenamente a profissão e não raro sem o domínio cognitivo da sua especificidade. Concomitantemente, deve ser fomentada, nas escolas de Comunicação, a abertura de cursos de mestrado e doutorado com áreas de concentração em Jornalismo, para atender à demanda crescente de novos professores para os cursos de graduação e de projetos de pesquisa científica na área.

Por fim, Eugênio Bucci (2014) ressalta que as novas diretrizes não deixam claro aquilo que foi criticado por alguns dos especialistas aqui mencionados.

Não vejo onde as diretrizes curriculares cerceiem essa formação (crítica). O que nos faltava era uma visão mais clara do que é a imprensa, e essa visão, embora não seja a ideal (no meu modo de ver), começa a aparecer com as novas diretrizes. E vamos deixar claro: os cursos de jornalismo no Brasil são ruins. São infelizmente precários. Nossa tarefa, como professores, é aprimorá-los o quanto antes. Nisso, as diretrizes podem ser úteis. [...] Francamente, acho que não há cisão entre defensores da comunicação e "separatistas". Examinei bem esse ponto. Há, sim, passagens em que se afirma uma autonomia do jornalismo em relação à comunicação, mas isso é positivo e desejável; não encontramos no documento nenhuma defesa de cisão ou de separação radical.

Cabe lembrar que a formação cultural deficitária do profissional de comunicação não só leva a um jornalismo fraco, pouco reflexivo e desatento a todos os lados dos fatos como à geração de docentes deficitários, criando um ciclo de má formação profissional e acadêmica. Urge que as faculdades de Comunicação, em todas as disciplinas, deixem claro aos seus alunos que a cultura é a lente pela qual enxergamos o mundo, um poderosíssimo instrumento de poder; que a economia, a política, a saúde e a cidadania são diretamente influenciadas por hábitos culturais. Talvez, se incutirmos essa ideia nos discentes – e também em alguns docentes distraídos –, começaremos a mudar a forma como os futuros comunicadores abordam e divulgam elementos da indústria cultural, sendo um primeiro passo para formar leitores mais exigentes e um jornalismo cultural transformador.

Por fim, não podemos nos esquecer das eternas polêmicas ligadas ao ensino do Jornalismo no Brasil: a regulamentação da profissão e a necessidade de diploma para atuar na área. No caso da primeira, muito criticada por datar da ditadura militar, é importante que qualquer regulamentação – se necessária – seja feita não para engessar o ensino ou a prática, mas para fornecer diretrizes acadêmicas e com forte comunicação com o mercado, sem nunca esquecer o repertório teórico e reflexivo. Qualquer intuito que fuja é pantanoso.

Já em relação à necessidade de diploma para a atuação profissional, prefiro falar apenas da área de jornalismo cultural, tema deste livro. Grupos de mídia – com claros interesses particulares, sobretudo trabalhistas – defendem a liberdade de "contratar" como colaboradores especialistas – historiadores, artistas etc. – em vez de jornalistas. É claro que o conhecimento de especialistas é válido para o leitor. Mas que ônus esse mesmo leitor vai pagar por ter uma matéria escrita por um historiador, artista ou cineasta em vez de por um jornalista cultural? Parece-me óbvio que a formação de jornalista – e a especialização em jornalismo cultural – é necessária para: 1) viabilizar um texto claro, coerente e coeso, por meio de técnicas que se devem aprender na faculdade de comunicação; 2) oferecer um texto atraente, com estilo, a tal escrita criativa; 3) garantir que – no caso de textos informativos – todos os lados sejam ouvidos e tenham chances de se manifestar; 4) garantir a isenção de quem escreve, sem partidarismos, ainda que isso seja um universo ideal, embora mais próximo do jornalista do que do artista, do historiador ou do cineasta; 5) oferecer ao leitor e ao veículo pautas e temas que obedeçam aos preceitos básicos do jornalismo (atualidade, proximidade, relevância etc.), o que não necessariamente faz parte do escopo de preocupações de um profissional de outra área.

Em suma, parece-me óbvio que a participação de um especialista em nada anula a importância do jornalista nas redações – e isso remete à formação desse profissional, cujas especificidades nenhum outro campo oferece. Como vimos, outras áreas são complementos importantes, mas nunca poderão substituir a base: a formação acadêmica do jornalista.

Posfácio – Mediações entre arte e consumo

Voltaire, na obra *Conselhos a um jornalista* (2006), disse: "Tudo pode entrar na tua espécie de jornal, mesmo uma canção bem-feita; nada desdenhes". Inicio as conclusões deste livro com essa frase que, apesar de escrita há quase três séculos, é assustadoramente atual. Com ela, pode-se refletir sobre a explosão de críticos-leitores-editores em blogues e redes sociais, bem como sobre o que hoje é notícia cultural nos veículos tradicionais impressos.

Antes de tudo – mas sem esquecer o fio condutor proposto por Voltaire –, o exaustivo trabalho de pesquisa que realizei, bem como as entrevistas com dezenas de especialistas da área, ressaltou, num plano geral, uma impressão preocupante: existe um pessimismo latente entre quem faz e pensa o jornalismo cultural no Brasil. Tal sentimento é influenciado sobretudo por duas vertentes: a crise financeira da mídia tradicional – com o advento da internet e o hábito do download pirata/gratuito – e a fraca formação do leitor, que cada vez mais repele cultura e abraça entretenimento. De modo bem amplo, essas foram as conclusões observadas tanto nos textos quanto nos depoimentos de quem atua na área. Porém, desconfio haver aqui um paradoxo. Se atualmente basta um clique para termos acesso a centenas de textos sobre vida, obra e principais reflexões, por exemplo, de Voltaire, com que base afirmamos que esse leitor é menos formado ou menos ávido por informações culturais do que aquele que, no início do século 20, dependia de um jornal ou uma revista para conhecer só aquilo que tais veículos queriam que ele conhecesse? É possível afirmar que o blogueiro de hoje tem menos conhecimento sobre, digamos, François Truffaut, se os críticos de cinema dos anos 1960 mal tinham acesso à obra do cineasta, estando à mercê do que chegava aos cinemas brasileiros?

A fragmentação da mídia, bem como seu barateamento e sua popularização, parece ter provocado também uma exigência inconsciente de jornalistas e produtores culturais de que todos sejam eruditos a fim de "salvar" a arte do massacrante domínio do entretenimento na imprensa cultural. Reconheço que a popularização do acesso à informação pode ter deixado a nova geração mais preguiçosa no tocante à sua formação cultural – ler, refletir e escrever sobre temas, e não só consultar no Google quando é preciso saber o nome de um filme. Assim, talvez o consumo de entretenimento tenha reduzido o apetite por arte, diminuindo o poder de contestação e de reflexão de leitores e alunos de comunicação. Porém, desconfio desse cenário: acho que existe certa dose de nostalgia de um tempo que já se foi; esquecemos que, nesse tempo, o acesso à cultura, arte e informação era reduzido primeiro a alfabetizados e, depois, aos pouquíssimos que concluíam a educação superior. Em resumo, se hoje o repertório de um aluno de comunicação é desestimulante e o grau de superficialidade das "notícias culturais" mais acessadas nos portais é assustador, imagino ser muito pior viver num mundo onde o acesso básico à cultura e à arte ficava reduzido a elites financeiras e sociais, o que definitivamente não se pode dizer depois do advento das novas tecnologias.

Vivemos um momento em que o acesso à arte e ao entretenimento se tornou tão banal, tão digitalmente fácil que vem gerando pânico entre donos da mídia tradicional, algo parecido com o que os donos dos estúdios de Hollywood sentiram com a popularização da televisão nos Estados Unidos, no final dos anos 1940. Hollywood entrou numa grave crise, mas se recuperou e viveu anos bilionários a partir de 1970 – e o mesmo pode acontecer com os profissionais de mídia. No presente, vê-se apenas o problema da viabilização da mídia diante da gratuidade de acesso pela internet, mas esse acesso ilimitado – e a unificação do leitor, crítico e editor em blogues e redes sociais – tornar-se-á, na verdade, uma imensa oportunidade para o jornalismo cultural. O motivo disso resume-se a uma palavra: "filtro".

É cada vez mais comum encontrar notícias falsas na internet anunciando a morte de uma celebridade ou a descoberta de algo importante no espaço, por exemplo. O leitor-internauta, movido pela curiosidade, clica no link e depara com um vírus, uma página cujo acesso só é permitido depois que o próprio link é compartilhado ou um texto tão mal escrito, num portal tão mal diagramado que por si sós expõem a fraude. Com o tempo, acredito que esse acesso imenso a informações cansará o leitor do século 21, que vai preferir economizar tempo indo direto a fontes confiáveis de informação, nem que isso signifique pagar pelo conteúdo ou receber formas mais inventivas de publicidade (como os primeiros segundos de vídeos do YouTube) – anúncios que incomodam cada vez menos o internauta, quando são curtos e criativos. Afinal, de que adianta ter acesso irrestrito a músicas, filmes e livros se não há um filtro de qualidade para selecioná-los? Porém, fazer que o consumidor, ao ler uma boa crítica sobre o novo disco de sua banda preferida, opte por pagar pelas músicas e não por baixá-las gratuitamente não é responsabilidade do jornalismo cultural, mas da indústria de entretenimento, que precisa achar soluções urgentes para o consumo financeiramente sustentável de bens culturais. Afinal, isso afeta também o consumo de jornalismo cultural.

Portanto, é impossível pensar em jornalismo cultural hoje sem conectá-lo às novas tecnologias, à problemática da viabilização financeira, do filtro editorial etc. Minha pesquisa e as entrevistas com os respectivos especialistas iluminaram questões latentes de todas elas. De modo bem sucinto, a literatura vive a crise de tempo, formato e espaço, a sensação de que o leitor não "perde" mais tempo com livros, que o jornalista cultural não consegue acompanhar o volume de lançamentos no mercado, sendo o espaço para críticas quase sempre ínfimo.

As artes visuais, por sua vez, são deixadas de lado diante do "século do entretenimento", da pouca bagagem dos jornalistas que cobrem a área e da formação deficitária de quem lê sobre o assunto – tudo isso aliado à pobreza de exploração do potencial das novas plataformas, que podem unir texto, imagem e som.

No caso do teatro, percebe-se a imensa importância do jornalismo cultural em registrar e eternizar uma arte que, pela própria natureza, é efêmera, passageira. Essa arte sofre com os prazos de veículos impressos e on-line, o que impede um tempo maior de reflexão e decantação antes da escrita, e convive com o drama tanto de criticar dramaturgos consagrados quanto sair da superficialidade diante de tantas estreias semanais.

O cinema, filho querido do jornalismo cultural, também vive seus dilemas. Ainda que tenha espaço privilegiado, é criticado por cobrir ostensivamente o entretenimento de Hollywood, deixar de lado reflexões do cinema-arte e ser vítima de uma sufocante pressão de distribuidores internacionais. Talvez seja a área que mais sofra a diluição de fronteiras entre o crítico e o fã, uma vez que há milhares de sites com textos sobre o assunto. Como distinguir a boa crítica do texto-fã? Espaço do cinema nacional, caminhos da cobertura on-line, tudo são desafios para essa arte tão industrial e sedutora.

Por fim, a música talvez tenha sido a que mais rapidamente viu sua estrutura de cobertura jornalística ser solapada pelas novas tecnologias. Foi-se o tempo em que havia uma "cronologia da cobertura": entrevistas coletivas, papo com o músico, disco chegando à redação para análise, texto crítico e, depois, produto no mercado. Impossível seguir essa lógica quando, em menos de um minuto, se pode baixar o novo álbum que a banda lançou nos Estados Unidos e vai chegar às lojas brasileiras dali a semanas (na melhor das hipóteses). Além disso, a música vive a crise da parcialidade: editores ou críticos que gostam de um ritmo específico tendem a rejeitar outros mais populares, fazendo críticas com meras opiniões e sem fundamentação argumentativa (análise de melodia, harmonia, instrumentos, letra, arranjo, contexto etc.).

E onde entra a frase de Voltaire? Séculos antes do advento da internet, o filósofo já predizia que, em jornalismo, nada deve ser desconsiderado. Essa sede de blogues e portais de cobrir extensivamente todo produto cultural que chega ao mercado faz, portanto, certo sentido. Afinal, para eles não há limite de espaço. Já no caso da mídia tradicional, o pensamento de Voltaire ilumina preconceitos contra filmes nacionais, ritmos musicais populares, musicais enlatados da Broadway, programas televisivos repetitivos e livros de autoajuda. Nada deve ser desdenhado, tudo deve ser fonte de uma cobertura jornalística profissional, crítica, reflexiva. Sintoma de que o jornalismo cultural, antes de adular o bom, deve refletir os porquês do ruim a fim de contribuir, como mediador entre o público e a arte, para o avanço da cultura de um país ou região.

A meu ver, portanto, a maior contribuição que os bons cursos de jornalismo podem dar ao mercado é formar profissionais que consigam, por meio de um texto claro, coeso e estilisticamente atraente, atrair leitores não para a óbvia historinha de super-herói do quinto filme da franquia hollywoodiana, mas para aquele curta-metragem estudantil do interior do Pará que, de forma simples, abordou uma grande questão cultural e social do momento. Ou mostrar, com argumentos sólidos, reflexivos e sedutores, o vazio artístico do tal quinto filme da franquia, sem medo de desagradar a ninguém. Tocar em tabus, desmontar pedestais – por que não criticar com bons argumentos a má atuação de um ator de teatro consagrado? –, fugir da mera adjetivação, levar o leitor a consumir mais cultura e não só entretenimento.

Se o jornalismo cultural souber usar as estratégias da escrita criativa como arma quase "publicitária" de convite à leitura – respeitando os cânones profissionais da área – e à cultura (que nem sempre é de massa), talvez possamos não só inverter o hábito cada vez maior de buscar apenas a arte que entretém como interromper um ciclo industrial que quase sempre beneficia os grandes. Seduzido pela leitura, o público dará mais importância não só ao produtor de conteúdo, mas à figura do jornalista cultural. Então, este, importante mesmo antes de o jornalismo se tornar profissão, se posicionará fortemente na sociedade como um mediador imprescindível entre arte e consumo.

Referências

Abramo, Cláudio. *A regra do jogo: o jornalismo e a ética do marceneiro*. São Paulo: Companhia das Letras, 1993.

Abreu, Alzira Alves de (org.). *A imprensa em transição*. Rio de Janeiro: Fundação Getulio Vargas, 1996.

_____. *A modernização da imprensa (1970-2000)*. Rio de Janeiro: Jorge Zahar, 2002.

Adorno, Theodor; Horkheimer, Max. *Dialética do esclarecimento*. Rio de Janeiro: Jorge Zahar, 1985.

Alzamora, Geane. "O que pauta o jornalismo cultural contemporâneo?" *Suplemento Literário de Minas Gerais*, Belo Horizonte, 4 nov. 2012, p. 23-25.

Amaral, Luiz. *Técnica de jornal de periódico*. Rio de Janeiro: Tempo Brasileiro, 1969.

Anchieta, Isabelle. *Jornalismo Cultural: pelo encontro da clareza do jornalismo com a densidade e complexidade da cultura*. Disponível em: <http://www.bocc.uff.br/pag/melo-isabelle-jornalismo-cultural.pdf>. Acesso em: 15 jun. 2013.

Andrew, J. Dudley. *As principais teorias do cinema: uma introdução*. Rio de Janeiro: Jorge Zahar, 1976.

Araújo, Inácio. "Sem título". In: Capuzzo, Heitor (coord.). *O cinema segundo a crítica paulista*. São Paulo: Nova Stella, 1986.

Arbex Jr., José. "Nem liberdade, nem democracia". *Cult*, n. 188, São Paulo, abr. 2014. Disponível em: <http://revistacult.uol.com.br/home/2014/05/nem-liberdadenem-democracia/>. Acesso em: 23 out. 2014.

Assis, Francisco de. "Gêneros e formatos do jornalismo cultural: vestígios na revista Bravo!". Intercom – Sociedade Brasileira de Estudos Interdisciplinares da Comunicação, XXXI Congresso Brasileiro de Ciências da Comunicação, Natal, 2-6 set. 2008.

_____. "Jornalismo cultural brasileiro: aspectos e tendências". *Revista Estudos da Comunicação*, v. 9, n. 20, Curitiba, set./dez. 2008, p. 183-92.

Assis, Machado de. *Crítica teatral*. Rio de Janeiro: W. M. Jackson, 1938.

Attuy, Gabriel Leite de Moraes. *Problemas e caminhos do jornalismo cultural de música no Brasil nos últimos 20 anos*. Trabalho de conclusão de curso – Escola de Comunicações e Artes da Universidade de São Paulo, São Paulo (SP), 2005.

Augusto, Sérgio. *O frenesi do furo*. Disponível em: <http://www.digestivocultural.com/ensaios/ensaio.asp?codigo=4&titulo=O_frenesi_do_furo>. Acesso em: 20 jul. 2013.

Bahia, Juarez. *Jornal: história e técnica*. São Paulo: Ática, 1990.

Bahiana, Ana Maria. "Jornalismo cultural: quem paga?" Los Angeles, 2003. Disponível em: <http://www.digestivocultural.com/ensaios/ensaio.asp?codigo=74>. Acesso em: 14 maio 2006.

Ballerini, Franthiesco. *Diário de Bollywood: curiosidades e segredos da maior indústria de cinema do mundo*. São Paulo: Summus Editorial, 2009.

_____. *Cinema brasileiro no século 21*. São Paulo: Summus Editorial, 2012.

Bardin, Laurence. *Análise de conteúdo*. Trad. Luiz Antero Reto e Augusto Pinheiro. Lisboa: Edições 70, 1977.

Barreto, Ivana. As realidades do jornalismo cultural no Brasil. *Revista Contemporânea*, n. 7, 2006.

Basso, Eliane Fátima Corti. "Revista Senhor: jornalismo cultural na imprensa brasileira". *UNIrevista*, v. 1, n. 3, 2006.

Beltrão, Luiz. *A imprensa informativa: técnica da notícia e da reportagem no jornal diário*. São Paulo: Masucci, 1969.

Benjamin, Walter. "Magia e técnica, arte e estética". In: *Obras escolhidas*, v. 1. São Paulo: Brasiliense, 1985.

_____. *A obra de arte na era da reprodutibilidade técnica*. Porto Alegre: L&PM Pocket, 2014.

Bernardet, Jean-Claude. *Trajetória crítica*. São Paulo: Polis, 1978.

_____. *Cinema e história do Brasil*. São Paulo: Edusp, 1988.

_____. *Brasil em tempo de cinema. Ensaio sobre o cinema brasileiro de 1958 a 1966*. São Paulo: Companhia das Letras, 2007.

Bigelli, Alexandre Ramos. *O desafio de escrever pensando no leitor*. Trabalho de conclusão de curso – Escola de Comunicações e Artes da Universidade de São Paulo, São Paulo, 1998.

Bolaño, César; Golin, Cida; Brittos, Valério (orgs.). *Economia da arte e da cultura*. São Paulo: Itaú Cultural, 2010.

Bordokan, Laura Ming. *A cobertura de exposições de artes plásticas na grande imprensa*. Trabalho de conclusão de curso – Escola de Comunicações e Artes da Universidade de São Paulo, São Paulo, 2005.

Bosi, Alfredo. *Dialética da colonização*. São Paulo: Companhia das Letras, 1992.

Bourdieu, Pierre. *A economia das trocas simbólicas*. São Paulo: Perspectiva, 1970.

_____. *O poder simbólico*. Lisboa: Difel, 1989.

_____. *As regras da arte*. São Paulo: Companhia das Letras, 1996.

_____. *Sobre a televisão*. Rio de Janeiro: Jorge Zahar, 1997.

Briggs, Asa; Burke, Peter. *Uma história social da mídia: de Gutenberg à internet*. Rio de Janeiro: Jorge Zahar, 2004.

Bucci, Eugênio. *Sobre ética e imprensa*. São Paulo: Companhia das Letras, 2000.

_____. "As mudanças encaram a transformação". *Cult*, São Paulo, n. 188, abr. 2014.

Buitoni, Dulcilia. "Entre o consumo rápido e a permanência". In: Martins, Maria Helena (org.). *Outras leituras*. São Paulo: Editora do Senac, 2000.

Butcher, Pedro. *Cinema brasileiro hoje*. São Paulo: Publifolha, 2005.

Cakoff, Leon. "Sem título". In: Capuzzo, Heitor (coord.). *O cinema segundo a crítica paulista*. São Paulo: Nova Stella, 1986.

Calil, Ricardo Cury. *A história e a crítica da crítica de arte brasileira*. Trabalho de conclusão de curso, Escola de Comunicações e Artes da Universidade de São Paulo, São Paulo, 1995.

Canclini, Nestor García. "Culturas híbridas y estrategias comunicacionales". Seminário Fronteras Culturales: Identidad y Comunicación en América Latina. Escócia: University of Stirling, 1996.

Canevacci, Massimo. *Antropologia do cinema*. São Paulo: Brasiliense, 1988.

Capuzzo, Heitor (coord.). *O cinema segundo a crítica paulista*. São Paulo: Nova Stella, 1986.

Casetti, Francesco; Di Chio, Federico. *Como analizar un film*. Buenos Aires: Paidós, 1991.

Cesnik, Fábio de Sá. *Guia do incentivo à cultura*. 2. ed. São Paulo: Manole, 2007.

Coelho, Marcelo. *Crítica cultural: teoria e prática*. São Paulo: Publifolha, 2006.

Coelho, Teixeira. "Outros olhares". In: Lindoso, Felipe (org.). *Rumos do jornalismo cultural*. São Paulo: Summus Editorial, 2007.

Costa, Cristiane. *Pena de aluguel – Escritores jornalistas no Brasil: 1904-2004*. São Paulo: Companhia das Letras, 2005.

Couto, José Geraldo. "Jornalismo cultural em crise". In: Dines, Alberto; Malin, Mauro (orgs.). *Jornalismo brasileiro: no caminho das transformações*. Brasília: Banco do Brasil, 1996.

Cunha, Leonardo Antunes; Ferreira, Nísio Antônio Teixeira; Magalhães, Luiz Henrique Vieira de. "Dilemas do jornalismo cultural brasileiro". *Temas: Ensaios de Comunicação*, n. 1, v. 1, 2002.

Cypriano, Fábio. "Jornalismo cultural: polêmica ou propaganda?". *Revista de Arte, Mídia e Política*, São Paulo, maio 2009. Disponível em: <http://www.pucsp.br/revistaaurora/ed5_v_maio_2009/artigos/ed5/5_5_fabio_cypriano.htm>. Acesso em: 20 mar. 2013.

Dapieve, Arthur. "Mídia e cultura brasileira". In: Almeida, Cândido Mendes (org.). *Cultura brasileira ao vivo – Cultura e dicotomia*. Rio de Janeiro: Imago, 2001, p. 167-78.

Del Pozo, Mariano. *El cine y su crítica*. Navarra: Ediciones Universidad de Navarra, 1970.

Dines, Alberto. *O papel do jornal*. São Paulo: Summus Editorial, 1986.

Diretrizes Curriculares Nacionais para os Cursos de Jornalismo. Disponível em: <http://portal.mec.gov.br/dmdocuments/documento_final_cursos_jornalismo.pdf>. Acesso em: 11 mar. 2014.

Durão, Fabio Akcelrud. "Crítica da multiplicidade". *Cult*, n. 182, São Paulo, set. 2013. Disponível em: <http://revistacult.uol.com.br/home/2013/09/critica-da-multiplicidade/>. Acesso em: 9 out. 2014.

Eco, Umberto. *Apocalípticos e integrados*. São Paulo: Perspectiva, 1976.

Erbolato, Mário L. *Jornalismo especializado: emissão de textos no jornalismo impresso*. São Paulo: Atlas, 1981.

_____. *Técnicas de codificação em jornalismo: redação, captação e edição no jornal diário*. Petrópolis: Vozes, 1984.

Espinal, Luis. *Consciência crítica diante do cinema*. São Paulo: Lic, 1976.

Ewald Filho, Rubens. "Sem título". In: Capuzzo, Heitor (coord.). *O cinema segundo a crítica paulista*. São Paulo: Nova Stella, 1986.

Ezabella, Fernanda. "O negócio da crítica". *Folha de S.Paulo*, São Paulo, 11 maio 2013.

Faro, José Salvador. "Dimensão e prática do jornalismo cultural". *Fronteiras – Estudos Midiáticos*, v. 11, n. 1, jan.-abr. 2009, p. 54-62.

_____. *Jornalismo cultural*: espaço público da produção intelectual [projeto de pesquisa]. São Paulo: Umesp, 2004. Disponível em: <http://www.jsfaro.pro.br>. Acesso em: 10 mar. 2006.

FORASTIERI, André. "Quer ser jornalista cultural?" 1995. Disponível em: <www.andreforastieri.com.br>. Acesso em: 20 mar. 2013.

FRANÇA, Vera Veiga (orgs). *Teorias da comunicação: conceitos, escolas e tendências.* Petrópolis: Vozes, 2003.

GADINI, Sérgio Luiz. *Interesses cruzados: a produção da cultura no jornalismo brasileiro.* São Paulo: Paulus, 2009.

GALVÃO, Maria Rita Eliezer. *Crônica do cinema paulistano.* São Paulo: Ática, 1975.

GAMA, Rinaldo. "Jornalismo cultural na era digital". *Nexjornada.* Disponível em: <http://www.upf.br/nexjornada/?p=1347>. Acesso em: 18 nov. 2014.

GARAMBONE, Sidney. *Ninguém fura ninguém.* Disponível em: <http://observatoriodaimprensa.com.br/news/showNews/fd201098a.htm>. Acesso em: 4 nov. 2013.

GARCIA, Maria Cecília. *Reflexões sobre a crítica teatral nos jornais.* São Paulo: Editora do Mackenzie, 2007.

GENTILLI, Victor. "Jornalismo e informação no mundo contemporâneo". In: *Anuário Brasileiro da Pesquisa em Jornalismo.* Escola de Comunicações e Artes da Universidade de São Paulo, n. 2, São Paulo, 1993, p. 13-19.

GETINO, Octavio. "As cinematografias da América Latina e do Caribe: indústria, produção e mercados". In: MELEIRO, Alessandra. *Cinema no mundo. Indústria, política e mercado – América Latina.* v. II. São Paulo: Escrituras, 2007.

GODOY, Arilda Schmidt. "Introdução à pesquisa qualitativa e suas possibilidades". *Revista de Administração de Empresas,* v. 35, São Paulo, 1995.

GOLIN, Cida; CARDOSO, Everton Terres. "Cultural journalism in Brazil: academic research, visibility, mediation and new values". *Journalism,* v. 10, Londres, 2009, p. 69-89.

GOMES, Fábio. "Jornalismo cultural". 2009. Disponível em: <http://www.jornalismocultural.com.br>. Acesso em: 15 abr. 2013.

GOMES, Paulo Emílio Sales. *Cinema: trajetória do subdesenvolvimento.* São Paulo: Paz e Terra, 1996.

GOMES, Regina. *A função retórica da crítica de cinema: análise das resenhas de Central do Brasil.* 2004. Disponível em: <http://www.bocc.ubi.pt>. Acesso em: 23 out. 2014.

GRÜNEWALD, José Lino. *Um filme é um filme.* São Paulo: Companhia das Letras, 2001.

GULLAR, Ferreira. *Argumentação contra a morte da arte.* Rio de Janeiro: Revan, 1993.

_____. *Cultura posta em questão. Vanguarda e subdesenvolvimento: ensaios sobre arte.* 2. ed. Rio de Janeiro: José Olympio, 2006.

HABERMAS, Jürgen. *Mudança estrutural da esfera pública*. Rio de Janeiro: Tempo Brasileiro, 1984.

HEBDIGE, Dick. *Subculture: the meaning of style*. Londres: Methuen & Co. Ltd, 1988.

HELIODORA, Barbara. "O trabalho do crítico". *Barbara Heliodora,* s/d. Disponível em: <http://www.barbaraheliodora.com.br>. Acesso em: 15 mar. 2013.

HIRSZMAN, Maria. O aprendizado da crítica. In: LINDOSO, Felipe (org.). *Rumos do jornalismo cultural*. São Paulo: Summus Editorial, 2007.

HOBSBAWN, Eric. *Tempos fraturados*. São Paulo: Companhia das Letras, 2013.

HOLFELDT, Antonio. "Impressões subjetivas sobre o Rumos Jornalismo Cultural". In: AZZOLINO, Adriana *et al. Mapeamento do ensino de jornalismo cultural no Brasil em 2008*. São Paulo: Itaú Cultural, 2008.

JAWSNICKER, Claudia. "Impasses da produção jornalística cultural: a experiência da revista laboratorial Verbo". *Revista Travessias*, n. 1, 2006.

KATO, Gisele Junqueira. *Jornalismo e cultura: exercício de cidadania e emoção*. Trabalho de conclusão de curso, Escola de Comunicações e Artes da Universidade de São Paulo, São Paulo, 1998.

KELLNER, Douglas. *A cultura da mídia – Estudos culturais: identidade e política entre o moderno e o pós-moderno*. Bauru: Edusc, 2001.

KOSSOY, Boris. *Cinema – Cronologia das artes em São Paulo, 1975-1995*. São Paulo: CCSP, 1996.

LEAVIS, Q. D. *A critical study for literary critic*. Londres: Edwin Mellen Press, 1952.

LEÓN, Jaime Bello; GONDELLES, Ana; QUIARO, María E. *En busca de la definición perdida del periodismo cultural diario entre la modernidad y la posmodernidad*. Caracas: Canícula, 1996.

LÉVI-STRAUSS, Claude. *Anthropologie structurale II*. Paris: Plon, 1973.

LINDZEY, Gardner. *Handbook of social psychology*. Massachusetts: Addison-Wesley, 1968.

LOPES, Igor Pereira. *Jornalismo cultural nas redacções: um olhar sobre a actuação dos jornalistas no Brasil e em Portugal*. Dissertação de mestrado em Comunicação e Jornalismo, Universidade de Coimbra, Portugal, 2010.

LOPEZ, Debora; FREIRE, Marcelo. "O jornalismo cultural além da crítica: um estudo das reportagens na revista Raiz". *Biblioteca On-line de Ciências da Comunicação,* s/d. Disponível em: <http://www.bocc.ubi.pt/pag/lopez-debora-freire--marcelo-jornalismo-cultural.pdf>. Acesso em: 16 abr. 2013.

LORENZOTTI, Elizabeth. *Do artístico ao jornalístico: vida e morte de um suplemento – Suplemento Literário de O Estado de S. Paulo*. Dissertação de mestrado em

Comunicação Social, Escola de Comunicações e Artes da Universidade de São Paulo, São Paulo, 2002.

Magno, Maria Ignês Carlos. *Na alquimia das imagens. A crítica como produção: a crítica de Jean-Claude Bernardet nos anos 1960*. Tese de doutorado em Comunicação Social, Escola de Comunicações e Artes da Universidade de São Paulo, São Paulo, 1999.

Marcondes Filho, Ciro. *O capital da notícia: jornalismo como produção social da segunda natureza*. São Paulo: Ática, 1986.

_____. "Um passo atrás na formação do jornalista brasileiro". *Cult*, n. 188, São Paulo, abr. 2014. Disponível em: <http://revistacult.uol.com.br/home/2014/05/um-passo-atras-na-formacao-do-jornalista-brasileiro/>. Acesso em: 23 out. 2014.

Martins, Ana Luiza. *Revistas em revista: imprensa e práticas culturais em tempos de República, São Paulo (1890-1922)*. São Paulo: Edusp; Fapesp; Imprensa Oficial do Estado, 2001.

Mattelart, Armand; Mattelart, Michelle. *História das teorias da comunicação*. 7. ed. São Paulo: Loyola, 2004.

McCracken, Grant. *Cultura e consumo: novas abordagens ao caráter simbólico dos bens e das atividades de consumo*. Rio de Janeiro: Mauad, 2003.

McQuail, Denis. *Teoria da comunicação de massas*. Lisboa: Fundação Calouste Gulbenkian, 1983.

Medel, Ángel Vázquez. "Discurso literário e discurso jornalístico: convergências e divergências". In: Castro, Gustavo de; Galeno, Alex (orgs.). *Jornalismo e literatura: a sedução da palavra*. São Paulo: Escrituras, 2002.

Medina, Cremilda. *Profissão jornalista: responsabilidade social*. Rio de Janeiro: Forense-Universitária, 1982.

_____. "Autoria e renovação cultural". In: *Ô Catarina!* 50, 2001, Florianópolis. *Jornalismo cultural. Cinco debates*. v. 1. Florianópolis: FCC Edições, 2001, p. 35-41.

Meleiro, Alessandra. *Cinema no mundo. Indústria, política e mercado – América Latina*. v. II. São Paulo: Escrituras, 2007.

Melo, Isabelle Anchieta de. "Jornalismo cultural: por uma formação que produza o encontro da clareza do jornalismo com a densidade e a complexidade da cultura". *Itau Cultural*, 2007. Disponível em: <http://www.itaucultural.org.br/rumos2007/pdf_jornalismo/Isabelle%20Anchieta%20de%20Melo.pdf>. Acesso em: 15 mar. 2013.

Melo, José Marques de (org.). *Gêneros jornalísticos na Folha de S.Paulo*. São Paulo: FTD, 1992.

_____. *História social da imprensa*. Porto Alegre: EdiPUCRS, 2003.

_____. *Jornalismo: compreensão e reinvenção*. São Paulo: Saraiva, 2009.

MELLO E SOUZA, Antonio Candido. "O significado de Raízes do Brasil". In: BUARQUE DE HOLANDA, Sérgio. *Raízes do Brasil*. São Paulo: Companhia das Letras, 1995.

MENDONÇA, Leandro José Luz R. de. *A crítica de cinema em Moniz Viana*. Dissertação de mestrado em Comunicação e Estética do Aaudiovisual, Escola de Comunicações e Artes da Universidade de São Paulo, São Paulo, 2001.

MORAES, Angélica de. "Sensibilidade crítica". In: LINDOSO, Felipe (org.). *Rumos do jornalismo cultural*. São Paulo: Summus Editorial, 2007.

MORAIS, Fernando. *Chatô: o rei do Brasil*. São Paulo: Companhia das Letras, 1994.

MORIN, Edgar. *Cultura de massas no século XX: o espírito do tempo*. Rio de Janeiro: Forense Universitária, 1962.

_____. *A cabeça bem-feita, repensar a reforma, reforçar o pensamento*. Rio de Janeiro: Bertrand, 2001.

MUELLER-WIRTH, Moritz. "Congresso CULT reuniu Gay Talese, Art Spiegelman e Gonçalo Tavares em SP". *Revista Cult*, n. 170. jul. 2012. Disponível em: <http://revistacult.uol.com.br/home/2013/01/congresso-cult-reuniu-gay-talese-art-spiegelman-e-goncalo-tavares-em-sp/>. Acesso em: 19 nov. 2014.

NEVES, David E. *Telégrafo visual. Crítica amável de cinema*. São Paulo: Editora 34, 2004.

OLIVEIRA, Karina. "Jornalismo cultural na era digital". Entrevista com Rinaldo Gama, 2011. Disponível em: <http://www.upf.br/nexjornada/?p=1347>. Acesso em: 20 out. 2014.

ORTIZ, Renato. *A moderna tradição brasileira: cultura brasileira e indústria cultural*. São Paulo: Brasiliense, 1994.

O' SULLIVAN, Tim. *Conceitos-chave. Estudos de comunicação e cultura*. Piracicaba: Editora da Unimep, 2001.

PEREIRA, Wellington. "Jornalismo cultural: procedimentos pedagógicos". *Itaú Cultural*, 2008. Disponível em: <http://d3nv1jy4u7zmsc.cloudfront.net/wp-content/uploads/2012/02/Jornalismo-Cultural-Procedimentos-Pedag%C3%B3gicos.pdf>. Acesso em: 15 abr. 2013.

PEREIRA JUNIOR, Álvaro. "Sete dicas para quem quer ser crítico de música". *Folha de S.Paulo*, 28 jul. 2003, Folhateen.

PIRES, Paulo Roberto. "A ilusão tecnicista". In: LINDOSO, Felipe (org.). *Rumos do jornalismo cultural*. São Paulo: Summus Editorial, 2007.

PIZA, Daniel. *Jornalismo cultural*. São Paulo: Contexto, 2003.

PRADO, Maria Lígia; CAPELATO, Maria Helena. *O bravo matutino: imprensa e ideologia no jornal O Estado de S. Paulo*. São Paulo: Alfa Ômega, 1980.

RAMOS, Fernão (org.). *História do cinema brasileiro*. São Paulo: Art, 1987.

REIS, Ana Carla Fonseca. *Marketing cultural e financiamento da cultura*. São Paulo: Thompson, 2003.

RIBEIRO, Lavina Madeira. *Comunicação e sociedade: cultura, informação e espaço público*. Rio de Janeiro: E-papers, 2004.

RIVERA, Jorge B. *El periodismo cultural*. 3. ed. Buenos Aires: Paidós, 2003.

RIZZINI, Carlos. *O ensino do jornalismo*. Rio de Janeiro: MEC, 1953.

ROCHA, Glauber. *Revisão crítica do cinema brasileiro*. Rio de Janeiro: Civilização Brasileira, 1963.

_____. *O século do cinema*. São Paulo: Cosac Naify, 2006.

RÜDIGER, Francisco. *Introdução às teorias da cibercultura: perspectivas do pensamento tecnológico contemporâneo*. Porto Alegre: Sulina, 2003.

SANTIAGO, Silviano. *Vale quanto pesa: ensaios sobre questões político-culturais*. Rio de Janeiro: Paz e Terra, 1982.

_____. "Crítica literária e jornal na pós-modernidade". *Revista de Estudos de Literatura*, v. 1, Belo Horizonte, 1993, p. 11-17.

SCHICKEL, Richard. "Not everybody's a critic". *Los Angeles Times*, p. M4, 20 maio 2007.

SEGURA, Aylton; GOLIN, Cida; ALZAMORA, Geane. "O que é jornalismo cultural". In: AZZOLINO, Adriana *et al. Mapeamento do ensino de jornalismo cultural no Brasil em 2008*. São Paulo: Itaú Cultural, 2008, p. 70-80.

SILVA, Andréia de Lima; CONCEIÇÃO, Francisco Gonçalves da. "Jornalismo cultural: em busca de um conceito". Intercom – Sociedade Brasileira de Estudos Interdisciplinares da Comunicação, XXX Congresso Brasileiro de Ciências da Comunicação, Santos, 29 ago.-2 set. 2007.

SILVA, Juremir Machado da. *A miséria do jornalismo brasileiro: as (in)certezas da mídia*. Petrópolis: Vozes, 2000.

_____. "Diretrizes e sentidos". *Cult*, n. 188, São Paulo, abr. 2014.

SILVA, Wilsa Carla Freire. *Cultura em pauta: um estudo sobre o jornalismo cultural*. Dissertação de mestrado em Comunicação Social, Escola de Comunicações e Artes da Universidade de São Paulo, São Paulo, 1997.

SILVEIRA, Walter da. "A crítica cinematográfica no Brasil". *Tempo Brasileiro*, 1966.

SILVERSTONE, Roger. *Por que estudar a mídia?* São Paulo: Edições Loyola, 2002.

SOARES, Thiago. "Jornalismo cultural em tempos de cultura líquida". *Itau Cultural*, 2009. Disponível em: <www.itaucultural.org.br>. Acesso em: 15 abr. 2013.

SODRÉ, Muniz. "A cultura ministrada". *Observatório da Imprensa*, n. 736, 5 mar. 2013. Disponível em: <http://www.observatoriodaimprensa.com.br/news/view/_ed736_a_cultura_ministrada>. Acesso em: 23 out. 2014.

_____. "Coisa absurda, se não grave". *Cult*, n. 188, São Paulo, abr. 2014. Disponível em: <http://revistacult.uol.com.br/home/2014/03/coisa-absurda-senao-grave/>. Acesso em: 23 out. 2014.

SODRÉ, Nelson Werneck. *A história da imprensa no Brasil*. Rio de Janeiro: Civilização Brasileira, 1966.

SOUZA, Enéas de. *Trajetórias do cinema moderno*. Porto Alegre: Instituto Estadual do Livro, 1965.

STRECKER, Marión. "Cadernos culturais". In: *Imprensa ao vivo*. Rio de Janeiro: Rocco, 1989, p. 95-102.

STRINATI, Dominic. *Cultura popular: uma introdução*. Trad. Carlos Szlak. São Paulo: Hedra, 1999.

STYCER, Maurício. "Seis problemas". In: LINDOSO, Felipe (org.). *Rumos do jornalismo cultural*. São Paulo: Summus Editorial, 2007.

SÜSSEKIND, Flora. *Papéis colados*. Rio de Janeiro: Editora da UFRJ, 1993.

SUZUKI JR., Matinas. "Anotações sobre jornalismo cultural". In: Seminário de Jornalismo. São Paulo: *Folha de S.Paulo*, 1986.

SZANTÓ, András. "Um quadro ambíguo". In: LINDOSO, Felipe (org.). *Rumos do jornalismo cultural*. São Paulo: Summus Editorial, 2007.

TEIXEIRA, Nísio. "Impacto da internet sobre a natureza do jornalismo cultural". 2008. *Biblioteca On-line de Ciências da Comunicação*. Disponível em: < http://www.bocc.ubi.pt/pag/teixeira-nisio-impacto-da-internet.pdf>. Acesso em: 24 out. 2014.

TEIXEIRA, Nísio; MARINHO, Margareth Assis; MAGALHÃES, Marina. *Mapeamento do ensino do jornalismo cultural no Brasil em 2008*. São Paulo: Itaú Cultural, 2008.

THOMPSON, John B. *A mídia e a modernidade: uma teoria social da mídia*. 6. ed. Trad. Wagner de Oliveira Brandão. Petrópolis: Vozes, 1998.

TRAVANCAS, Isabel. *O livro no jornal: os suplementos literários dos jornais franceses e brasileiros nos anos 90*. Cotia: Ateliê, 2001.

_____. *O mundo dos jornalistas*. São Paulo: Summus Editorial, 1993.

VANOYE, Francis; GOLIOT-LÉTÉ, Anne. *Ensaio sobre a análise fílmica*. 5 ed. Trad. Marina Appenzeller. Campinas: Papyrus, 1994.

VARGAS, Herom. "Reflexões sobre o jornalismo cultural contemporâneo". *Estudos de Jornalismo e Relações Públicas*, ano 2, n. 4, São Bernardo do Campo, dez. 2004.

VENTURA, Mauro de Souza. "O ideário crítico de Machado de Assis". *Via Política*, 2008. Disponível em: <http://www.viapolitica.com.br>. Acesso em: 15 mar. 2013.

VENTURA, Zuenir. "Cadernos culturais". In: *Imprensa ao vivo*. Rio de Janeiro: Rocco, 1989, p. 102-08.

VOLTAIRE. *Conselhos a um jornalista*. São Paulo: Martins Fontes, 2006.

WERNECK, Humberto. "A ditadura do best-seller". In: LINDOSO, Felipe (org.). *Rumos do jornalismo cultural*. São Paulo: Summus Editorial, 2007.

WILLIAMS, Raymond. *Proposta de uma sociologia da cultura*. Rio de Janeiro: Paz e Terra, 1992.

XAVIER, Ismail. *Sétima arte: um culto moderno*. São Paulo: Perspectiva, 1978.

_____. *Cinema brasileiro moderno*. São Paulo: Paz e Terra, 2001.

www.gruposummus.com.br